U0907851

不忍细读的大汉史

墨竹 著

台海出版社

图书在版编目（CIP）数据

不忍细读的大汉史 / 墨竹著 . -- 北京 : 台海出版社 , 2022.1

ISBN 978-7-5168-0895-5

Ⅰ . ①不… Ⅱ . ①墨… Ⅲ . ①中国历史－汉代－通俗读物 Ⅳ . ① K234.09

中国版本图书馆 CIP 数据核字（2022）第 005278 号

不忍细读的大汉史

著　　者：墨　竹

出 版 人：蔡　旭　　　　　责任编辑：俞滟荣

出版发行：台海出版社
地　　址：北京市东城区景山东街 20 号　　邮政编码：100009
电　　话：010-64041652（发行、邮购）
传　　真：010-84045799（总编室）
网　　址：www.taimeng.org.cn/thcbs/default.htm
E - mail：thcbs@126.com

经　　销：全国各地新华书店
印　　刷：廊坊市海涛印刷有限公司
本书如有破损、缺页、装订错误，请与本社联系调换

开　　本：710 毫米 ×1000 毫米　1/16
字　　数：277 千字　　　印　　张：20
版　　次：2022 年 1 月第 1 版　　印　　次：2022 年 4 月第 1 次印刷
书　　号：ISBN 978-7-5168-0895-5

定　　价：49.80 元

前言

公元前202年，刘邦正式称帝，建立西汉，定都长安。汉朝是继秦朝之后的大一统王朝，分为西汉和东汉两个时期，也称前汉和后汉。西汉自公元前202年开始，到公元8年王莽篡汉称帝，改国号为新，一共210年。东汉自公元25年汉光武帝刘秀称帝开始，到公元220年，曹操次子曹丕逼迫汉献帝让位，共195年。西汉和东汉共经历了二十九个皇帝，享国四百零五年。

汉朝是中国文化发展的一个高峰，是中国历史上的第一个黄金时期，社会经济、政治、文化全面发展，对外交往日益频繁，中国成为当时世界上最强盛的国家之一，与罗马并称两大帝国。汉朝发生了很多改变世界历史的事件，比如大败匈奴帝国，使西域和中亚各大国都闻而惧之。张骞出使西域首次开辟了著名的“丝绸之路”，开通了东西方贸易的通道，中国从此成为世界贸易体系的中心。正是因为汉朝的声威远播，中国人有了“汉人”这一称号，而汉朝人也乐于这样称呼自己，这个“汉”字，超越了一个王朝，获得了持久的影响力。“汉人”“汉语”“汉字”的称谓延续至今。汉朝对中国的意义不仅仅是一个政治上的朝代，而是文化上的认同。汉朝将各种不同来源、不同背景的中国人，熔铸成一个大家共有的身份认同，它让中国人骄傲，以它为荣。“汉”从此成为伟大的华夏民族永远的名字。

西汉初期的皇帝吸取了秦朝的教训，采取安民的措施，恢复国家的力量。汉高祖刘邦沿用了许多秦朝的制度，比如三公九卿的官僚制度。在法律上，汉律也是基于秦律制定的，但对一些地方进行了改革，这些措施使得国家的实力得到很快的恢复。汉文帝和汉景帝继续减轻人民徭役的负担，减轻刑罚，历史上被称作“文景之治”。同时汉初的皇帝们设法剥夺各个诸侯王的力量，加强中央集权。这些措施都为汉武帝的强盛时期打下了基础。

汉武帝时期是西汉最强盛的时期。对内他使用推恩令进一步削弱诸侯的力量，禁止诸侯国自己制造钱币，改革了选择官僚的制度，提倡儒学，将制盐和制铁的事业收为国有。对外他攻击匈奴，解决了匈奴的威胁，打通西域的丝绸之路。但武帝对外的战争也是有代价的，武帝时国家的税收再次增加，刑罚也再次加严，武帝后期甚至因此发生了一些暴乱。汉昭帝和汉宣帝恢复了文帝和景帝的政策，史称“昭宣中兴”。

经历王莽篡位后，汉朝浴火重生，东汉的汉光武帝废除王莽时的弊政，加强中央集权，对外戚严加限制，社会安定，史称“光武中兴”。汉明帝和汉章帝在位期间，东汉进入全盛时期，称为“明章之治”。其间，于章和二年（公元 88 年）十月，车骑将军窦宪领军出塞，击破北匈奴，登燕然山，令班固作铭，刻石颂功，从此基本扫除了数百年来匈奴对汉朝北方边境的威胁。佛教也在这时传入中国。但是，在章帝后期，外戚窦氏日益跋扈，为东汉的衰落埋下伏笔。

汉朝时期牛耕和铁器的使用已经非常普遍，同时手工业也获得了巨大的发展，尤其纺织业和瓷器制作发达。西汉是中国古代商业非常发达的一个朝代，国家的稳定和交通的发达为商业的发展提供了良好的环境。不仅国内贸易，对外贸易也非常发达。通过丝绸之路，汉朝甚至与古罗马、印度等国家有间接的贸易关系。汉文化对东亚和东南亚国家影响深刻，越南、朝鲜、日本等国家都受到了西汉文化的影响。

汉朝文化是一个博大精深的体系，汉初道家的影响比较大，从汉武帝起独尊儒家，儒家的经典文籍得到了发展，可以说，“无为而治”奠定了汉王朝的立国之本；“独尊儒术”造就了汉王朝的长治久安。两汉崇文，大一统的鼎盛帝国，要求用文学来歌舞升平，司马迁所著《史记》、班固所著《汉书》在中国的历史学和文学中占有特殊的地位；赋是两汉最流行的文体，也是一代文学的标志，司马相如的《子虚赋》《上林赋》，张衡的《东京赋》《西京赋》等都是散体大赋中的煌煌巨作。汉朝的科技也获得了前所未有的发展，西汉时发明了造纸术并在东汉时得到改进；中国最古老的数学著作《周髀算经》和《九章算术》在此时成书；张仲景因《伤寒杂病论》而被尊为中华“医圣”、中医之祖；在天文学方面，张衡制成了世界上第一台能够预报地震的候风地动仪，我国开始有非常详细的天文记录，包括公认的人类第一次对太阳黑子的记录。

汉朝是一个伟大的朝代，汉朝文化的统一、宽大、包容和开阔的心胸，为后人所仰慕。汉所尊崇的儒家文化成为当时和日后的中原王朝以及东亚地区的社会主流文化。本书以汉朝历史发展为脉络，用严谨而又不失幽默的笔触将整个汉朝历史中的大事、要事、人物串联起来，集结成书，以飨读者。

目录

第一章 天下大乱

第二章 帝国初建，吕后临朝

第五章 西汉皇朝的盛极而衰

第六章 处心积虑，王莽篡取汉室江山

第七章 光武中兴，大汉的回光返照

第八章 风雨欲来，外戚与宦官轮流执政

第九章 军阀混战，汉帝国步入末日

第一章 天下大乱

英国著名历史学家约瑟·汤恩比曾经这样评价刘邦："人类历史上最有远见、对后世影响最大的两位政治人物，一位是开创罗马帝国的恺撒，另一位便是创建大汉文明的汉高祖刘邦。恺撒未能亲眼看到罗马帝国的强盛不幸身亡，而刘邦却亲手缔造了一个昌盛的帝国，并为人类历史开创了新纪元！"然而这样一个独领风骚的人物却是街头混混出身，几经周折之后出人意料地成为"乱世英雄"，结束了秦末粗暴腐败的统治，打败了西楚霸王项羽，翻开了历史的新篇章。

从泗水亭长到真龙天子

大汉帝国的创始人——汉高祖刘邦，公元前256年出生，沛郡丰邑人，也就是现在的江苏省徐州市丰县一带。刘邦本名刘季，排行第三，上面有两个哥哥，往下有一个弟弟。他的父亲被称为刘太公，母亲被称为刘媪。这不是正式的称呼，而是当时社会中的俗称。

刘太公为人勤奋，积累了不少家底，在当地也算是有头有脸的人物。他为人豁达，待人亲切和气，对于喝喝小酒、晒晒太阳的生活情有独钟，日子过得滋润有味。刘太公的大儿子叫刘伯，二儿子叫刘仲，又称刘喜，刘季是老三，另有一位小儿子叫刘交，与三位哥哥属于同父异母。

伯、仲、季，是古代用来表示长幼排行次序的称谓。伯（孟）是老大，仲是老二，叔是老三，季是老四。古代贵族男子的字前常加伯（孟）、仲、叔、季表示排行，字的后面加“父”或“甫”字表示男性，如伯禽父、仲尼父、叔兴父等。刘太公家的刘伯、刘仲、刘季，翻译过来就是刘大、刘二、刘三。那么，刘邦排名第三，为什么不叫“刘叔”反叫“刘季”呢？其实，“季”也有“老幺”的意思，一般家里如果不是正好四个孩子，最小的孩子都可以用“季”来称呼。比如周文王的父亲三兄弟分别称：太伯、仲雍、季历，没有叔。刘邦的弟弟刘交，是同父异母所生，至于为什么取名“刘交”，历史文献里并没有详细的记载。另外，刘太公并不是一个很有文化的人，平常可能并不会“刘伯”“刘仲”“刘季”地叫，更可能喊“刘大”“刘二”“刘三”。

关于刘邦的出身，有一个神奇的传说。刘邦的母亲有一天梦到与神交合，这时突然电闪雷鸣，刘太公定睛一看，有一条蛟龙在他老婆身上。之后，刘媪便怀孕了，足月之后便生下了刘邦。刘邦出生就不同于一般人，史书中记载，刘邦是个标准的美男子，身高七尺八寸，高鼻梁，宽额角，还有一把长长的胡子。总之是一副大富大贵的相貌。更奇怪的是，他的左腿还长有七十二颗黑痣，应验了传说中赤帝火德七十二日的征兆。

其实，关于刘邦的这些离奇出身和各种传说故事，显然是刘邦做了皇帝之后人们编造出来的，用意当然是说刘邦不是普通人，是真龙天子，因为那时君权神授的理论很容易被人们接受。毕竟腿上长七十二颗痣的人还是很少见的，甚至有人怀疑人的身上到底能不能长这么多痣。据医学专家说，一大片点状痣簇生在一起是可能的，然而这是一种疾病。

刘邦生来一点也不像刘家的人，他的两个哥哥做事勤劳，为人上进，可他虽然生得人高马大，身强体壮，却没有继承家族的优良传统，从小不喜欢读书，更不喜欢干农活，常常呼朋唤友、寻欢作乐，干一些偷鸡摸狗之类的事情。气得刘太公常骂他败家子，可他对此毫不在意，左耳进、右耳出，权当没有听见。刘太公气得咬牙跺脚，但也没有办法。

刘太公常常想，儿子这么不求上进，找老婆恐怕是个问题。但毕竟是自己的儿子，当老子的总不能不管，还是得想个长久之计。于是，刘太公就用自己的家底为儿子谋了一官半职，买了一个沛县泗水亭亭长的小官。亭是秦朝时的地方行政单位，秦朝的基本行政区划是郡县制，秦始皇时天下共划分三十六郡，后增至四十余郡，下再设乡、亭、里。亭有两种：一是城里的亭，级别跳过乡，相当于现代城市里的区；第二种是乡下的亭，相当于现在的镇，或处于交通要道之上。这样的亭具有旅馆和驿站邮递的作用，而亭官同时又负有督禁盗贼的责任。亭的主要官吏是亭长，由县吏任命，职责是维持地方治安，并听从县尉指挥，相当于镇上的镇长兼公安局长。

有了这个差事，刘邦更是潇洒自在了，不用每天听老爹在自己耳边念叨了，用现在的话来说，刘邦的前半生过得是挺“任性”的。虽然官不大，甚至还挺小的，但是在担任泗水亭长期间，刘邦却也过得优哉乐哉。虽然是个混混，但他有一副侠义心肠，而且擅长交际，这个看起来很不起眼的小官提升了他人际关系网络的层次，他的朋友更多，也更铁了。在泗水亭认识的朋友，都成了他日后打天下最忠实的伙伴，比如张良、萧何、曹参、夏侯婴……这些坚实的后盾，为刘邦打天下奠定了基础。

古人常说：“不孝有三，无后为大。”刘邦三十岁时还没有成家立业，由于“混混”的头衔早已远近皆知，没有人愿意把自己的闺女嫁给他。刘邦就这样一直到四十多岁，依然单身。然而，命运是一件无法捉摸的事情，“种豆得瓜”有时候也并非不可能，刘邦就遇到了他的“瓜”。

这天，沛县来了一个姓吕的人，人称吕公，姓吕名文，字叔平，山东单县人。吕公有四个子女：长子吕泽，次子吕释之，长女吕雉，次女吕媭，跟县令是好朋友。吕公这次到沛县来是考察风土民情的，因为被仇人追杀，一路就逃到了好友沛县县令家里。于是县令就准备为吕公接风洗尘，刘邦得到消息也前去凑热闹。

负责为宴会接收贺礼的人是后来刘邦手下“三杰”之一——萧何。此时，萧何是沛县县令手下一名官员。这次酒宴，萧何主管收礼。当时按照规定，献钱不满一千的人只能在堂下喝酒；凑钱超过一千的人才能到堂上喝酒。前去捧场的人有带物的，有带钱的，可刘邦口袋里一文钱也没有，到了门口却高喊一声“泗水亭长刘邦贺钱万”就直接来到堂上，实际上，刘邦玩的是“空手套白狼”，一个子也没献。

这边吕公一听“贺钱万”，顿时感觉很惊讶，赶紧跑到门口去迎接。因为在当时“贺钱万”算是非常大手笔的。从酒宴的规定看，出一千钱的都算是贵客，是能在堂上喝酒的。以当时的实际收入来看，秦代一位县令的年俸也只是数千钱，至于亭长，一年的俸钱不足数千。一个亭长一次酒宴敢于“贺钱万”，估计吕公心里也知道这是刘邦胡乱编的，但这位吕公是一个心思活泛的人，他从中看到了刘邦的胆量和潜在的政治家素养。

吕公这个人还有一个特点，非常迷信相面。因此，当他看到刘邦的面相时很吃惊，等客人都走了之后，吕公对刘邦说："我平生常给人相面，但从来没有见到像你这样好的面相。我有一个女儿，想许给你为妻，希望你不要嫌弃。"

刘邦这时还是单身，原本是来蹭吃蹭喝的，没想到有这种好事，岂有不答应的道理？于是立马答应下来。但是，吕公的老婆有意见了，跟吕公抱怨说："你平时总说要给女儿找个富贵人家，沛县县令对你这么好，他来上门提亲你都不答应，为什么非要嫁给这个刘邦？"吕公回答："此非儿女子所知也。"

刘邦回到家跟父母说明了吕公的意思，父母也很高兴。刘太公操心多年的难题终于得到解决，并且对方还是县令的故友，不是寻常人家，当然满心欢喜地同意。于是，这位吕公的女儿在很多年后就成了大名鼎鼎的吕后，给刘邦生了一儿一女，儿子就是后来的汉惠帝刘盈，女儿就是鲁元公主。

天下大乱，刘邦杀县令发迹

秦始皇执政后期，由于苛政不断，政局动荡不安，加上大兴土木，动用了大量劳役去征讨匈奴，还要修长城，建阿房宫以及骊山皇陵，耗费了巨大的人力、物力、财力，百姓苦不堪言。这一年，刘邦已经在亭长的位置上干了好几年，也是在这个时候，他接到了一个任务：押送劳役前往骊山修陵。

当时，秦帝国的成年男子，除了每年为郡县地方政府服一个月的劳役外，一生中还要为国家服徭役一年，戍边一年。事实上，秦帝国农民的徭役负担很重，远远超出制度上的规定。按制度上的规定，沛县农民每年都要有人到都城咸阳为国家服徭役。浩大的秦始皇陵与阿房宫工程，常年需要几十万劳力。

当时，郡县被征调徭役的民夫，要由地方政府派人带领前往，并由带领者监管这些民夫。地方政府中的官吏，一般都不愿担任这一差事。因为这不仅要远离家乡，备尝旅途的辛苦，有时还要承担一些意想不到的风险，责任重大。秦法对带领民夫的官吏有非常严苛的要求与规定，违犯法规者将视其不同情节给予严厉的惩罚。

但是对于刘邦来说，这件事并没有让他多烦恼，因为这并不是他第一次接到这样的任务了。刘邦和吕雉结婚之后，每天的工作也不是很忙，办完公事就回来帮妻子操劳农活，一家四口日子过得很安逸。但刘邦从来都不是一个能够安于本分的人，这样的日子过了几年之后，刘邦那颗不安于现状的心又开始蠢蠢欲动起来。这时恰好从曹参那里得知，萧何正在物色徭役的带队人，刘邦于是自告奋勇地揽下了这份差事，正好也借此机会出去散散心，见见世面。当时快到中秋节了，吕雉给刘邦准备了过冬的寒衣，依依不舍地送别他，县府中的同事也来送别刘邦。按往常惯例，每位替他饯行的官员都送给他三百钱，资助他旅途上的费用。当时，为官府服劳役抵债，每日的工钱是八钱，三百钱相当于一个劳力一个多月的工钱。只有萧何一个人送给他五百钱，刘邦很受感动，直到他做了皇帝之后，他还惦记着“何独以五”这件往事。

刘邦带领着一众农夫，告别了亲人踏上征程，从沛县启程西行，一路上凄凄凉凉，一直到达目的地——咸阳城东南的阿房宫工地，这里离咸阳只有几十里的路程。在这里，刘邦遇到了一个让他心生羡慕的人。这天，刘邦在路上闲逛，正好遇到秦始皇的车驾出行。

秦始皇车驾出行，一般都戒备森严，禁止老百姓观看。但偶尔也有破例的时候，即允许路旁的百姓观看，任人瞻仰。史书记载的“纵观”，即是任人观看的意思。刘邦有幸赶上这一盛大场面，当时，道路两边人山人海，刘邦被人流涌至前沿，他站稳了脚跟，终于看到了皇帝车队在他面前驶过的情景。据文献记载，天子车驾出行，有大驾、法驾、小驾之分，除皇帝乘坐的金根车、五时副车之外，大驾有属车（包括兵车在内）八十一乘，法驾有属车三十六乘，小驾有属车九乘。秦始皇此次车驾出行，不是出函谷关巡行帝国的东土不会配备八十一乘属车的“大驾”。但他恩准百姓“纵观”，用配备九乘属车的“小驾”又不足以在百姓面前显现皇帝的神威，因而他下令配备有三十六乘属车的“法驾”。由金根车、五时副车、三十六乘属车和仪仗所组成的车队，可谓是浩浩荡荡了。

秦始皇当年所乘坐的车驾，实物当然难以保存至今。但是，1980年秦始陵出土的两驾铜车、铜马、铜俑系精美的仿真制品，大小相当于真车、真马、真人的二分之一，车与系驾的结构完全模拟实物，与真车马基本上没有差异。也许是被这华丽的场面所震撼，刘邦情不自禁地感叹了一句：“嗟乎，大丈夫当如此也！”

第二年秋天，沛县下一批来咸阳服徭役的民夫到达阿房宫工地，刘邦这才带领去年秋天来到这里的民夫启程返回家乡。之后，刘邦多次隔年带领服徭役的民夫去咸阳，这就是《高祖本纪》所说的“高祖常繇咸阳”。

从这之后，刘邦就开始喜欢上了“常繇咸阳”这份工作，乐此不疲，但这次要押送的徭役都是一些“危险分子”，不是普通的农家子弟，而是有刑罚在身的罪犯，并且他们的目的地不是咸阳城的阿房宫而是需要修皇陵的骊山。当时正是始皇帝病死沙丘的前夕，国内局势动荡，人心不稳，好友兼同事的萧何对刘邦暗暗担心，这次出发可能会有危险，刘邦本人也感觉到气氛与往常不同。然而他多年来自告奋勇地往返咸阳，大家又都拥护他，刘邦也不好推辞。

果然，出发没多久，就有人开始逃跑，走到丰邑西边的大湖“丰西泽”时，刘邦押送的徭役已经跑了一大半。“丰西泽”仍属沛县境内，离目的地还早着呢，可是逃跑的人又没有办法追回来。刘邦心里也开始犯嘀咕，按这个速度，到不了骊山，这些犯人就都跑光了，依照严苛的秦律，自己也难逃一死。与其到骊山去送死，不如顺水推舟把大家都放了，自己也逃吧。就这样，刘邦在“丰西泽”把剩下的徭役全放了。大家看到刘邦这么讲义气，心里也很感动，一些人当场就表示要跟着刘邦干事业。于是，带着这十几个人，刘邦开始了他的流亡生涯。

芒、砀两山在今安徽省砀山县东南，芒山县是沛县西南方的邻县，芒山在北，砀山在南，其间相距仅八里。芒砀两山是苏北丘陵的东缘，海拔并不太高，但位于低洼的沛丰沼泽地的南沿，其相对高度亦足以称为这一地区小有名气的山陵，况且山间有古树密林，杂草丛生，蜿蜒起伏于“山泽岩石之间”，不乏匿身之处，可供辗转栖身。

刘邦带着十几个人就在这芒山、砀山落草了，而他放了徭役的消息很快传到了家乡。这让妻子吕雉坐不住了，于是，她把年幼的女儿、儿子交给二老，踏上了寻夫的行程。

传说刘邦到了哪里，哪里就会有五朵彩云。刘邦造反后，吕雉被官府的人抓到了监狱。后来，吕雉出狱了想要找到刘邦，就跟着五朵彩云找。由于经常往来于沛县与芒山、砀山之间，渐渐地家人都知道了刘邦其实就在西南方的芒山、砀山上。

刘邦在山上漂泊的时候，山外的世界也在发生着巨大的变化。病危的秦始皇终于在沙丘病死。继承皇位的秦二世倒行逆施，到处都是人心惶惶、怨声不断，最终爆发了大泽乡起义。沛县县令是个老滑头，当时每天都会传来官员被杀的消息，他日夜苦思，害怕自己会被起义的农民杀掉，又害怕遭到秦朝政府的讨伐，毕竟自己还是一名官吏呢。

考虑了半天，沛县县令终于决定“随大流”，跟着农民造反，于是把萧何和监狱官曹参找来商量。萧何一听，这事风险太大，以秦朝官员的身份造反，你敢做不见得别人敢相信你。于是，他又出了一个主意：不如把流亡在外面的沛县人召集起来，利用他们的力量号令百姓！县令一听，这个主意好，不仅可以壮大自己的力量，还可以杜绝后患，简直是一箭双雕啊！于是就问：“沛县有哪些逃亡出去的人呢？”萧何此时就推荐了刘邦。此前刘邦“亡匿隐”的消息早已传开，县令也心知肚明，立刻派人找到吕雉的妹夫樊哙，让他通知刘邦赶紧回来。

这边刘邦听到县令召唤自己回去，顿时有一种“守得云开见月明”的感觉，内心也是非常欢喜的。然而，这时县令却打起了退堂鼓，担心刘邦回来后自己控制不住，到时候爬到自己头上来怎么办？虽然秦王朝现在焦头烂额，但武力组织还是很强大的。万一陈胜、吴广起义失败，造反的人可就没好果子吃了。反复思量后，听到刘邦一行人即将回县的消息，县令突然下令：“关闭城门，禁止刘邦党徒进入县城。倘若有人内应，格杀勿论！”

这下萧何和曹参目瞪口呆。不是说好要造反吗？怎么事到临头反倒改变了主意。当时萧何的身份是主管人事、总务的“主吏”，曹参的身份是辅助主管狱讼的“狱掾”（原为辅佐之意，后为副官或官署属员的通称），都是县里有头有脸的人物。曹参和萧何是聪明人，自己帮着县里造反，回头肯定也没好下场，于是二话不说摸黑逃跑投奔刘邦去了。

刘邦本来心情挺好，听到这个消息瞬间有些愤怒，明明说好一起干大事，到头来却被摆了一道，于是奋笔疾书写了一封信，用箭射到城墙上。这封信是写给沛县百姓的，信里说，天下百姓受秦的苦已经好久了，现在沛县百姓为沛县县令守城，而天下的形势却是“诸侯并起”，早晚会杀到沛县来的。如今只要我们团结一心，杀了县令，推选一个可信之人，响应天下诸侯号召，则可保全一家老小。否则，就只能等着被杀了。

老百姓正愁没出路，他们的目的是能跟家人一起活着，看到刘邦的信后立即给予了积极响应，一齐动手，杀县令，开城门，接刘邦。进了城之后，大伙都劝刘邦担任起义领袖，刘邦内心一阵暗爽，但表面上却推辞说：“当前天下纷纷，‘诸侯并起’，如果选择的领袖不合适，则会死得很惨。希望大家选那些更有能力的人吧。”不过在大家的一再坚持下，刘邦愉快地顺从了民意，以沛公之称，挑选三千子弟，正式开始了反秦起义，从此踏上了历史的舞台。这一年，刘邦四十八岁。

秦朝最后一根稻草——章邯

其实细数下来，刘邦与秦始皇是同一个时代的人，他只比秦始皇小三岁。只不过刘邦的命没有秦始皇命那么好，没有生在王族。刘邦年轻时候的理想也不是做一个混混，而是做一个游侠。刘邦也有自己的偶像，就是战国四大公子之一的魏国信陵君。信陵君好贤养士、窃符救赵的事迹声誉，生前已经响亮于各国朝野，身后更是广布于天下民间。刘邦在乡里也聚集了一帮浪荡少年，俨然以大哥门主自居，模仿的就是游侠的风范。信陵君去世以后，继承他地位的是一个叫张耳的人。

张耳曾是魏国信陵君的座上常客，后来他在外黄（今河南民权县西北）娶了一个富婆，也像信陵君一样，疏财仗义，网罗天下游侠之士。刘邦听说以后，慕名心动，决心前去跟从。但刘邦去了外黄没几个月，他的游侠梦就破灭了。因为秦始皇统一了六国，已经没有游侠的生存空间了。无奈之下刘邦只能回家，祸害家乡去了。

俗话说，风水轮流转。秦始皇把刘邦的游侠梦给浇灭了，自己开创了偌大基业，但死得太突然，没能选好接班人，留下超不靠谱的秦二世，很快就把这个国家折腾得烽烟四起。率先起兵反秦的就是“有鸿鹄之志”，号称“王侯将相宁有种乎”的陈胜。

公元前209年，陈胜和吴广在大泽乡起义，不到一个月连克铚县（今安徽省濉溪县）、酂县（今河南永城西）、苦县（今河南鹿邑县）、柘县（今河南柘城县）、谯县（治所在今安徽省亳州市谯城区）五县，很快把起义的火种带到了自己的家乡河南，先攻下了战略要地陈县（今河南淮阳）。陈胜打下陈县后，就以陈县为都城，国号为“张楚”（即张大楚国之意，一说以张大楚国为口号），但并不以恢复楚国故土为目的，而是要推翻秦王朝，解救天下的穷苦百姓。

一个旗号一打开，各地以“张楚”军名义纷纷起事，惩办当地的长官，把他们杀死，来响应陈胜的号召。在这大好形势下，陈胜也准备一鼓作气灭了秦朝。他任命吴广为假王（副王），率领起义军主力西击荥阳，取道函谷关，直捣秦都咸阳。同时令宋留领兵打南阳，入武关，进而迂回攻关中。随后又任命武臣、邓宗、周市、召平等为将军，分别北渡黄河，进攻原赵国地区（今山西北部、河北西南部）；向南攻取九江郡，深入淮南地区；进攻广陵（今江苏扬州市北）、魏国旧地（今河南东北部接连山西西南部），攻取长江下游、黄河以南大梁（今河南开封）等地区。

但让陈胜没料到的是，吴广久攻荥阳不下，大军西进受阻。陈胜十分着急，当即决定另派周文为将军率兵西击秦，利用吴广大军牵制秦军主力的条件，绕过荥阳，直取函谷关。

这年九月，周文率领十万起义军势如破竹，一路打到戏水（今陕西临潼），准备把秦朝的大本营来一个“一锅端”。直到这个时候，昏庸的秦二世才真正感受到危机感，顿时内心一阵恐慌，手忙脚乱地召集大臣想个逃命的办法，结果这群大臣比秦二世还没招。

这时，章邯站出来给秦二世解围，他说：“盗贼已至戏水，兵多势强，现在下令召集附近各县的兵力肯定是来不及了。但是，如今在骊山修墓的刑徒有不少，可以将他们一律赦免，发给他们兵器，让他们抵挡一阵。”秦二世在一片惊慌之中，抓住了章邯这根救命稻草，立即发布了大赦天下的命令，同时任命章邯统率被赦免的骊山刑徒和奴婢之子，全部开赴前线，迎头杀向起义军。

章邯，字少荣，是秦末最后一位著名大将，他是一个很有传奇色彩的人物。章邯本来是朝廷负责建筑的官员，结果临危受命带领十万刑徒及奴产子（奴婢的子女，身份仍为奴）上了战场。

当时，章邯领着十万临时军浩浩荡荡地出发了，然后就没周文什么事了。因为周文其实并不懂打仗，一路打过来也没遇到秦军像样的抵抗，一时之间有点飘飘然，产生了轻敌思想，而且一路收编的人马也大多没受过专业军事训练和作战锻炼，缺乏各级指挥人员，其战斗力并不比章邯的临时军高多少。因此，当章邯率领装备精良的秦军出其不意地来袭时，周文毫无悬念地一败涂地。

周文率余部退出函谷关。出关后，在曹阳（今河南灵宝县东）驻守两三个月。章邯率秦军追来，周文带着军队再退至渑池（今河南渑池县西）。章邯乘胜追击不给周文喘气的机会，结果周文战败自刎而死，军队失去战斗能力。

接着，章邯一鼓作气，先打败了吴广率领的张楚主力军，吴广被手下将领杀死；再打败了张楚将领邓说的军队，邓说被陈胜处死；紧接着，又打败了张楚将领伍徐的军队，伍徐战死；之后，章邯挥兵东进，向张楚政权所在地陈县直扑而来，一举攻下，上柱国房君战死；章邯进兵攻击陈县西面张贺所率领的义军，陈胜亲自上阵督战，义军被击溃，张贺战死。

公元前 209 年十二月，陈胜先退到汝阴，又退到下城父（今安徽涡阳县东南的下城父集），这时给陈胜赶车的一个名叫庄贾的人，受章邯的引诱，反水杀死陈胜向秦军投降。陈胜葬于砀（今安徽砀山县南）。轰轰烈烈的陈胜吴广起义，就如同昙花一现般消失了。

从章邯领军出发到陈胜死，可以说是屡战屡胜，陈胜的死意味着反秦的各支义军基本上已被秦军消灭。然而历史往往充满了悬念，章邯很快要遭遇人生中的第一次惨败。带给章邯失败的就是项梁和他的侄子项羽。

在陈胜吴广举起造反大旗的时候，各地纷纷响应，起兵反秦，原来的六国贵族也开始浑水摸鱼：原齐国王族田儋和堂弟田荣，趁机率领家奴，杀死县令起兵，田儋自立为齐王，田荣为丞相；韩国贵族张良，也于下邳聚集了少年百余人起事；陈胜的部将武臣被陈胜派出去攻略赵国的地盘，趁陈胜与秦朝交战，也自立为赵王；武臣派部将韩广北略燕地，韩广占领燕国旧地后，在当地民众支持下恢复燕国；被秦朝贬为平民的原魏国宁陵君魏咎，本来去追随陈胜，后来在陈胜部将周市的支持下当了魏王；楚国贵族项梁与侄子项羽也杀死会稽郡（今江苏省苏州）太守，号召楚国遗民起兵反秦，得精兵八千余人。

在各地的反秦义军中，楚国人是最积极最彻底的。陈胜本来就是楚国人，他的政权国号就叫作“张楚”。赵国、燕国、魏国的义军首领，都是陈胜的部将，可以看作是“张楚”的分支。各地义军中跟楚国没有关系的只有两个，韩国张良和齐国田儋，但是规模影响都不大。而项氏家族作为楚国的旧贵族，振臂一呼，就能得到八千精兵，这是为什么呢？原来，“秦灭六国，楚最无罪”。人都说秦晋之好，其实秦楚才是真正的好朋友。春秋时期楚晋争霸，秦一直站在楚一边，秦楚世世通婚，秦昭王的母亲还是楚贵族之女，如此情况数不胜数。但是秦国强大后，却翻脸不认人，把楚国给灭了。这种被背叛的感受超过了被伤害的感受，所以当时楚国流行一句俗语：“楚虽三户，亡秦必楚。”

当然，项梁能有这么大的号召力，跟他的出身也有关系。项梁的父亲就是楚国的名将项燕。项氏一族世代都是楚国的名将，项羽的爷爷项燕，打败了曾灭了燕国的秦军名将李信，这在秦始皇势如破竹的灭六国战争中是仅有的败绩，因此项燕很受楚国人的拥护和爱戴。当然项燕终究还是打不过老将王翦的六十万大军。公元前 224 年，王翦攻破楚国，俘虏了楚王，项燕便只好去做流亡政府的将军，在淮南起兵反秦，结果兵败身亡。幸存下来的项氏家族就东躲西藏，比如大名鼎鼎的项羽出生在下相（即今江苏省宿迁市），长大在吴中（即今江苏苏州市吴中区）。

势如破竹，章邯横扫义军

刘邦在公元前 209 年九月举兵起义后，和萧何、曹参、樊哙在沛县四处招收军队，共得三千人，进攻胡陵（今山东鱼台县东南）、方与（今山东鱼台县西北），退守丰邑（今江苏丰县）。

刘邦退守丰邑后，当时章邯率秦军东下，秦泗水郡（治所在相县，今安徽淮北市西北）的郡监率兵围攻丰邑。刘邦领兵出战，击破秦军，活捉了泗水郡郡守，然后领兵回到亢父（今山东济宁市南）与方与。这时，传来一个噩耗，他的家乡丰邑丢失了。刘邦出去作战时，命同乡雍齿守卫丰邑，结果本来就有些看不起刘邦的雍齿，直接把丰邑献给了魏国义军周市，自己反而为魏国守丰邑。

沛公得知雍齿反叛，非常气愤，带兵围攻丰邑，结果吃了败战，刘邦又急又气生病了。当时，章邯所率领的秦军已经打败了陈胜，起义军一时群龙无首，宁陵君与凌县（今江苏泗阳县西北）人秦嘉合谋立楚国的王族后裔秦嘉为“假王”，驻扎在留（今江苏沛县东南）。走投无路的刘邦只好去归附景驹，并想向他借兵攻打丰邑。但这时章邯派了一支部队攻打过来了，景驹帅军去迎战，结果一败涂地。项梁一看景驹的实力被削弱，过来捡便宜来了，对军官们说：“陈胜首先起事，作战不利，不知去向。现在秦嘉背叛楚王陈胜而拥立景驹，实属大逆不道！”便进军攻打秦嘉，秦嘉的军队大败而逃。项梁领兵追击到胡陵，秦嘉只抵抗了一天就战死，他的军队马上就归降了。景驹逃跑，死在了梁地。

刘邦一看项梁把他的后台老板景驹给灭了，当时驻扎在薛县，觉得项梁更有前途，就带领百余名骑兵前往拜见，并诉说了自己的困境，项梁立马拨给他步兵五千人，五大夫将领十人。刘邦带着这些兵马，回来攻打丰邑。

项梁在杀了景驹后，吞并了陈胜的余部，成为楚国起义军的领袖。项梁还从民间寻找到楚怀王熊槐的孙子芈心，也叫熊心，拥立他为楚怀王，项梁则自号为武信君。

项梁派刘邦、项羽各领一路军队，去攻打城阳（今山东鄄城县东南）、濮阳（今河南濮阳县西南）东、外黄（今河南民权县西北）等地，自己则带着主力，去进攻章邯。公元前208年七月，连降大雨，项梁率兵进攻亢父（今山东济宁市南），听说齐王田荣（田儋被章邯杀死后，田荣继位）被章邯围困于东阿（今山东省东阿县西南的阿城镇），便率兵救齐，在东阿大破章邯所率秦军，章邯出关以来终于尝到了失败的味道。项梁乘胜追击秦军，并多次催促齐兵与楚军一同西进作战，存有私心的田荣却不肯发兵助楚。项梁派刘邦及项羽进攻城阳（山东鄄城县东南），攻克后屠城。刘邦及项羽又西进在濮阳（今河南濮阳西）东击破秦军，秦军退守濮阳。刘邦及项羽进攻定陶而未下，西进略地至雍丘（今河南杞县），大破秦军，斩秦三川郡郡守李由。项梁发兵于东阿西进，抵达定陶，再次击破秦军。

糖衣炮弹永远是最好吃的毒药。这一连串的胜利让项梁有些分不清东南西北，当章邯吃了败仗在秦以倾国之兵补充兵员的时候，他在享受胜利的喜悦，于是章邯卷土重来于定陶大破楚军，立刻验证了那句“骄兵必败”的名言。正在进攻陈留（今河南开封县东南陈留城）的刘邦、项羽闻知项梁战死，与陈胜的旧部吕臣一道率兵回了根据地。吕臣驻军在彭城（今江苏徐州市）东面，项羽驻军在彭城西面，刘邦驻军于砀山一带。

定陶一战后，章邯对楚地的起义军放松了警惕，便率军渡黄河北上攻击赵地的义军。

赵国的义军其实是“张楚”政权的分支。陈胜建立“张楚”政权后，部将张耳、陈馀向陈胜请兵攻夺赵地。陈胜就命武臣为将军，张耳、陈馀为左右校尉，率军三千攻夺赵地。武臣从白马津（今河南滑县东北）渡过黄河北上，沿途队伍不断壮大，连续攻下赵地十余城，并杀了所攻下之城的秦朝官吏。于是赵地剩下的城池都据城坚守不降。武臣转向东北方攻打范阳（今山东梁山县西北）。范阳人蒯通（本名蒯彻，汉避武帝讳改彻为通）先是游说范阳县令向武臣投降，然后又对武臣说：“你要是杀了范阳县令，其他的官员因为怕死，一定会更剧烈地反抗你，但如果你非但不杀范阳县令，反而封其为侯，你猜会怎么样?”武臣听从了蒯通的计策，马上就有三十多城不战而降的官吏。

武臣的军队攻下原来赵国的首都邯郸后，张耳、陈馀怨恨陈胜采纳他们的计策，却不任命他们做将军而仅仅只授予校尉之职，劝说武臣自立为王。于是武臣自立为赵王，并封陈馀为大将军，封张耳为右丞相。

武臣自立为赵王以后，就开始对陈胜的命令阳奉阴违，拒绝响应陈胜西进击秦的号召，而是派韩广攻燕地，李良攻常山郡（秦时本称恒山郡，汉避文帝讳改为常山）。韩广攻下燕地后，在当地民众的支持下，也学武臣的样子，自立为燕王。李良平定了常山郡后，武臣又命他攻打太原郡。李良率兵至石邑（今河北石家庄市西南），秦兵扼守井陉关（今河北井陉县东南），李良不得前进，就返回邯郸请求增兵。

李良回邯郸时于途中遇到武臣的姐姐外出，她的随从有骑兵百余人。李良误以为赵王外出，拜伏于路边。武臣的姐姐酒醉，不知李良是大将，仅派骑士来答谢。李良平时自以为是显贵，这次觉得自己在随从面前丢了脸。此时，随从中又有一人在其中挑拨，于是李良杀了武臣之姐，率军袭击邯郸。邯郸方面毫无防备，于是武臣被杀，张耳、陈馀因耳目较多而逃出。

张耳、陈馀收集军队，得数万人，并立赵王后裔赵歇为王，率兵攻打李良，李良败走后投降了章邯。

恰好此时章邯也已经打败了项梁，就由李良领路，带着秦军直杀赵都邯郸（今河北邯郸市），赵王赵歇、丞相张耳退入巨鹿城（今河北平乡县西南）内。章邯命部将王离、涉间率军包围巨鹿，他自己则在巨鹿南面的棘原（今河北平乡县南）安营扎寨，筑起甬道（道路两旁设有防御工事），为秦军运送粮草；赵国将领陈馀则在河北常山招兵买马，就是所谓河北军。

秦将王离仗着自己兵多粮足，攻城战一波比一波凶猛，而巨鹿城中的赵军“食尽兵少”，有点扛不住了，再不搬来救兵恐怕要完蛋。丞相张耳心急如焚地催陈馀带兵出去跟城下的秦军开战，陈馀心里也有自己的算盘，自己兵少，跟秦军对打不出意外肯定会战败，因此一拖再拖，打算等其他几个国家的援兵来了再说。

拖了一两个月，张耳大怒，他跟陈馀本是结拜兄弟，眼下正是患难见真情的时候，你不出去杀秦军个人仰马翻，而是躲在一边算怎么回事？于是派张黡、陈泽前往质问陈馀说：“当初我与你结为生死之交，今日赵王与我早晚将死，而你手下有数万兵，却不肯相救，这算哪门子同生共死！如果是言必有信，为什么不跟秦军一战，也许这样我们还有几分保命的可能。”

陈馀面对结拜兄弟的质问淡定地回答说：“就算我倾全军之力出击也不见得能救赵，只是白白地送死，这样还怎么为赵王、张君报秦军之仇？现在跟秦军打，就好比把肉丢给饿狗，有何益处？”张黡、陈泽也是奉命而来，答曰：“事情紧急，你说过要同生共死，就要说话算话，哪里管得以后的事！”陈馀也是没有办法，话都说到这个份上了，于是说：“我死不要紧，但这样只是白白牺牲士兵的性命。”于是陈馀派五千人让张黡、陈泽率领同秦军对抗，果然，一出兵就全军覆没。

赵国被章邯逼得焦头烂额，偏偏自己又没实力，只能向周边的楚、燕、齐等国求援，各国也陆续派出援兵。于是，以秦军主力为一方、以赵国及各路义军主力（主要是赵军与楚军）为一方的对峙局面终于形成，为巨鹿之战拉开了序幕。

破釜沉舟，项羽大败章邯

章邯率军包围巨鹿，赵王歇危在旦夕，多次派使者向邻国楚国求救。“唇亡齿寒”的道理谁都懂，楚怀王知道章邯拿下巨鹿后，下一步肯定是南渡围攻楚军，到那时孤军与秦军作战，形势将更为不利，不如与各路诸侯联合起来在巨鹿同秦军决一死战。因此，楚怀王安排宋义为上将军，项羽为次将，范增为末将，发兵救赵。各路将领都隶属于宋义，号为卿子冠军。

次将项羽对这个安排很不满意。宋义是因为预言项梁会失败才受到楚怀王的赏识，项羽心里想：“你说我叔叔会吃败仗结果受到重视了，现在居然还当我的上司……”项羽是个自尊心很强的人，但是没办法，不能接受也得接受，于是憋着火一路行进，结果走到安阳（今山东曹县东南）宋义不走了，史书上记载“留四十六日不进”。

项羽心里很着急，他很想为叔父项梁报仇，可宋义在安阳按兵不动，拒不救赵，于是便对宋义说：“我听说秦兵围赵军于巨鹿，如急速领兵渡过黄河，楚军从外围进攻，赵军从城内响应，必定能击溃秦军。”宋义回答说：“不对。牛虻只会咬牛而不会消灭虱子，我们可以坐等秦军攻赵，战胜，秦军疲惫，痛打落水狗；战败，我们可以率军大张旗鼓地西进，必定能一举灭亡秦朝。因此，不如让秦、赵先打起来。”并且他说了这样一番话：“身披坚甲手持利兵，我不如你；可坐于帷帐之中运筹决策，你不如我。”与此同时，宋义向全军下达命令：“猛如虎、狠如羊、贪如狼、倔强而不听从命令者，一律斩首。”

宋义是个很滑头的人，他想“鹬蚌相争，渔翁得利”，谁也不想得罪，可越是这样最后越是没有好下场。当时的诸侯流行自立门户，而宋义则选择抱齐国的“大腿”，把亲儿子宋襄派到齐国去辅佐齐王，为了表示诚意，亲自护送到无盐（今山东省东平县东南）大摆酒席宴会。宋义的种种行为让项羽很不爽，他找到宋义说：“现在正是合力攻打秦军的时候，你不但不出力，反而给你儿子摆出行酒，秦国跟赵国开打哪里有失败的道理，赵国一旦被灭秦军则会更加强大，哪里谈得上‘疲惫可以利用’！况且楚国军队新近被秦军战败，楚王坐立不安，把全国军队集中起来交给你指挥，就等着你的好消息。如今你不仅不体恤士兵，还想着为自己牟私利，你这样做实在不仗义。”

当时正好是十一月，因为九月是闰月，这会儿已经进入了冬季，这一年的收成也不太好，还发生了饥荒，楚军由于长期滞留，粮食已经开始短缺。第二天一早，项羽看到士兵们一个个都在啃地瓜或菽（豆子）充饥，顿时怒从心生，提着刀就找宋义去了。没一会儿，项羽手提宋义的人头走出军帐，对军中将士说："宋义与齐王密谋反叛楚国，楚王密令我将他诛杀。"

众将领见上将军宋义已被斩首，无不畏惧而服从，无人敢于抵拒，都说："最早拥立楚王的是将军一家；现在又是将军诛杀了乱臣贼子。"于是众将领拥立项羽为代理上将军，同时，派人追赶宋义的儿子宋襄，一直追到齐国，将宋襄杀死。派桓楚向楚王汇报此事，楚怀王正式任命项羽为上将军，并且将当阳君黥布、蒲将军所统率的军队，都归项羽指挥。

项羽终于当家做主了，立即派黥布、蒲将军首先率两万士卒渡过黄河，救援巨鹿赵军。与秦军交战后，战事稍有胜利，陈馀又向项羽请求援兵。项羽下令破釜沉舟，烧毁军营，只存三日粮，全员渡黄河救赵。这就是著名成语"破釜沉舟"的由来。史书记载："皆沉船，破釜甑，烧庐舍，持三日粮，以示士卒必死，无一还心。"

楚军将士斗志昂扬，到达巨鹿首先包围秦将王离的攻城部队，断了秦军送粮的甬道，杀苏角，俘王离。秦将涉间拒不降楚，自己投火而死。巨鹿之围因秦军的溃败而宣告解除。项羽在与王离带领的秦军交战时，章邯带领的另一支主力部队没有出动，仍驻扎在巨鹿南面的棘原。项羽在巨鹿城下俘虏王离之后，率大军驻守在漳水南面，与其余诸侯军和秦军形成夹击之势。

章邯是当时秦朝的顶梁柱，秦朝能够苟延残喘至今，全靠章邯在这里苦心维持。但为什么他这时候不赶紧跟项羽交战，反而让自己的二十五万精锐部队，驻扎在巨鹿南面的棘原，和各国的部队"相持未战"呢？况且章邯手底下的秦军，战斗力非常强，如果拼死一战，完全有赢的机会。原来，是章邯的后方不稳了。

在章邯与项羽两军相持的时候，秦帝国内部发生了权力斗争，阴谋家赵高陷害了晚节不忠的丞相李斯，攫取了帝国大权，昏庸的秦二世成了赵高手中的傀儡。正好这时秦军在巨鹿接连失败，秦二世派人责问章邯。章邯感觉不妙，派长史司马欣回咸阳请示。结果司马欣到达咸阳后却吃了赵高的闭门羹，被晾在一边。司马欣感觉情况不妙，就逃跑回巨鹿，跟章邯商量说："朝廷里情况不妙啊，现在是赵高在朝中当权，说一不二，咱们跟赵高的关系不好，也没有人敢给我们说好话。如果打赢了，赵高肯定嫉妒我们的功劳，给我们穿小鞋；如果输了，难免一死。还不如投降呢!"

正好这时陈馀也给章邯写了一封信，信中说："白起身为秦将，南征鄢郢，北坑赵国马服君赵括的四十万降卒，攻城略地，不可胜数，而终于被赐死。蒙恬身为秦将，北逐匈奴，在榆中开地数千里，最终竟被斩于阳周（今陕西子长县北），是因为什么？还不是因为他们功劳太高，秦无法封赏，所以找借口诛杀。如今将军你已经为秦国打了三年仗，死伤的士卒没有十万也有八万，而且现在各路诸侯都在闹分家，你这样打下去什么时候是个头。赵高素来阿谀奉承，眼下事情紧急，他也怕没法跟秦二世交代，惹来杀身之祸，所以一定会想办法诛杀将军来推脱责任。如今有功是死，无功也是一死。况且上天要灭亡秦朝，将军为何不倒戈，联合诸侯共同伐秦?"

章邯看完信动摇了，权衡了一番还是派出了使者打算与项羽订立和约。可和约还没订呢，项羽派蒲将军渡过三户津（河北临漳县漳河上的一个渡口），再次与秦军交战并取得了胜利。项羽率领全部大军在污水（在临漳县西的一条河流）攻击秦军，秦军大败。这下章邯也不端着架子了，直接找到项羽无条件投降，于是项羽接受了章邯的请求，并且封他为雍王，将他安置在楚军之中；让司马欣担任降军的上将军，率领投降的秦军继续向西行进。项羽率领着各路诸侯的军队紧随其后，向关中进发。

于是巨鹿之战以项羽的取胜画上圆满的句号，这场历时将近一年的战争让项羽扬名天下，也宣告着他登上了历史的大舞台。第一个吃螃蟹的人总是会得到更多的利益，巨鹿一战中，当时不只楚国的救兵到了，各路诸侯派出的救兵也都到了，但是他们都在"坐山观虎斗"，不敢对秦军下手，都在看到底是项羽赢还是秦军赢，好选择战队。巨鹿之战后，项羽理所当然地成为诸侯军的统帅。

千里远征，刘邦攻下咸阳

刘邦在投奔景驹的时候，遇到了另一个义军领袖——张良。张良与刘邦见面后，一交谈，两人大有相见恨晚之意。于是张良放弃投奔景驹的念头，直接投奔到刘邦这边。

张良，字子房，西汉杰出的军事谋略家，与萧何、韩信同被称为“汉初三杰”，被封留侯，谥文成侯。张良出身贵族，祖父张开地是韩昭侯、韩宣惠王、韩襄哀王时期的相国，父亲张平是韩厘王、韩悼惠王时期的相国。秦始皇统一六国时，他遣散三百家僮，弟亡不葬，倾家荡产收买了一个刺客，发誓要为韩报仇。不过张良选择报仇的方式简直让人大跌眼镜，他找来了一个大力士，拿一个重一百二十斤的大铁锤，秦始皇二十九年（公元前218年）始皇帝巡游东方的时候，俩人悄悄在路边做了埋伏，在博浪沙（古地名，在今河南原阳县东南）袭击秦始皇，结果一锤子砸下去把马车砸了个粉碎，秦始皇却不在这辆马车上。张良改名换姓一路逃到下邳（今江苏睢宁西北）躲了起来。

据说张良在下邳逃亡时，曾经在一座桥上遇到一个穿粗布短衣的老头，老头让张良捡了三次鞋，送了他一本《太公兵法》。陈胜、吴广起义后，张良在下邳聚集了少年百余人起事，但规模实在是太小了，他也想找个东家投靠，本来想去投靠景驹，结果遇到了刘邦。其后刘邦投奔了项梁，张良也成了项梁的部下。项梁军队壮大后，张良不忘复兴韩国，忙对项梁提议说：你立了楚王的后裔为王，也应该立韩王的后裔为王，借以多树党羽。项梁一口应承，命人找到韩王成，立为韩王，并以张良为司徒（相当于丞相）。张良竭尽全力扶持韩王成，挥师收复韩地（指战国时韩国地盘），游兵于颍川附近，时而攻取数城，时而又被秦兵夺回，迟迟未能开创大局面。

项梁被杀后，楚怀王把吕臣和项羽的军队进行了合并，任命刘邦为砀郡长，封为武安侯，率领砀郡兵马；把项羽封为长安侯，号为鲁公；将吕臣任命为司徒，并将其父亲吕青任命为令尹。楚怀王接到赵王的求救信，经过商议后答应救赵，但为了分散秦军力量，决定派一支部队西向直接攻秦。当时由于秦军军势正壮，楚国上下皆不看好西征，都不愿意领军西征。于是他们推举刘邦为西征军统帅西征，借口是刘邦为人宽厚，可以减少西进阻力。为了激发刘邦西征的积极性，还做了这样一个约定：谁能先把关中攻下，谁就做关中王。于是，当项羽在巨鹿之战大放异彩时，刘邦正在去往咸阳的途中。

刘邦由砀山出兵，北上先行收集陈胜、项梁的散卒。到了成阳（今山东菏泽境内），打败秦将王离（秦朝名将王翦之孙）。接着，刘邦引兵西进，到达了昌邑县，跟彭越当了一阵子的合伙人。彭越是昌邑（今山东金乡县西北）本地人，字仲，少年时代在巨野泽（今山东巨野县北）以捕鱼为生。他很有号召力，反秦起义后手下也聚集了一百多号人，于是彭越率领这支队伍攻城略地，收诸侯散卒，队伍逐渐扩大到一千多人。正好遇到刘邦西进关中，于是两人一起联手攻打昌邑。结果这昌邑县比较难打，跟彭越联手也拿不下，两人遂分道扬镳。刘邦带兵西进，彭越率领他的部队留在巨野泽中。

刘邦一路走走停停，经过高阳这个地方休整队伍时，郦食其（yì jī）毛遂自荐，要投奔刘邦。郦食其当时只是一个看守城门的，年少时家境贫寒，但是他爱读书，有一番壮志雄心，总说自己是匹千里马，等着伯乐来相中。这天正好看到刘邦的队伍经过，郦食其于是上去一顿说，直说得唾沫星子乱溅，与刘邦纵论了一番天下大事。郦食其跟刘邦分析，眼下应该先拿下陈留，并表示他愿意出使陈留。陈留县令能降更好，即使不降，他也可以在那里做个内应。刘邦依计而行，果然占据了陈留。

夺下陈留，得到大量补给。接着进攻开封，没能攻下。于是绕过西进，与秦将杨熊所率秦军大战，大败秦军。杨熊败走，刘邦紧追其至白马，再次大破秦军，杨熊逃至荥阳，秦二世派使者斩杀杨熊。

消灭杨熊所部秦军后，刘邦率军南下攻颍川。一直在颍川一带打游击的张良和韩王再次与刘邦相遇。刘邦请韩王留守阳翟（韩故都，今河南禹州市），而让张良随军南下。身边有人给出主意，刘邦很快就混得风生水起。刘邦采纳张良的建议，攻下了宛城，随后，刘邦率军抵达峣关（今陕西商州西北）。

峣关是古代南阳与关中的交通要隘，易守难攻，是通往秦都咸阳的咽喉要塞，也是拱卫咸阳的最后一道关隘，秦朝历来有重兵扼守此地。刘邦赶到关前，想要强行攻取。张良劝谏道："目前秦守关的兵力还很强大，不可轻举妄动。"张良向刘邦献了一个智取的妙计。他说："我听说峣关的守将是个屠夫的儿子，这种市侩小人，只要用点财币就可以打动他的心了。您可以派先遣部队，预备五万人的粮饷，并在四周山间上增设大量军队的旗号，虚张声势，作为疑兵。然后再派郦食其多带珍宝财物去劝诱秦将，事情就可能成功了。"刘邦依计而行，峣关守将果然献关投降，并表示愿意和刘邦联合进攻咸阳。刘邦大喜，张良却认为不可。他冷静地分析道："这只不过是峣关的守将想叛秦，他部下的士卒未必服从。如果士卒不从，后果将不堪设想。不如乘秦兵懈怠之机消灭他们。"于是，刘邦率兵向峣关突然发起攻击，结果秦军大败，弃关退守蓝田（今陕西蓝田县西）。刘邦乘胜追击，大败秦军于蓝田。然后，大军继续西进，于公元前207年十月（秦以十月为岁首汉初未改）抵达霸上（今西安市东25里）。

这时，秦二世已被赵高杀死，仅仅做了46天秦王的子婴眼见义军兵临城下，大势已去，只好以绳系颈，乘素车白马，捧着御玺符节，开城出降。至此，雄霸四方、威震海内的大秦帝国灭亡了。

约法三章，鸿门宴侥幸偷生

刘邦进入咸阳后，面对不可胜数的帷帐珠玉重宝和数以千计的后宫美女，也不禁贪婪地想进宫睡一觉，体验一下做关中王的滋味。好在刘邦手下诸将中还有头脑清醒的人，不断地提醒着他。

比如，樊哙对他说：沛公，你是打算将来统一天下，还是打算占有这些财富，只做一个富翁而已？珠宝玉器和美人妇女都是秦所以亡天下的原因，你怎么能留在宫中呢？应该赶快还军霸上。但刘邦此时正沉迷于胜利之中，根本听不进樊哙的话。张良听说此事后，也对他说：秦为无道，沛公你才得以至此。这和暴秦有什么两样呢？忠言逆耳利于行，良药苦口利于病，希望你能听从樊哙的劝告。在樊哙和张良的苦苦劝说之下，刘邦这才醒悟过来，封秦重宝财物府库，还军霸上。

刘邦还军霸上后，便召集诸县父老豪杰，向他们发布安民告示：父老苦秦苛法久矣，诽谤者族，偶语者弃市。吾与诸侯约，先入者王之，吾当王关中。与父老约法三章耳：杀人者死，伤人者刑，及盗抵罪。余悉除去秦法。诸吏人皆案堵如故。凡吾所以来，为父老除害，非有所侵暴，无恐！

正当刘邦在霸上约法三章时，项羽也已扫平河北，率诸侯的四十万联军和秦将章邯的二十万降军一路浩浩荡荡地渡河进抵新安（今河南渑池）。由于诸侯联军中的士兵从前大多曾被秦征发到关中服徭役，“轻折辱秦吏卒”。这样，项羽部下的两部分军卒中间，便产生了很深的隔阂和猜忌。

秦降卒们担心，万一入关后不能取胜，项羽虏吾属而东，秦必尽诛吾父母妻子。项羽听说此事，不但没有想办法安抚，反而害怕这些秦吏卒人心不服，到关中后无法约束，会出乱子，便在一夜之间将二十万降卒统统活埋在新安城南，只留下降将章邯、司马欣和董翳三人，从而造成了自公元前260年秦将白起在长平坑杀赵四十万降卒以后的第二次大惨案。

项羽根本就没有将刘邦放在眼里，对这个从前的沛县亭长先行入关更是愤愤然。还在西进的路上，他便封秦降将章邯为雍王。雍在关中，表明项羽根本不准备承认刘邦入主关中。刘邦本来就对项羽深怀忌惮，听到这个消息，不禁又气又惊。正在这时，有人向他提出“距（拒）关，毋内（纳）诸侯，秦地可尽王也”的建议，便不顾刚刚向关中父老豪杰许下的还军霸上，待诸侯至而定约束的诺言，立即派兵关闭函谷关，准备将项羽率领的诸侯军拒之门外。项羽军至函谷关而不得入，大怒，立即下令发薪一束，欲烧关，并命令黥布等破关而入，直至戏下（今陕西临潼东），与刘邦驻军的霸上仅相距四十里。一时间，咸阳之东战云密布，气氛十分紧张。

偏偏这时候刘邦的左司马曹无伤无中生有，派人挑拨项羽和刘邦的关系，项羽大怒，准备跟刘邦开战。这时候，项羽带着四十万军队驻扎在新丰鸿门；刘邦的军队十万，驻在霸上。谋将范增劝告项羽，抓紧机会攻打刘邦，不然以后会成为大患。

这时楚国的左尹项伯因为跟张良关系不错，连夜骑马跑到刘邦的军营，私下会见张良，告诉他项羽准备攻打刘邦的消息。张良又传达给刘邦，刘邦一听着急了，怎么办？打肯定打不过。张良又说：“不如你亲自告诉项伯，说自己不敢背叛项王。”

刘邦：“你怎么还跟项伯有交情？”

张良：“秦朝时，他和我交往，杀了人，是我帮他活了下来。”

刘邦：“他和你谁大谁小？”

张良：“他大。”

刘邦：“你替我请他进来，我要好好谢谢他。”

张良出去，请项伯进来。刘邦请项伯喝了一杯酒，当时就决定跟他结成亲家，并且说：“我来了这么久一直守着这些金银财宝，等待项将军到来，并且在函谷关派兵把守，防止发生意外，这纯粹是个误会。”

项伯答应转告项羽，并且跟刘邦说："明天早晨最好早些亲自来向项王道歉。"刘邦表示一定按时到。

于是项伯又连夜离去，回到军营里，把刘邦的话报告了项羽，趁机又替刘邦说了几句好话，项羽气也消了，也答应不为难刘邦。

第二天一早，刘邦来见项王，到了鸿门，向项王澄清误会说："我和将军合力攻打秦国，将军在黄河以北作战，我在黄河以南作战，这次我能先进关中纯粹是运气，不小心遭了小人的算计得罪了将军，希望将军不要生气。"

项羽也是个直爽人，说："这还不都是你的左司马曹无伤告诉我说你要当王，不然我怎么会相信？"于是冰释前嫌一起喝酒。项王、项伯朝东坐，亚父范增朝南坐，刘邦朝北坐，张良朝西陪侍。范增事先跟项羽商量好了以玉玦为信号，动手干掉刘邦。结果范增暗示了一遍又一遍，项羽假装没看见。范增起身，喊来项庄，说："君王心太软。你一会儿上去为他敬酒，然后请求舞剑，趁机干掉刘邦。否则，以后你们都没有好日子过。"项庄就进去，项羽也答应让他舞剑，结果项庄起舞，项伯也起舞，项庄没办法下手，只好作罢。

这时张良也看出点眉目来了，就安排刘邦赶紧撤，他到军营门口找到樊哙。樊哙问："今天的事情怎么样？"张良说："情况不好！"樊哙听了就冲进去，怒发冲冠站在一旁。结果项羽赏了他一杯酒喝，赏他一个没煮的猪肘子吃。吃完之后，樊哙情深意切地把刘邦对项伯说的话又说了一遍。项羽沉默，大家继续喝酒，喝了一会儿刘邦起身上厕所，趁机把樊哙叫了出来。

刘邦出来后就要逃跑，留下一对玉璧、一双玉斗让张良善后。估摸着刘邦他们差不多到驻地了，张良才进去道歉，说："沛公酒量小，喝醉了不方便来当面告辞。让我奉上白璧一对，献给大王；玉斗一双，献给大将军。"

项羽："沛公现在人在哪？"

张良："沛公这会儿已经喝多了，怕酒后失态会被大王责备，所以一

个人骑马走了。此刻大概已回到霸上了吧。”

项羽也没说什么，收下玉璧，把它放在座位上。可亚父范增不高兴了，过来接过玉斗，拔出剑来敲了个稀碎，一边敲一边叹息：“唉！这项羽小子太婆婆妈妈，成不了大事，以后夺项王天下的人一定是刘邦。”

此时，是公元前206年十二月。

秦朝终灭，项羽戏下分诸侯

鸿门宴后，项羽率领四十万大军继续西进，虽然刘邦服了软，但是“咸阳尚未攻陷”，秦王子婴虽然已经向刘邦投降，但毕竟自己才是伐秦的统帅，刘邦率领的军队不过是自己麾下的支队，统帅不能擅自采取行动。项羽抛开刘邦公布的“约法三章”，开始屠城。

秦王朝的宫殿群被烧了，有渭水南岸的阿房宫宫殿群，有北接咸阳宫殿群的北阪区宫殿群，还有渭水北岸以成阳为中心的宫殿群。这就是著名的“火烧阿房宫”，这些宫殿群规模都十分庞大，史书记载“火三月不灭”。在刘邦手里逃过一劫的秦王子婴被项羽斩杀，同时，项羽还掠夺了大量的财宝和美女，然后撤出咸阳。

当时有路人甲给项羽提意见说：“关中有山河险阻，四面都是要塞，土地肥沃，可以定都于此，建立霸业。”项羽是个念旧的人，再者秦朝的宫室都被自己毁得差不多了，到处都是破墙烂瓦，还不如回自己老家重建，于是说道：“富贵不回故乡，犹如衣锦绣行走于夜间，有谁能看到!”这位提建议的路人甲也是胆太肥，感叹道：“人们常说楚国人是猴子戴人帽，办不成人事，果真如此。”把项羽比喻成猴子，还一竿子打翻一船人，连带骂了整个楚国人，当然没有好下场，项羽抓到他之后把他给煮了。

由于这次反秦战争是以楚怀王的名义发起的，项羽在扫荡完咸阳之后派使者到彭城（徐州）向怀王报平安，顺便问他怎么安排接下来的分封工作。结果楚怀王就惹恼了项羽——依约行事。这里所谓的“约”，是指之前说好的“先入关中者为关中王”的“约”。接到怀王旨意时，项羽勃然大怒，对着爱妾虞姬大骂怀王无耻：“你这个王还是当初我们项家给你立的，你既没有讨伐暴秦的战功，又没有出谋划策的力，明明我的功劳最大，凭什么要听你的安排！我奔波了三年，你一句‘依约行事’我就要把劳动果实白白送给刘邦，这个要求我不答应。当然怀王你虽无战功，也应当分地称王。”但是话又不好说得太过分，毕竟楚怀王是最有资格继任王位的人，想来想去项羽决定找范增商量。

不料范增回答：“一定要让刘邦成为关中王，否则会失信于诸侯。”然后给项羽出了个招，把关中一分为四，成为雍、翟、汉、塞四国，把刘邦分到巴、蜀去，当汉王。项羽听了大喜，这样既遵守了当初与楚怀王的约定，又限制了刘邦的活动范围。巴、蜀就是现在的四川省，范围着实广大，却属于边远之地。如果项羽只分给刘邦这块地方，即使愚钝的人也会察觉到这是故意为之，因此又加了和巴、蜀一般所谓关中之交界处的汉中（今陕西省邻近四川省的县）这块地方，这样面子上看起来就比较合乎情理。

公元前206年，正月，项羽表面上尊奉楚怀王为义帝，说：“古时的帝王，地方千里，必须居于江河的上游。”以此为理由，项羽将义帝由彭城迁徙到长江以南，都于郴（今湖南郴县），暗中却密令英布、吴芮、共敖将其杀于南迁途中。同年二月项羽立为“西楚霸王”，建都于彭城，以霸王的身份，将全国分成了十八个诸侯国，分封给各个诸侯与降将、部将。汉元年（公元前206年）四月，一批由诸将升级的诸侯，分别由咸阳附近的戏水出发，前往各自的封国。

项羽分封十八王国表

王号	姓名	原来地位	国都	治区	备注
汉王	刘邦	砀郡长（封武安侯）	南郑	汉中巴蜀	
雍王	章邯	秦降将	废丘	咸阳以西	合称“三秦”
塞王	司马欣	章邯部下长史	栎阳	咸阳以东至河南	
翟王	董翳	章邯部下都尉	高奴	上郡	
西魏王	魏豹	魏王	平阳	河东	
河南王	申阳	张耳部定河南	洛阳	河南郡	
韩王	韩成	韩王	阳翟	韩地若干郡	
殷王	司马卬（áng）	赵将先定河内	朝歌	河内	
代王	赵歇	赵王	代县	代郡	
常山王	张耳	赵相从项羽入关	襄国	赵地大部分	
九江王	英布	项羽部将	六县	九江郡一带	
衡山王	吴芮	故秦番阳令，率百越君长从项羽入关	邾县	楚地一部分	
临江王	共敖	怀王柱国	江陵	楚地一部分	
辽东王	韩广	燕王	无终	辽东	
燕王	臧荼	燕将从项羽入关	蓟县	燕地	
胶东王	田市（fú）	齐王	即墨	齐地东部	合称“三齐”
齐王	田都	齐将	临淄	齐地东部	
济北王	田安	齐王室为项羽部将	博阳	齐地北部	

刘邦被封了汉王之后其实心情并不好，项羽安排的三个“守门神”时刻关注自己的举动，这种被人监视的感觉真糟糕。虽然刘邦的确有独霸天

下的野心，对于自己所分得的地盘也都不满，可是，项羽实在太能打，大家只得各就各位。

汉王刘邦率所部人马前往汉中就国，所经由的路线是从杜县南（今陕西西安市东南），进入蚀中（谷道名，在今陕西西安市西南）。一是可走直南通往汉中的重要谷道即子午谷，南端的谷口是汉中的南康县；二是可以向西到达眉县西南，走斜谷，再入褒谷（斜谷与褒谷为关中通往汉中的同一条谷道的北、南二段）。从《史记·留侯世家》“良送至褒中”的记载来看，汉王是从杜南，经蚀中，然后西行到达眉县，由眉县西入斜谷，经斜谷由关中到达汉中。

刘邦出发的时候，张良被项羽留了下来，不能一同去汉中。但是张良给刘邦出了一个招，让他把一路走过的几百里栈道全部烧毁。栈道，是在险峻的悬崖上用木材架设的通道。烧毁栈道的目的是便于防御，而更重要的是迷惑项羽，使他放松警惕。萧何也给刘邦在政治上提出了“独先入收秦丞相御史律令图书藏之”的意见，劝说刘邦“养其民以致贤人，收用巴、蜀，还定三秦，天下可图”。这些决策都显示了萧何政治家的才华。因此，刘邦到达汉中之后就任命萧何为丞相。

军事奇才——韩信

据《史记·淮阴侯列传》及《汉书·韩信传》的记载：韩信是淮阴（今江苏淮阴市西南）人，家里条件不太好，性格又放纵不拘礼节。想当个官没人推荐，又没有做生意的本事，导致韩信日子过得很艰难，混不下去的时候就去朋友家蹭吃蹭喝。时间长了，谁也不喜欢他。母亲死后，明明穷得没钱办丧事，韩信却找到了一处风水宝地安葬了母亲。在古代一个人做了大官后，可以追封自己已逝的亲人，史书记载“令其旁可置万家”，意思是坟墓可以安置一万户人家来供奉他母亲的坟墓，这在古代是很大官才做得到的，而且是一种很光荣的事，也是追念母亲的一种孝顺体现。《史记》中的《淮阴侯列传》里记载：“韩信虽为布衣时，其志与众异。其母死，贫无以葬，然乃行营高敞地。余视其母冢，良然。”韩信的这一举动，表明他青年穷困时期便胸怀大志，自信将来能成就一番事业。

韩信早年最为人津津乐道的事情就是胯下之辱。据说有一天，韩信佩剑经过淮阴街市，有些手脚勤快养家糊口之人看不惯韩信一副穷酸样，四体不勤，五谷不分，还装模作样带把剑，实在是滑稽。于是，在众人的怂恿下，一位鲁莽少年站了出来，拦住韩信说：“虽然你长得人高马大，没事还老喜欢带把剑晃悠，但是我知道你其实是个缩头乌龟。”在那个时候，只有贵族身份的人才有资格带剑，因为当时冶金技术并不高，铸一把好剑很不容易。

韩信没有搭理他。少年更来劲了，高声喊道：“你要是不怕死，捅我一刀；要是不敢，从我胯下钻过去我就饶了你。”众目睽睽之下，韩信一言不发，盯着少年看了一会儿，然后弯下腰，匍匐在地上，从这个少年的胯下钻了过去。这件事成为韩信的笑柄，大家都以为韩信真的是个胆小鬼。

到陈胜、吴广起义后，韩信认为施展自己才华的时候到了。此时项梁也渡过淮河北上，于是他带着宝剑投奔了项梁，但是一直默默无闻，没有引起重视。项梁败死后，韩信归属项羽，项羽给他安排了一个郎中的职位，期间韩信多次给项羽出谋划策，却没能得到赏识。刘邦入蜀后，韩信离楚归汉，投奔刘邦的手下夏侯婴，做了个管理仓库的小官，继续默默无闻。直到有一次因触犯军法而被判处斩刑，同案的13人均已行刑问斩，依次轮到韩信，韩信抬头看了看夏侯婴，说：“汉王难道不想称王吗？为什么要杀掉有才华的人？”夏侯婴觉得这个人有胆识，又看韩信相貌威武，就免他一死，并跟他聊了会儿。结果一聊发现这个人很有想法，于是就汇报给了刘邦。刘邦也没太当回事，只封了他一个管理粮饷的小官，并没有发掘韩信的潜力。

虽然没得到刘邦的赏识，但是韩信时常跟萧何聊天，聊着聊着萧何也觉得这人不错，有点本事，开始对他刮目相看。刘邦被项羽封为汉王，从长安到达南郑，一路不断有将领逃亡。韩信心里也打起了退堂鼓，想到有萧何等人在刘邦面前提过自己好几次了，也不见动静，怕是不会再重用自己，于是也逃走了。

这天，忽然有人报告刘邦："丞相逃走了。"刘邦一听就急了，其他人逃走就算了，可我才封你为丞相你就背叛我，这不是打我脸吗？再说，你前些天还替我出谋划策要好好发展，一起打天下呢。想到这里，刘邦特别难过，像"被人斩掉了左右手一样"。过了两天，又有人报告："丞相回来了。"刘邦见了萧何，真是又气又喜，问："你深夜逃亡，是何缘故？"

萧何答："我哪是逃跑，我是去追逃跑的人去了。"

刘邦又问他："你追谁呢？"

萧何又答："韩信。"

刘邦一听就火了，说："这一路走来逃走的将军都不止几十个，没听说你追过谁，单单去追韩信，这是为什么？"

萧何说："普通的人才到处都有，可像韩信那样的人才却是举世无双。大王要是准备在汉中待一辈子，那就用不到韩信；要是准备打天下，就非用他不可。"

刘邦当然表示要打天下。萧何趁热打铁，说："大王要争天下，就赶紧重用韩信，不然他早晚还得走。"

刘邦说："好吧，那就照你说的办，让他做个将军。"

萧何说："让他做将军，还是留不住他。"

刘邦说："让他担任大将吧！"

萧何才放心地说："还是大王高见。"

刘邦叫萧何把韩信找来，想马上拜他为大将。萧何直爽地说："大王

平日不大注意礼节。拜大将可是件大事，不能随意。如果大王决心拜他为大将，要择个好日子，还得隆重地举行拜将的仪式才行。”

刘邦说：“好，我都依你。”

汉营里传出消息，汉王要择日子拜大将了。几个跟随汉王多年的将军个个兴奋得睡不着觉，认为这次中彩的一定是自己。等到拜大将的那天，大家才知道拜的大将竟是平日被他们瞧不起的韩信，一下子都愣了。刘邦举行拜将仪式以后，接见了韩信，说：“丞相多次推荐将军，将军一定有好计策，请将军指教。”

韩信问：“现在与大王您争天下的不是项羽吗？大王可以从兵力的英勇、强悍、精良这几个方面同项羽比较一下，谁高谁低?”刘邦沉默，实话实说，项羽比较厉害。

韩信赞同地说：“我也是这样认为的。但是您与项羽又有不同之处，我曾经侍奉过项羽，我了解他的为人。项羽一声怒喝，千人会吓得胆战腿软，他不会任用贤将，这只算匹夫之勇。项羽待人恭敬慈爱，语言温和，人有疾病，同情落泪，把自己的饮食分给他们。可是等到部下有功应当封爵时，他把官印的棱角都磨光滑了也舍不得给人家，这是妇人之仁……”总之就是，如今大王如果起兵向东，攻打三秦的属地，简直易如反掌，只要号令一声即可。

刘邦听后大喜，恨自己没早点认识韩信。于是，刘邦开始准备向诸将布置各自的出击目标和任务，定制了攻打三秦的作战方案。

公元前206年十一月，刘邦乘项羽进攻齐地（山东大部）田荣的时候，韩信率大军北上出击南郑（汉都，今陕西汉中市东）袭占关中（指函谷关以西地区），东向与项羽争天下，楚汉战争爆发。刘邦拜韩信为大将，以曹参、樊哙为先锋，假借修复秦岭栈道的名义吸引三秦王的注意力。栈道修复工程艰巨，进展缓慢。章邯料定栈道修复绝非易事，毫无戒备。殊不知韩信主力已抄小路向陈仓进军，章邯被打了个措手不及，匆忙从废丘（雍都，陕西兴平东南）率军驰援陈仓，被汉军击败，逃至废丘、好峙

（今陕西乾县东），汉军分路追击，在壤东（今陕西武功东南）、好峙两地再败章邯军队。同时派诸将四处攻城略地，塞王司马欣、翟王董翳向汉军投降。汉王以其领地设渭南郡、河上郡、上郡。除废丘城之外，关中地区大部分已被汉军所占有，“还定三秦”的战略目标因“暗度陈仓”的成功得以实现。

彭城鏖战，刘邦丢盔弃甲

由于项羽在分封诸侯这件事情上没有一碗水端平，天下很快又重新开始大乱。首先起兵的就是齐国的田荣。齐国煮盐垦田，富甲一方，几百年来一直是举足轻重的大国，也是项羽重点防范的对象，因此项羽把齐国一分为三，分别封给胶东王田市、齐王田都和济北王田安，反倒是原本势力最大、名望最高的田荣，什么都没捞着。因此在公元前206年，田荣首先起兵，攻打田都，田都逃到楚国。田荣扣留了齐王田市，不让他到胶东的治所。田市非常害怕，就逃跑去胶东。田荣得知后勃然大怒，急忙带人追赶齐王田市，在即墨把他杀死了。回来又攻打济北王田安，并且把他杀死。于是，田荣自立为齐王，全部占有了三齐之地。

彭越领着他的人马一直驻扎在巨野泽中，收编魏国逃散的士兵，已发展到一万多人却没有一官半职。于是田荣就派人赐给彭越将军印信，让他进军济阴攻打楚军。项羽命令萧公角率兵迎击彭越，却被彭越打得大败。田荣还借兵给赵国的陈馀，让他起兵作乱，来分担自己的压力。

这正好满足了陈馀的报仇心理。因为项羽分封诸侯王时，陈馀只被封为侯，他原来的结拜兄弟、现在的仇人张耳却被封为常山王，而常山本来是陈馀的地盘。陈馀非常不满，于是他接受了田荣的兵作乱，并打跑了常山王张耳。

项羽分封诸侯后，张良打算离开刘邦回韩国再侍韩王成。项羽却以韩王成灭秦无功为借口，不让张良去韩国就任而把带他到彭城，废为侯爵。张良于是也跟着韩王成去了彭城。过了不久，项羽又找了一个借口把韩王成杀了，立秦朝原来的吴县县令郑昌为韩王，只因为这个郑昌跟项羽的关系很好。这使得张良相韩的幻梦彻底破灭。同年冬，张良逃出彭城，躲过楚军的追查，终于回到刘邦的身边，受封为成信侯，此后便朝夕相随刘邦左右，成为划策之臣。

项羽还把燕国一分为二，原燕王韩广被项羽封辽东王，而韩广的部将臧荼却被项羽封为燕王。韩广当然不愿意去做什么辽东王，新燕王臧荼不乐意了："你不去辽东，我怎么做燕王?"于是，这两人也开始火拼起来了。最后臧荼在无终把韩广杀死了，又统一了燕国。

项羽刚刚分封完，这些诸侯国就又乱成了一锅粥。尤其是汉王刘邦与齐王田荣声势最浩大。于是一个问题摆在了项羽面前：到底是先打占领关中的刘邦，还是先打自立为王的田荣？项羽权衡得失之后，决定亲率大军攻打田荣。很快，由于力量对比悬殊，田荣最终被杀死。项羽另立田假为齐王，可是齐国战事并没有结束，田荣的弟弟田横收拾残兵败将数万人，拥立田荣的儿子田广为齐王，继续抵抗项羽的西楚兵团。

齐国的战事牵扯了项羽的大量精力，这给了刘邦休养生息的机会；同时齐国的战事也吸引了项羽大量的兵力，首府彭城的防守十分空虚，这也给了刘邦乘虚而入的机会。刘邦一面巩固关中，一面扩张势力，亲自率军由函谷关出陕县（今河南三门峡市西）东进，目标直指彭城。先是迫降河南王申阳和项羽新封的韩王郑昌；接着西魏王魏豹率军归附；继而又俘虏了殷王司马卬。刘邦迅速占领了今河南及山西中、南部广大地区，造成东进的有利态势。在洛阳新城，刘邦打着为义帝发丧的口号，三军缟素，迅速占领了道德制高点，对项羽流放并杀害义帝的残暴行为进行了强烈的谴责，号召各诸侯共同出兵，抵制项羽的暴力行为。

其实在政治方面，项羽的悟性比不上刘邦。项羽是个大老粗，只知道凭本事说话，你有能耐打败我，你就是老大，战斗力就是发言权。而刘邦显然技高一筹，拿出义帝说事，其实换了他自己也不一定比项羽慈悲。但是这样一来刘邦争取到了各诸侯国的认同，并且由此得到了大家的支持。

公元前205年春天，刘邦带着五十万大军杀到项羽的大本营彭城。彭越率领他的部队三万多人在外黄归附刘邦。刘邦说："彭将军收复魏地十几座城池，急于拥立魏王的后代。如今，魏王豹是魏王咎的堂弟，是真正魏王的后代。"就任命彭越做魏国国相，独揽兵权，平定梁地。

彭城由于缺少防守力量被刘邦轻而易举地拿下。刘邦很开心，当年项羽抢了自己的劳动果实却没能力夺回来，如今新仇旧恨一起报，把项羽的家当洗劫一空，"置酒高会"于彭城，和大家敞开胸怀，享受抢夺别人财物后的快乐。

这时项羽得知老巢被端的消息，虽然知道刘邦不会甘心做个汉中王，但是没想到他的动作这么快，匆匆忙忙打道回府要去收拾刘邦。刘邦当然也知道项羽不会就这样放过自己，如果说他什么准备也没做，就这么整天喝酒享乐，显然不太可能，实际上他做了周密的安排部署。他安排樊哙埋伏在彭城以北的薛县，那是项羽南下的必经之路。不出意外，项羽肯定会跟樊哙相遇，到时候就可以把彭城周边的主力部队全都调过去，应该有九分赢的机会。即使出了意外，到时候还可以联合赵国的陈馀、燕国的臧荼和刚刚被揍得很惨的田横，再加上刚刚投奔自己的有过一面之缘的彭越，无论怎么算自己都不会输的。当然，刘邦也做了最坏的打算，一旦项羽南下成功，自己还有五十万大军，仗着自己人多，干掉项羽只是时间问题。于是刘邦放心地吃吃喝喝，一方面是展示自己的信心，一方面是挑衅项羽，让他失去理智。

然而，很多事情猜得到开头，却猜不到结尾。刘邦更惨，他连开头都没猜中，项羽率领三万精兵，根本不走刘邦给他安排的道，直接奔到彭城附近的萧县。这三万精兵利用晨雾做掩护，杀刘邦一个措手不及。跟想象中的不一样，刘邦的五十万大军并没有起到什么泰山压顶的效果，反而瞬间崩溃，数十万大军作鸟兽散而奔逃，这场大会战顿时成为一场大溃败。在汉军阵后，是泗水与谷水的交汇段，大批士兵抢着过河，掉河里淹死的人比被西楚精兵杀死的都多。

刘邦也加入了逃跑的大军，在灵璧以东的睢水河畔，一场突如其来的西北风把楚军刮得晕头转向，刘邦趁机带着数十个亲随逃离战场，一路狂奔，向西而去。在逃跑的途中，刘邦遇到了儿子与女儿，眼看着身后有骑兵猛追，刘邦嫌马车跑得太慢了，一脚把自己一对儿女踹下车，多亏夏侯婴跳下去又把他们捡起来，刘邦气得半死，拔刀要杀夏侯婴。这一仗实在输得太惨，刘邦简直气疯了。最后，凭着曹参、灌婴、周勃几个大将开路，刘邦总算捡回一条命，可刘太公与吕雉比较惨，被西楚兵团所俘虏，成为人质。

彭城一战，汉军被歼数十万，刘邦也险些被虏，仓皇逃回荥阳（今河南荥阳东北古荥镇）休整。

成皋对峙，划鸿沟分庭抗礼

彭城一战被击破后，刘邦手下的力量纷纷投靠项羽。刘邦懊恼之余也开始组织反攻，在荥阳重整军队，依托关中基地和有利地势与项羽开始了长期抗争。公元前205年六月，刘邦派兵攻废丘，迫章邯自杀，解除了后顾之忧；派人说服英布反楚，联络彭越不断骚扰楚军后方，同时派韩信开辟北方战场。在楚汉之争中，英布对促进汉军的胜利起了重要作用。

英布，六安县（今安徽省六安市）人，因为犯了罪，受秦法被黥（刺面），又称黥布。英布出身平民，少时有人给他算命说他在受刑之后就开始走大运。到壮年，果然犯秦法遭黥刑，英布认为自己出人头地的时机到了，欣然笑曰："人相我当刑而王，几是乎？"后英布被送往郦山服刑，郦山刑徒有数十万人，英布结交刑徒中豪杰之士，率领一伙人逃到江泽中做了强盗。

陈胜、吴广农民起义爆发后，英布投靠了"番君"吴芮，并做了他的女婿，集聚数千人，举起了反秦大旗。秦将章邯灭掉陈胜，打败吕臣军后，英布率军攻打秦左、右校，在清波（今河南新蔡西南）大获全胜，于是引兵向东。这时英布听说项梁已平定江东、会稽，正渡江向西，队伍不断壮大，众多将领归附项梁，便投靠了他。项梁死后，英布就投靠了项羽，一直是项羽的得力干将。

公元前206年，齐王田荣起兵反楚，项羽出兵镇压，并且向英布征兵，但这时英布找了个借口推脱，只派了几千人前往，后来刘邦在彭城打项羽，英布再次见死不救，这引起了项羽对英布的不满。项羽数次派人去召英布，英布害怕有去无回，不敢前往。项羽因担心北边齐、赵和西边刘邦的军队，而英布此时还有利用价值，所以没有发兵攻打他。

彭城战败后，刘邦问张良："我愿舍弃函谷关以东的土地作为封赏，谁可以助我一臂之力，跟我一起打天下？"张良便推荐了英布："九江王黥布是楚国的一员猛将，与项王有矛盾。"

刘邦从下邑经魏地来到虞（今河南虞城县），随何请求出使九江策反英布。到九江后，随何通过九江王太宰以通关节，可三天也没有见到英布。随何于是游说太宰说："英布不见我，定是因为楚国的强大而汉国弱小。这也正是我出使的原因。你先让我见他，假如我说得对，那是大王所想听的；假如我说得不对，那我随何甘心在九江受死，以表明贵国背汉而亲楚的决心！"太宰把这话转告了英布，英布召见随何。随何说："汉王派我送信给大王，我十分诧异您为何与楚那么亲近？"英布说："我一向以臣礼服侍项王。"随何说："您同项王都是同列的诸侯，而您却以臣礼服侍他，您定认为楚国强盛，可以依靠。但是项王伐齐，他可以亲负墙版筑杵，为士卒先锋，您就该来率九江军队，去做楚国的先锋。而现今您却只发兵四千去帮助楚王，一个面北而侍奉人家的臣子，难道应当这样做吗？汉王攻打楚国彭城，您就该悉发九江之兵渡淮援助楚王，与汉王日夜作战，决一雌雄。而您虽拥有万人之军，却袖手旁观，不肯派一兵一卒。这是一个依赖他人立国者应当做的吗？您名义上虽然是归附楚国的，但实际上却不肯为楚国出一分力，我认为您这样做没好处。”

隋何接着说：“您之所以不肯背叛楚国，无非是因为汉弱楚强，可是楚兵力虽强，但因项羽违背盟约，杀害义帝，天下人都以不义之名责备他。他还自恃百战百胜，兵强国盛呢。至于汉王，在收降诸侯之后，回守成皋、荥阳，从蜀汉运来粟谷，辟深沟建营垒，守边地。楚人调回部队，中间隔着梁国，深入敌国八九百里，这时欲战不能，攻城乏力，老弱残兵要从千里之外转运粮食，楚军到达荥阳、成皋时，汉军只要坚守不出，这样，楚军进不能攻，退不能脱身。所以说楚军是靠不住的。假若楚胜汉，诸侯必定自危而相互救援。可见一旦楚国强盛起来，定会招致天下兵力的对抗。所以楚不如汉，这形势是显而易见的。现在您不归附万无一失的汉，却将自己的未来托付给岌岌可危的楚国，我对大王的做法感到不解。如果单凭九江的军队想要灭楚是不可能的，但大王若发兵背叛楚国，必定能牵制住项羽，这样一来汉军夺得胜利就是十拿九稳了。我恳请大王您归附汉王，汉王定会划地分封您为王，何只现在区区的九江之地！”

英布考虑了一下就说：“我听从你的意见。”但只是暗中答应叛楚归汉，不敢走漏风声。正好这时项羽派人催英布发兵救楚，隋何直接跟楚使者说：“九江王已归附汉王，凭什么让他发兵？”英布愕然。楚使者大吃一惊，想赶紧回去给项羽汇报。隋何趁势劝说英布：“大王归汉已成事实，应当立即杀掉楚使者，不让他回楚，同时尽快与汉联结。”英布听从了隋何的话，杀死了楚使者，起兵攻楚。英布带着汉王刘邦增拨的一些士兵，与一些原部下一路上征兵到成皋，从此便逐渐成为汉王属下反楚大军中的一支重要主力部队。

刘邦牵制项羽的目的实现，利用这段时间进了荥阳城，开始修筑防御。公元前205年三月，楚汉在荥阳对峙已长达十个月之久，由于运送粮食的通道被楚军切断，汉军士兵的口粮告急。这时陈平上场了，他给刘邦出主意，用了一招“反间计”，让范增和项羽反目，刘邦又派纪信装扮成自己去楚军诈降，乘机逃出荥阳。

陈平，刘邦身边重要的一个谋士。公元前209年，陈胜在大泽乡起义，并立魏咎为魏王。陈平辞别兄长，前往临济投奔魏王。后来又转入项羽手下做谋士，后跟随项羽入关攻破秦国，项羽赐他卿一级的爵位。公元前205年春，因司马欣背楚降汉，项羽迁怒于陈平，此后他出的计谋项羽也不再听取。陈平感觉自己“英雄无用武之地”，于是就投奔刘邦了。陈平经汉将人推荐，面见刘邦。由于两人聊得比较投机，刘邦一高兴就把他留在身边做参乘（陪他出行，为他驾驭马车的官员）。

公元前203年，刘邦被项羽逼急了，提出求和，项羽拒绝，刘邦十分忧虑，这时，陈平让刘邦拿出四万两黄金，买通楚军的人散布谣言说：“在项王的部下里，范增和钟离昧的功劳最大，但却不能裂土称王。他们已经和汉王约定好了。共同消灭项羽，分占项羽的国土。”这些话传到项羽那儿之后，项羽果然对钟离昧产生了怀疑，以后有重大的事情也就不再跟钟离昧商量了。他甚至怀疑范增私通汉王，对他很不客气。

一天，项羽派使者到刘邦营中，陈平让侍者准备好十分精致的餐具，端进使者房间。使者刚一进屋，就被请到上座，陈平再三问起范增的起居近况，大赞范增，并附耳低声问：“亚父范增有什么吩咐?”使者不解地问道：“我们是霸王派来的，不是亚父派来的。”陈平一听，故作吃惊地说：“我们以为是亚父派来的人呢!”便叫几名小卒撤去上等酒席，随后把使者领至另一间简陋客房，改用粗茶淡饭招待。陈平则满脸不高兴，拂袖而去。使者没想到会受此羞辱，大为气愤，回到楚营后，把情形一五一十地都告诉了项羽，霸王更加确信范增私通汉王了。这时，范增向项羽建议应该加紧攻城，但是项羽却表示“这事不用你管”。范增这时也听到了自己私通汉王的谣言，顿时火冒三丈，一气之下不干了，要回老家养老去。项羽爽快地答应了范增的要求，还安排了两个人一路护送他。结果范增年纪太大，又一路折腾，还没走到老家就一病不起，呜呼哀哉了。

公元前203年五月，项羽猛攻荥阳，陈平又给刘邦出主意："请大王速写一封诈降信给霸王，约他在东门相见。霸王一定会把他的大军布置在东门外，我们再想办法把他在西、北、南各门的卫士引到东门口来，大王就可以从西门冲出去了。"汉王同意了。不一会儿，陈平领着一个貌似汉王的将军纪信来见汉王，说把他化装成汉王的样子出去诈降，吸引敌人把兵力集中围住东门，然后汉王就可以从西门突围了。项羽果然上当，派人加紧围攻荥阳，并夺取成皋。

就在刘邦与项羽在荥阳、成皋打得如火如荼的时候，突然接到韩信的一封信："齐国狡诈多变，是个反复无常的国家，南边又与楚国相邻，如不设立一个代理王来统治，局势将不会安定。我希望做代理齐王，这样对形势有利。"

刘邦在彭城战败后，自己退回荥阳据守，刘邦采纳韩信"北举燕、赵，东击齐，南绝楚之粮道，西与大王会于荥阳"，对楚实施战略包围的建议，在坚持对楚正面作战的同时，给韩信增兵三万，命其率军东进，开辟北方战场。韩信领兵出征后，一连灭魏、徇赵、胁燕、定齐，进展十分顺利。于是他有点膨胀了，就有了上面一封信。

当时，项羽正把刘邦紧紧围困在荥阳，情势危急，看了韩信上书内容，刘邦十分恼怒，大骂韩信不救荥阳之急竟想自立为王。张良、陈平暗中踩刘邦的脚，凑近他的耳朵说："汉军处境不利，怎么能禁止韩信称王呢？不如就此机会立他为王，好好善待他，使他自守一方，否则可能发生变乱。"刘邦经提醒也明白过来，改口骂道："大丈夫平定了诸侯，就做真王罢了，何必做个暂时代理的王呢？"于是派张良前去立韩信为齐王，征调他的部队攻打楚军。

公元前203年六月，项羽以凌厉攻势拔荥阳，再夺成皋。但此时的项羽已经是强弩之末，远离根据地长期作战，士卒疲惫，粮食告绝，况且后方还被韩信、彭越威胁。尤其是彭越，号称游击战的祖师爷，深得“敌进我退，敌退我进”的真谛，抢走项羽的无数粮草，史称“彭越挠楚”。

刘邦却成功地利用荥阳、成皋阻击战，吸引住了项羽和楚军主力，乘机夺取了赵、魏、齐、燕、楚等大片国土。成皋、巩县两道防线坚守两年零四个月，可谓固若金汤。背后是广大的关内根据地，士卒气盛，粮草充足。于是在公元前 203 年八月，楚汉双方进行了历史上著名的“鸿沟和议”：以战国时魏国所修建的运河“鸿沟”为界，其西属汉，其东属楚，划分天下。

项羽由于急于求和，摆脱被动危险的局面，因此做出较大的退让，交还刘邦家眷，让出荥阳，这样才取得了刘邦的同意，以换取安全撤退的时间和承诺。

这显然是一个不符合当时双方实力对比的协议，是一个根本无法执行的协议，说它是子虚乌有最为合理。一定要死认书本的话，我们只能说，那是刘邦为了换回家人的性命而采取的权宜之计。况且协议刚刚签订，张良、陈平就已经劝刘邦赶紧毁约。

四面楚歌，霸王垓下谢幕

公元前202 年，刘邦违背鸿沟和议，向楚军突然发起战略追击。追到夏南时，刘邦与韩信、彭越约好，要同时出兵形成合围楚军之势。同年十月，刘邦亲自带了二十多万大军在固陵（今河南太康）对楚军发动了袭击，结果跟约好的不一样，韩信和彭越按兵不动，刘邦又招惹了项羽一把。项羽大怒，隔天早上就带了人马发动反击，斩杀汉军近两万人，再次将汉军击败。刘邦慌忙率军退入陈下，并筑起堡垒坚守不出，楚军又一次合围了刘邦。

由于这一战韩信和彭越都放了刘邦“鸽子”，两人约好了似的没有一个人出现，于是刘邦退到陈下之后问张良：“诸侯不按约定行事，怎么办?”张良回答说：“眼看着楚军就要失败了，可大王并没有给韩信、彭越赏赐土地。韩信虽被立为齐王，但实际上他没有自己的封地。彭越本来平定了梁地，战功累累，却只是做魏国的相国。如今，魏豹死后没有留下后代，彭越也打算称王，而您却没有提早做出决断。大王现在可以喊他们过来，把陈县以东直到海滨的地区赏给齐王韩信；封彭越为梁王，把睢阳以北至谷城的地区划给他。这样一来大王的成败便关系到他们的自身的利益，就不用担心他们再说话不算数了。”

刘邦照张良说的去做，马上派遣使者通知韩信和彭越说：“现在我们要合力对楚军进行攻打，等到把楚军消灭之后，就将从陈县以东到海滨的土地分封给齐王；封彭越为梁王，睢阳以北直到谷城的土地分封给梁王。”这下终于搬动了韩、彭二人，齐王韩信亲率三十万大军从齐地南下，占领楚都彭城和今天苏北、皖北、豫东等地，兵锋直指楚军侧背，自东向西夹击项羽；梁王彭越率军数万从梁地出发，先南下后西进，与刘邦本部军共同逼楚军后退；汉将刘贾率军数万会同九江王英布、合兵十万，自淮北出发，从西南方发动对楚地的进攻，先克寿春，再攻下城父并将此城军民全部屠尽。而镇守南线的楚将大司马周殷却在此时叛楚，先屠灭六县，再与英布、刘贾会师，随后北上合击项羽；同时，得到关中兵丁补充的刘邦则率本部军二十多万出固陵东进。汉军五路大军、合计近七十万之众，形成从西、北、西南、东北四面合围楚军之势，项羽被迫率十万楚军向垓下后撤。

项羽此时处境非常艰难，兵少不说，军粮也快用尽。在重围之中，汉军战士为了扰乱楚军的士气，日夜不停地唱起了楚国的歌曲。楚兵们听着那熟悉的乡音，忍不住思念家乡，一时间悲从心来，战斗力也随之下降。

一天夜晚，项羽突然听到四面传来的楚歌，内心为之一惊，歌声让他的情绪也变得低落起来。不久，楚军中很多将士纷纷离去，最后只剩下不到一千人。面对此情此景，项羽对着自己的宠妃虞姬边哭边唱："力拔山兮气盖世，时不利兮骓不逝。骓不逝兮可奈何，虞兮虞兮奈若何!"

绝望之中的项羽当夜率领八百精锐骑兵突围南逃。汉军第二天早上得知项羽跑了，于是派了五千骑兵追击。项羽渡过淮水后，八百精锐只剩百余，行至阴陵（今安徽定远西北）迷了路，这一耽误便被汉军给追上了。项羽一路跑到东城（今安徽定远东南）时，身边仅剩二十八骑。项羽把二十八名骑兵分为四队，向四个方向冲杀。当时，汉军骑兵已将项羽等人重重包围，项羽对他的骑兵们说："看我为你们斩杀汉军一将!"说完，令四队骑兵四向冲击，并约定到山的东边分三处集合。项羽大吼一声，乘战马急驰而下。项羽的兵马所到之处，汉军无不溃散，斩杀了一员汉军将领。

当时，汉军的赤泉侯杨喜担任骑兵将领，奉命追赶项羽。项羽到他面前时，怒目而视，大声呵斥，把杨喜吓得退出去好几里。汉军再次包围项羽，项羽再次奔驰而下，又斩杀汉军一名都尉，杀死百十个敌兵。此时，二十八骑还剩二十六骑。项羽问骑士们："怎么样?"骑士们回答："正像大王所说的那样。"

冲出了汉军的包围，项羽一行快马扬鞭跑到了乌江（今安徽和县东北长江边的乌江浦）边上，此时乌江亭长的船已经在等项羽了，亭长劝项羽："江东虽然小了点，但是方圆也有千里的土地，大王过了江，还可以继续称王啊。"

面对着滔滔江水，项羽想起八年前自己率领八千名江东子弟兵渡江反秦，那是何等壮烈！而如今，这八千名子弟早已不知身在何处。想到这里，项羽笑着对乌江亭长说："上天要灭我，我还渡江做什么!"说完，把陪伴了自己五年的乌骓马送给了亭长，并让其余的士兵下马，与追上来的汉军赤身肉搏。项羽一人斩杀汉军数百人，随后自刎而死，年仅三十一岁。

项羽死后，楚地都归顺了汉，唯独项羽原封地的鲁人不肯投降（楚怀王曾封项羽为鲁公），后刘邦将项羽首级拿给鲁人看，鲁人才投降。刘邦赦免了项羽的各支宗族，并封项伯为射阳（今江苏淮安县东南）侯，封项襄为桃（今山东汶县东北，一说为桃丘）侯，封项他（史书中也称其为项佗）为平皋（今河南温县东）侯，但都赐姓为刘氏。至此，历时四年之久的楚汉战争终以刘邦的胜利而告终。

第二章 帝国初建，吕后临朝

在楚汉之争中胜出的刘邦终于登上了帝王的宝座，昔日与他同生共死的战友们也都翘首期盼能加官晋爵，然而有的人等来了荣华富贵，有的人却落得身首异处的结局。在刘邦为了巩固汉室江山而痛下杀手的时候，无论如何也没有想到，最大的威胁居然是与自己同甘共苦的发妻——吕后。她是中国历史上第一位垂帘听政的女人，同时也是一位优秀的政治家，在她掌权的十五年中，天下百姓安居乐业，丰衣足食，为后来的“文景之治”打下了基础。

第二章
帝国初建，吕后临朝

刘邦称帝，迁都关中

公元前202年二月（汉初承秦制，以十月为岁首。即汉高祖五年的第1个月为十月，接下来为十一月、十二月、一月、二月、三月、四月、五月、六月、七月、八月、九月。二月为当年的第5个月），刘邦在洛阳定陶的汜水之阳举行称帝仪式，建立西汉政权，刘邦即汉高祖，王后吕雉改称皇后，太子刘盈称皇太子，追尊已故母亲为昭灵夫人，父亲刘太公称为太上皇。刘太公刘煓因此成为中国历史上唯一一位未曾为人君后来成为太上皇者，也是第一位在世就被尊为太上皇的人。

五月间，刘邦宣布解除战时动员令，并在洛阳南宫大摆筵席慰劳群臣。酒席上，大家喝到兴起，刘邦冷不丁发问："今日畅饮，各位不如畅所欲言，说说看，为什么项羽没做到的事情，我做到了。"

群臣们一听，正是拍马屁的好时机，于是你一言我一语嚷嚷起来，高起和王陵回答说："与项羽相比，陛下你能以利让人，跟您一起打拼，但凡有所收获您总是不忘了赏赐那些出功出力的人，因此属下们也都愿意为陛下您奋勇效命，所以最后取得胜利的是您。而项羽心胸狭窄，嫉妒贤能，跟他一起打天下不但没有赏赐，而且随时有可能遭遇辱骂，所以他那样的人是得不了天下的。"

刘邦听了大喜，得意地说："你说的也有道理，但是并不全面，我与项羽斗争能赢，大家能与我同甘共苦固然是一个重要原因，但在我看来，运筹帷幄，决胜于千里之外，这一点子房（张良）比我厉害；善于内政，收揽民心，巧妙实施经济政策以及确保粮道，这一点我不及萧何；率领大军，每战必胜，每攻必取，我比不上韩信。这三个人都是人中豪杰，我能得到他们的帮助，并听取他们的意见，懂得任用他们三位，是我赢得天下的另一个原因。项羽虽然也有范增那样优秀的谋士，但他却不懂得用人之道，这是他失败的最主要原因。”

“陛下说得甚是。臣惭愧。”王陵跪伏，诚惶诚恐地说。其他大臣也纷纷赞同王陵。

刘邦很喜欢洛阳这个城市，这里的食物很可口，美女也很多，这里的水酿出的酒也特别香，比起自己故乡的酒要好多了。长期的流离颠沛考验人的意志，楚汉之争的胜利让刘邦暂时忘记了一切烦恼，纵情于享受之中。然而，好景不长，一个叫娄敬的人来求见刘邦，并且给他提出了迁都的意见。如果要用一句话来介绍娄敬，只能说他是一个善于冒险的人。

娄敬在历史记载中，生卒年月不详，唯一的个人信息是他是齐国人，在《史记》中第一次出场就是刘邦登基这一年。之所以说娄敬是个敢冒险的人，是因为他随便穿了一件羊皮袄就去见汉高祖了，而且一出口就告诉刘邦定都洛阳是个错误的主意。当时他正要去陇西戍守边塞，路过洛阳的时候，得知刘邦正在此地，于是跳下马车，请一个被称为“虞将军”的人带自己去见皇帝。这个虞将军不知道眼前这个穿得破破烂烂的人葫芦里卖的什么药，居然还真答应了他的要求，但是要他先换身衣服再进去。《史记》里记载娄敬此时说的是：“臣衣帛，衣帛见；衣褐，衣褐见；终不敢易衣。”意思是说，我穿着丝绸衣服来，就穿着丝绸衣服去拜见；穿着粗布短衣来，就穿着粗布短衣去拜见；我是决不会换衣服的。

娄敬见到了刘邦后，先讨了一顿赏饭吃，狼吞虎咽下去之后说：“自古以来，一个国家定都的选址关系到一国的命运，而这选址大有讲究。”他从周朝说起，讲到周朝最终定都洛阳，直到周朝灭亡为止，阐明了一个道理——洛阳位居全国正中，和平时期，方便四方来朝，战乱年代，方便四方进攻，所谓“有德则易以王，无德则易以亡”。他对刘邦说：“您的天下不是靠德赢来的，而是靠战打出来的，‘大战七十，小战四十，使天下之民肝脑涂地，父子暴骨中野，不可胜数，哭泣之声未绝，伤痍者未起’，洛阳这个地方周围的人全是恨你的，在这个地方定都晚上恐怕没法睡得安稳。”接着他又提出了一个解决方案：“不如定都关中（长安），关中有你的统治基础，当年你进关中也赢得当地人民的支持，并且关中四面有山，易守难攻，比洛阳这个地方要好多了。”刘邦认真考虑了之后问大臣的意见。可那些大臣大都出身于崤山以东地区，纷纷表示：“洛阳东面有成皋，西面有崤山、渑池，背靠黄河，面向伊水、洛水，它地形的险要和城郭的坚固也足可以依靠。”

这时候张良跳出来反驳了：“洛阳虽有这些险阻，但中心地区狭小，不过方圆数百里，土地瘠薄，四面受敌，并不是用武力可以守得住的。而关中左有崤山和函谷关（今河南灵宝西南），右有陇山（今陕西陇县西北）和蜀郡的岷山（今四川省北部），沃野千里，南面有富饶的巴、蜀二郡，北面胡地有畜牧养马上的便利，西、南、北三面的险阻更加天然的防守屏障，只用东方一面就可以控制天下。所谓的‘金城千里，天府之国’说的就是关中啊！”

张良赞同了娄敬的说法，于是迁都这事就这么定了。娄敬这险冒得很值，他成功地实现了逆袭。刘邦一高兴，还赐了他“刘”姓，说：“‘娄’者，‘刘’也，这俩字读音差不多，以后你就改姓‘刘’吧。”从此，娄敬改叫刘敬，拜为郎中，号为奉春君。

决定迁都后，刘邦雷厉风行，“即日车驾西都关中”。汉高祖刘邦选位于渭水南岸的原秦朝兴乐宫故地作为汉帝国新都的基地，取名长安，位于今陕西西安城西北约十公里处渭水南岸南高北低的台地上，城市平面大体上近似方形。刘邦五年闰九月营建的长乐宫和刘邦六年营建的未央宫，是都城长安城内最主要的两个宫殿区。

据刘歆《西京杂记》所载：“汉高帝七年，萧相国营未央宫。因龙首山制前殿，建北阙。未央宫周回二十二里九十五步五尺，街道周回七十里。台殿四十三，其三十二在外，其十一在后。宫池十三，山六，池一，山一，亦在后宫。门闼凡九十五。”这一记载表明，未央宫是由诸多宫殿、台榭、楼阁、园林、假山、池泽并围绕前殿（正殿）所形成的有统一布局而又规划整齐、气势宏伟的建筑群体。未央宫前殿、武库、太仓这些代表着汉帝国政权、军权、财权的壮丽建筑，意在体现皇帝的尊严和帝国政权的巩固。未央宫建成后，长乐宫为皇后所居，未央宫作大朝之用。长乐宫耗时一年，于公元前200年冬十月建成。

汉承秦制，巩固皇权

刘邦虽然做了汉王朝的开国皇帝，但汉帝国到处是战乱所留下的创伤：田野荒芜，人民流亡，府库空虚，廪无积粟，百姓一贫如洗，没有积蓄，牲畜死亡殆尽。所谓“自天子不能具醇驷，而将相或乘牛车”，正是当时社会经济凋敝的写照。

在刘邦登基为帝的那一年五月，“兵皆罢归家”，汉军将士大部分复员返乡。与此同时，汉高祖向全国发布了著名的“五月诏书”。这道诏书的要旨在于安定天下、恢复和发展生产、按军功授爵以建立新的社会秩序，是西汉王朝建国之初的一个极其重要的纲领性文件。

刘邦所发布的这道诏书，有以下十条要点：

一、对来自原山东六国的诸侯子弟出身的官兵，因安置地点不同而给予不同的免服徭役的优待。其具体实施细则是：凡留在关中地区的，因远离家乡而免除十二年的徭役；离开关中返回家乡的，免除六年的徭役。

二、令逃亡山泽者返回原籍，复故爵田宅，地方吏不得刁难笞辱。自秦末以来，百姓因不堪秦朝暴政，“亡逃山林，转为盗贼”者甚多；楚汉战争期间，百姓因不堪战乱之苦，“相聚保山泽”亦不在少数。天下平定后，这些身在山林沼泽之中、名不在户籍之内的离乡流民，其中包括地主在内，既是社会的不安定因素，又不利于恢复和发展生产，也使国家难以对他们征收赋税和徭役。为使这批人成为汉帝国统治之下的“编户齐民”，刘邦下令他们一律返回本县本乡。为使他们返乡，国家向他们提出的保证条件是：恢复他们原有的爵位和田宅，对他们亡聚山林期间的非法行为一律既往不咎；地方官有向他们进行法制教育的义务，但不许对这些人进行刁难或者施加笞辱。“复故爵田宅”表明，汉承认秦代赐予的爵位，有爵位者在汉代仍享有同等的地位。

三、民以饥饿自卖为人奴婢者，一律免为庶人。战争期间因饥饿而卖身为奴者，不在少数。仅汉王二年关中地区大饥馑，就留下了一批因饥饿而卖身为奴的人。刘邦深知关中百姓为战胜楚军所付出的代价和做出的贡献太大了，因而他决心通过颁发诏书来解除这批关中子弟的不幸；同时，又增加了一批编户齐民，有利于恢复生产和增加税收，提供徭役，可谓一举而两得。

四、汉军官兵在大赦令律颁布后，一律赐爵为大夫。其实施细则是：大赦令下达后，汉军官兵凡无罪、无爵或有爵而不满大夫的，一律赐爵为大夫。在秦汉爵制中，大夫是第五等爵位。即凡汉军复员官兵除获罪者外，至少是获得第五等爵位。

五、原来享有大夫爵位的复员官兵，一律在原来爵位的基础上再增赐爵位一级。这显然是在凡复员官兵一律赐予大夫爵位法令基础上，追加的一条相应法令，使原享有大夫爵位以上的复员官兵，与原大夫爵位以下者一同享受恩赐。

六、凡具有七大夫爵位（第七等爵位）以上的复员官兵，皆可享受食邑。而秦制只有列侯（二十等爵位中最高的等级即第二十级）才可享有食邑。

七、凡享有七大夫以下爵位的复员官兵，免除其个人及全家所应服的徭役。

八、以七大夫（第七等爵位）、公乘（第八等爵位）为高爵，地方政府立即优先满足他们对田宅的要求，不得拖延不办。诏书中的“诸侯子及从军归者，甚多高爵”表明，跟随刘邦转战南北的复员官兵，大多获得了高爵。

九、申“有功劳行田宅”的按军功授爵并赋予相应特权的法令，对地方上的郡守、郡尉、县令、县尉以往未能认真贯彻执行这一法令提出训斥，指出未从军的小吏都按爵位获得了如数的田宅，而有军功者尚未得以落实田宅，这是“背公立私”，责任在于“守尉长吏教训甚不善”。同时还敦促地方官员，今后要“善遇高爵，称吾意”。

十、自本诏令下达后，要进行察问。凡不认真执行此诏令的地方长官，要从重论处，即所谓“有不如吾诏者，以重论之”。

五月诏书以上的十条要点，包含两大方面的内容：一是令流民回乡生产，免除因饥饿而卖身的奴婢身份，这对扩大自耕农户的数量、恢复和发展农业生产、增加国家税收和服役人数、安定社会秩序等，无疑具有重要的意义。与此同时，承认原秦王朝赐予的爵位在汉帝国享有同等的地位和特权，这对稳定刚刚建立起来的汉政权来说，也是具有积极意义的。

在采取这些措施稳定政局的同时，刘邦也在着手建立汉朝自己的政治制度。首先沿袭秦朝的制度，在中央设置三公九卿，即在皇帝之下，设丞相、太尉、御史大夫，分别掌管政务、军事和监察，称为“三公”。“三公”之下，设有掌管国家军政和宫廷事务的“九卿”，分别是奉常、郎中令、卫尉、太仆、廷尉、典客、宗正、治粟内史和少府这九个部门的长官。

地方行政机构方面，除沿袭秦朝的郡县制外，汉初还分封诸侯，形成郡国交错的局面。郡县官制承袭秦代，封国官职仿照中央，县以下的基层组织仍为乡、里。这样就恢复了从中央到地方的一套统治机构。

同时刘邦还建立了比秦朝更为完备的武装力量。在中央设立南、北军，分别由卫尉、中尉统领，作为守卫皇宫和京师的常备军。在地方，有经过训练的预备军，根据地区的具体条件，分别设材官（步兵）和骑士（骑兵），这些预备队皆由郡守和郡尉掌管。常备军和预备军的兵员，都由郡国征调来的“正卒”充任。

由于人们对秦朝严刑酷法的深恶痛疾，刘邦在法律方面做了大的修改。刘邦入关之初，约法三章，只是临时措施。西汉政权建立后，刘邦令萧何根据《秦律》制定《汉律》。

除了在政治方面做了完善，君臣觐见之间的礼仪也做了修改。

刘邦是个不拘小节的人，早年懒散惯了，当了皇帝之后对秦朝那一套繁文缛节比较头疼，干脆一下就给取消了。于是，问题就来了。立国之初，跟随刘邦南征北战的人大都出身贫寒，上过学的人比较少，没有接受过礼仪规范的熏陶，而且整天脑袋别裤腰上出生入死，老觉得如今的刘邦还是当年那个跟自己一起睡帐篷的刘邦，君臣之间没有什么礼仪可谈。刘邦想开个会，结果话还没说两句底下就开始狂呼乱叫，甚至还有喝醉酒的，这让他非常恼火，可碍于面子又不好发火。这时候，轮到叔孙通上场了。

叔孙通原来是秦朝的一个博士官，反秦战争时先投奔项梁，后跟了项羽，然后又投降了汉。叔孙通发现刘邦很讨厌群臣在他面前这样毫无礼节，就提议为新朝制定礼仪制度。叔孙通对刘邦说：“礼制，本是根据不同的环境和不同的时事而有所变化的，夏、商、周三代礼制的继承和删节、增饰都是有差别的，这说明古今的礼制并不相重复。臣愿采纳古礼并同秦朝的礼仪相结合，来制定新的朝仪。”

于是刘邦就同意了，叮嘱他叔孙通要注意简单易学，不要太难做。叔孙通到鲁地曲阜一带先后找了三十多个儒生带回长安，又把刘邦身旁原有的书生以及自己的弟子合在一起，共有一百多人。叔孙通带着这些人制定了一套礼仪制度，在野外操练了一个多月，然后报告刘邦去验收成果。刘邦看了一会儿叔孙通等人的演习，感觉挺符合自己的要求，于是就下令施行这套礼仪制度。

汉高祖在亲身体验了这套礼仪以后，说了这样一句话："吾今知天子之贵矣!"刘邦见叔孙通折腾出来的这套礼仪用着挺好，当即提拔他为奉常（位列九卿之首），赏黄金五百斤。从此以后，叔孙通研发的这套朝会礼仪一直沿用，在历代王朝的宫廷不断重演，对各个历史时期的政治文化和民族心理都产生了一定影响。

定天下，分封功臣

汉朝建立，那些跟着刘邦一起打天下的功臣理应受到封赏，然而每次一开会讨论分封的事情，大家都急着争功，吵吵闹闹谁也不听谁的，就这样闹了一年多，分封才正式开始。

刘邦定萧何为首功，封他为酂侯，食邑八千户。听到这个消息，这些功臣就炸开了锅，心里愤愤不平，私下里议论不休。他们觉得自己身经百战，而萧何只不过坐在家里动几下嘴皮子而已，为什么他的食邑反而是最多的？于是大家伙把曹参推出来："曹参跟随陛下南征北战，身受多处战伤，攻城略地，功劳最多，应排第一。"刘邦听到这事之后，就打了个比方说："你们大家都知道猎人是怎么打猎的。猎狗的职责是追杀猎物，而指示行踪、放狗追猎物的是人。如今诸位的功劳只能算是猎获野兽，相当于猎狗的作用。至于萧何，他能放出猎狗，指示其追逐目标，相当于猎人的功劳。况且你们只是一个人追随我，多的也不过带两三个家里人，而萧何却是全族好几十人跟随我，这些功劳怎么算呢?"众人听罢，都无言以答。关内侯鄂君站出来说："在楚汉战争中，陛下有好几次都是全军溃败，只身逃脱，全靠萧何从关中派出军队来补充。有时，就是没有陛下的命令，萧何一次也派遣几万人，正好补充了陛下的急需。不仅是士兵，就是军粮也全靠萧何转漕关中，才保证了供应。这些都是万世功劳，怎么能把一时之功排在万世之功的前面呢！我认为，萧何应排第一，曹参第二。”鄂君的话正中刘邦下怀，于是顺水推舟，萧何位居诸侯第一，并获得“带剑履上殿，入朝不趋”的待遇。就这样，萧何位列众卿之首，被称为“开国第一侯”。

接着，刘邦对张良和陈平进行分封。作为“三杰”之首的张良因为一直为刘邦运筹帷幄，从未到前线攻城略地，所以他并没有斩杀敌人的军功，不过，刘邦却认为张良是个大功臣，分给他三万户，这是诸侯里边封户数的极限了。但是张良的决定出人意料，他宁愿选择留（秦县，今江苏沛县东南）作为自己的封地。他是这样说的：我起兵后能在留遇到皇上，这是天意。皇上愿意采纳我的意见和建议，最后能够获得成功，这是我的运气，我不敢受封三万户，能封得留侯就很满足了。于是刘邦便封张良为留侯，食邑五千户。后来，“留侯”便成为张良最常用的称谓。

刘邦封陈平为户牖侯。当听到刘邦的分封时，陈平坚决推辞说：“臣并没有什么功劳，请陛下另封他人。”刘邦说：“多亏了先生的计谋我才能一步步取胜，这都是你的功劳啊。”陈平说：“这都要归功于魏无知，如果当初不是他替我引荐，我哪能为陛下效力呢。”刘邦听完人夸陈平不忘本，于是封陈平为户牖侯的同时，也赏赐了魏无知。

刘邦分封完这些人之后，仍然还有很多人因为互相争功，一直没能吵出个结果，于是就这么拖着。一天，刘邦站在复道上，看见将领们正三五成群地聚在一起说着什么。他问张良：“他们是在说什么？”张良回答说：“他们在讨论造反的事。”刘邦问：“这才刚安定下来，造什么反？”张良说：“皇上您当初与他们一块儿打天下，而现在您已经贵为天子，分封的诸侯都是至交故友和平时亲近喜欢之人，杀的都是跟您有仇怨的人。将领们担心这天下的土地不够分封，更怕自己有过失而被诛杀。”刘邦又问：

“那怎么办呢?”张良不答反问:“陛下平生所怨恨而又被大家熟知的人都有谁?”刘邦说:“雍齿与我有旧怨,他多次背叛我,我早就想杀他。”张良献计说:“那么陛下不如对雍齿进行封赏,群臣见雍齿都受到封赏,便会相信自己肯定能受到封赏了。”

于是刘邦就照张良出的主意,设酒宴招待群臣,当着大家的面封雍齿为什邡侯,同时催促群臣御史论功行赏。于是这些功臣们在宴会结束后都高兴地说:“连陛下最恨的雍齿都受封为侯了,我们这些人就不必担忧了。”

封赏功臣是刘邦当皇帝后最重要的一件大事,这件事处理不好,汉朝的政权就得不到巩固。张良建议刘邦封雍齿为什邡侯,就是怕因此而引出动乱来。此后,其他功臣的论功行赏也逐一确定下来。

这些功臣虽然都封好了,但还有一件事一直是刘邦的心头刺,就是那些异姓诸侯王们。刘邦之所以能够打败项羽,除了能够做到知人善用之外,最重要的就是能够联合异姓诸侯王的势力,不断地壮大自己。在刘邦称帝的时候,被刘邦所立的诸侯王以及归附于刘邦的原诸侯王就已经有七人。这些诸侯王到底是谁呢?

楚王韩信。韩信在垓下会战前夕已被刘邦正式立为齐王。公元前202十二月,项羽自刎而死;正月,韩信便被更立为楚王,称王于淮北地区,都于下邳(今江苏睢宁西北),封地比在齐国的封地大大地缩小了。

淮南王英布。公元前203年七月,立英布为淮南王,称王于九江、卢江、衡山、豫章等郡,都于六(今安徽六安市东北)。

梁王彭越。公元前202年正月,封彭越为梁王,称王于魏国故地,都于定陶(今山东定陶县西北)。

韩王韩信。公元前205年立韩信(与楚王韩信为两人)为韩王。公元前202年春,与韩信剖符立据,封他为韩王,称王于颍川郡,都于阳翟(今河南禹县)。

原衡山王吴芮。衡山王吴芮系项羽所封。汉高祖称帝不久,以吴芮率百粤兵诛暴秦有大功,徙为长沙王,都于临湘(今湖南长沙市)。

赵王张敖。张敖为张耳之子，项羽分封诸侯时立张耳为常山王。公元前204年，立张耳为赵王。公元前202年，张耳死，张敖嗣立为赵王。

原燕王臧荼。臧荼原为燕将，因从楚军救赵，又随项羽入关，被项羽封为燕王，称王于燕地，都于蓟（今北京市西南）。

后来还增加了一个异姓王，就是刘邦的发小卢绾。燕王臧荼的叛乱被平定后，卢绾被刘邦封为燕王。

以上异姓诸侯王有的在反秦及楚汉战争中立有大功，且早已裂土为王，拥有很强的实力，刘邦即皇帝位后不得不承认这种既成事实，正式确认或分封他们为诸侯王。上述诸侯王中，韩信、英布、彭越等人都有很高的军事指挥才能，在楚汉战争中独当一面，功勋卓著；刘邦手下的将领如曹参等人，在军事才能上都比不上韩、英、彭等人。这些人拥有大片的封地，手中握有精兵，刘邦怎能放心？为巩固汉帝国政权和刘氏王朝的长治久安，刘邦于建国后逐一铲除异姓诸侯王势力，而异姓诸侯王也相继反叛朝廷，这是不可避免的了。

大开杀戒，剪除异姓王

刘邦对异姓王不放心，一些异姓王也同样怀有野心。有些异姓王可能并没有太大的政治野心，但是由于他们拥有实力，有威胁刘邦江山的能力，这就是他们最大的原罪。

在异姓诸侯王中，最先起兵反叛汉帝国的是燕王臧荼。燕王臧荼本是项羽所封，楚汉战争期间，韩信于井陉口大破赵军，威震河北。韩信听从广武君李左车的计谋，派使者前往燕国劝降。燕王臧荼因畏惧而归属汉王。刘邦当皇帝后，仍然封臧荼为燕王。

公元前202年七月，臧荼起兵反叛，刘邦率大军亲征，太尉、长安侯卢绾随从击燕。九月，臧荼兵败被俘虏，燕地被平定，刘邦立卢绾为燕王。

卢绾对于刘邦来说，是“自己人”。卢绾与刘邦是邻居，两人同日生，出生的时候乡民曾持羊酒祝贺两家。二人长大后为同学，又相敬爱。刘邦还是平民的时候，因为吃官司而躲躲藏藏，卢绾常常追随。后来刘邦起兵于沛，卢绾以宾客的身份相随。刘邦被封为汉王而入汉中，卢绾被任命为将军，并常常担任侍中。后在楚汉战争中，卢绾官至太尉，封长安侯。由于卢绾与刘邦的关系，他得以出入刘邦的卧内。他的衣被、饮食、赏赐，都是群臣莫敢相望的。虽然萧何、曹参等能够因为才能过人、忠于职事而得到刘邦的礼遇，但若论到亲密的关系和被宠信的程度，都无法比得上卢绾，卢绾甚至可以自由出入皇宫。因此，卢绾在这时被刘邦封为燕王，自然不难理解。

燕王臧荼叛乱刚刚平定，又发生了颍川侯利几的叛乱。利几原是项羽部下的将领，楚汉相争时，他任陈县县令。后来利几投降刘邦，于是刘邦封他为颍川侯。汉公元前202年秋，刘邦突发奇想，召见在籍的全部侯爵，利几疑心重而举兵反叛。刘邦亲自率兵攻击，利几兵败逃走，叛乱被平定。

韩王信（与楚王韩信同姓名，实为二人，称韩王信以区分）本是韩襄王的庶孙，反秦战争时，刘邦率兵进攻阳城，使令张良以韩国司徒的身份攻占原韩国领地，收得韩王信，任命他为韩国将军，统率韩军跟随刘邦进入武关。刘邦被立为汉王，韩王信随从刘邦入汉中，并对刘邦王说：“项王所封的诸将为王，都离家乡很近，而唯独大王远居此处偏僻之地，这是降职呢。大王的士卒都来自山东，日夜盼望着返回家乡。趁着士卒们年轻力壮、锐气正盛的时候向东进军，可以争夺天下。”刘邦定三秦后，许诺立韩王信为韩王，先任命他为韩国太尉，率兵攻占韩国故地。

公元前201年春，刘邦觉得韩王信的封地北面紧靠巩县、洛阳，南面逼近宛县、叶县，东面是淮阳，是天下驻扎强兵的战略要地。出于防范的目的，刘邦诏令韩王信迁徙到太原郡（治所在晋阳，今山西太原市西南）以北，防御胡人入侵，以晋阳为都。韩王信请求以马邑（今山西朔县）为都，得到刘邦的准许。

同年秋天，匈奴首领冒顿单于率大军重重包围韩王信，韩王信多次派使者到匈奴那里谋求和解。当刘邦派兵救援韩王信时，对韩王信多次派使者去匈奴有所怀疑，认为他对汉帝国怀有二心，派人指责韩王信。韩王信害怕被诛杀，因而与匈奴约定共同进攻汉朝，举兵叛变。韩王信与匈奴冒顿单于一齐攻打汉朝，并在白登山（近大同城郊）包围了刘邦，刘邦用陈平之计才侥幸逃得一命。

此后，韩王信一直为匈奴人带兵往来在边境一带攻击汉军。公元前196年，韩王信被汉将柴武打败并杀死。一代将领韩王信就这样结束了自己的一生，刘邦消除了又一隐患。

公元前200年，从平城逃出的刘邦在返回京城的时候路过赵国。赵王张敖是刘邦曾经的老大张耳的儿子，又是刘邦的女婿，鲁元公主的丈夫。张敖侍奉刘邦很用心，每天早晚把外衣脱下，戴上套袖，亲自为刘邦进献食物。

无奈刘邦刚打了败仗，心情不佳，叉开两腿坐着，责骂赵王张敖，傲慢无礼，根本没有把赵工放在眼里。赵王的相国贯高、赵午都是六十岁开外的人了，原是张敖父亲张耳旧时的门客。二人平生性情刚烈，对于刘邦的傲慢无礼很是生气，便向赵王张敖劝说道：“当初天下豪杰并起，有能力的先立为王。今大王侍奉皇帝很是恭敬，而皇帝却傲慢无礼，请允许我替大王杀了他！”

赵王闻听后咬破了自己的手指，流出血来，发誓般地说道：“您怎能讲出这样的话来！况且先父亡国，依赖着皇上才得以复国，恩德流传给子孙，都是得力于皇上。希望您不要再讲出这种话来。”贯高、赵午却不甘其受辱，准备瞒着赵王自己干。

公元前199年冬，刘邦率大军在东垣（今河北石家庄市东）攻打韩王信的余部，从东垣回来时又路过赵国。贯高等人在柏人县（今河北隆尧县西）馆舍的夹壁墙中隐藏武士，准备伺机挟持刘邦。刘邦路过柏人，想要在馆舍留宿，忽然觉得心跳剧烈，便向随行人员问道："这个县叫什么名称?""柏人。"随行人员回答。"柏人嘛，就是逼迫人吧?"于是，刘邦没有在柏人县的馆舍留宿，继续向前赶路，因而免遭了一场劫难。

第二年，贯高的仇人得知他暗害皇帝的阴谋，秘密向朝廷告发。于是，刘邦下令一并逮捕赵王张敖、相国贯高等人。同案的十余人争着要自刎而死，独有贯高不肯，他生气地骂道："是谁叫你们干的？如今赵王事实上没有参与这一谋划，而遭到一并被捕。你们都死了，谁来为赵王辩白他没有参与谋反!"

贯高和张敖被押到长安后，刘邦诏令审理张敖的罪行，同时诏令赵王的大臣和宾客，有敢于跟随赵王的一律灭族。贯高出庭接受审讯，说道："都是我们这些人干的，赵王确实是不知道。"狱吏对贯高百遍千遍地毒打，贯高被打得体无完肤，然而，他始终不肯诬陷赵王。吕后在刘邦面前多次谈到赵王因为鲁元公主的缘故，不会干下那种事情。刘邦发怒说道："如果张敖得了天下，难道会少了你女儿的吗?"

刘邦没有听吕后的话。廷尉将贯高受审时的情况上报，刘邦便让贯高的故友中大夫泄公去了解情况。泄公到狱中，贯高因遍体鳞伤，不能行走，在躺椅上接受讯问说："按照人之常情，难道有不爱自己父母妻子的吗？如今我的三族都要被论罪处死，哪有拿自己亲人的性命去换赵王活命的道理！赵王实在没有参与谋反，只是我们这些人干的。"

同时，贯高还向泄公诉说了他们谋杀皇上的本意和赵王根本不知道谋划的情况。于是，泄公入宫向刘邦详细地汇报了讯问情况，刘邦便赦免了赵王张敖。

刘邦赞赏贯高为人能做到讲求信义，让泄公把赦免赵王的情况告诉贯高，说道："赵王已被释放。"同时也宣布赦免贯高。

贯高说：“我所以体无完肤而不肯求死，是为了辩白赵王没有参与谋反。如今赵王已被释放，我的职责已经完成，死了也没有什么可遗憾的了。况且人臣有谋杀君主的罪名，还有什么脸面再服侍皇上！纵使皇上不杀我，我内心能不惭愧吗?”说着便仰头割断喉咙死去。张敖被释放后，因为娶了鲁元公主的缘故，被封为宣平侯。

白登失利，和亲解围

秦朝时期，秦始皇曾派大将蒙恬率三十万大军北伐匈奴，收复了河套地区，同时为了防御匈奴南下，还筑起了长城。从秦末农民起义到楚汉之争，由于中原地区连年战乱，那些原本戍守边关的人也都擅离职守。边境无人的后果就是匈奴趁机南下。在刘邦和项羽打得不可开交的时候，匈奴首领冒顿单于已经渡过黄河，统一了北方草原大地，并且设官分职，建立起了政治机构，同时武力也逐渐提高，拥有战士三十多万人。

拥有如此之大的实力，匈奴自然也就忘了秦朝蒙恬三十万大军的厉害，重新燃起侵略中原的野心。尤其是韩王信投降匈奴后，冒顿单于对汉朝的情况了解得更多了，更加放心大胆地南越句注山，向太原郡进发，抵达晋阳城下。

公元前200年冬，刘邦亲率三十二万大军北上迎击匈奴。在铜鞮击败韩王信，斩杀其将王喜。韩王信逃奔匈奴，他的部将白土人曼丘臣、王黄等人拥立赵王的后代赵利为王，收集残兵，与韩王信及冒顿单于卷土重来，再次进攻汉军。有了之前的经验，匈奴决定不跟汉军硬碰硬，派遣左右贤王带领万余骑兵与王黄等人驻扎在广武以南地区，到达晋阳时与汉军交战，大败。汉军乘胜追到离石（今山西吕梁），再次将其打败。随后，

匈奴在楼烦（今山西宁武）西北重整军队，接着想了个招，假装退兵，引诱汉军。

刘邦前后派去十余人侦察情况，看看是不是有埋伏。这十几个人回来之后都报告说是真的撤退，可以追击，唯独刘敬（即娄敬）认为匈奴使诈。刘敬当时是往来匈奴的使节，并不是去前线侦察情况的情报员，因此刘邦不以为然，率领部分人马从晋城出发赶往平城。在这之前，汉军从未和匈奴交锋过，当然也不熟悉他们的作战方式，于是就上当了。

冒顿单于在这一带埋伏了四十万骑精兵。刘邦所率领的先锋部队刚抵平城，冒顿单于就对全军下达攻击命令。看到突然出现的敌方大军，刘邦惊呆了，立刻在平城东方的白登山布阵迎敌。匈奴军很快便将整座山包围。当时正在下雪，老天爷似乎也在折磨汉军，粮食已尽，兵卒中十之二三因冻伤而手指断落。

刘邦被匈奴骑兵包围，又得不到军粮的接济，形势危险万分。这时，随军的户牖侯陈平献计，给冒顿单于的正室阏氏（阏氏是匈奴君主正妻的称号）偷偷送了一份大礼，并且煽风点火说汉皇帝想送一个美人给单于。阏氏害怕失去宠爱，于是对冒顿说汉朝天子有神灵庇佑，汉朝的土地也不适合匈奴人居住。而冒顿先前曾与韩王信的部将王黄、赵利二人约定时间会师，王、赵二人却并未到来。冒顿也因此怀疑汉军有其他阴谋，所以听取了阏氏之言，撤开重围一角，刘邦因此得以脱身。冒顿率领四十万精锐骑兵离去，刘邦也率领大军撤回。刘邦从白登逃出后，首先向刘敬赔礼道歉，并封刘敬二千户，封关内侯，号为建信侯。

白登之围后，韩王信又逃回到匈奴那里。当时冒顿单于兵强势盛，刘邦对这个问题很在意，寝食难安。一天，刘邦让刘敬找个解决的办法。刘敬说：“目前天下刚安定，连年作战太消耗国力，因此对于匈奴不能用武力去征服。这个冒顿是个猛人，他杀死父亲，自立为单于，连很多年轻的庶母都霸占过来作为自己的妻子，因此，对他们来说仁义之道是不管用的。但是可以用计谋使他们的子孙永久称臣，不过这还需要陛下您舍得才行。”

“只要能消除这个威胁，有什么舍不得的！”刘邦很着急。

“如果陛下能把大公主嫁给冒顿单于，赠送给厚重的礼品，他们知道汉朝皇帝把公主嫁给他，又得到赠送的厚礼，必定会立她为阏氏，阏氏作为单于的主妻，生下儿子后必定被立为太子，将来会继嗣单于王位。这个冒顿贪图汉朝的厚礼，陛下每年按时赠送些他们所缺少而汉朝所多余的东西，同时借这个机会派人向他们讲述一些礼节。这样不管冒顿活着还是死了，陛下都不会再被这个问题困扰。”

刘邦听了这个主意觉得很好，当即就决定要把鲁元公主嫁给冒顿。可吕后不干了，一哭二闹三上吊，最后只好认了一个宗室的女孩为公主，冒充鲁元公主，由刘敬护送前往匈奴和亲。

历史资料中没有记载到底是谁替代了真正的鲁元公主，但是不难想象，这个假的鲁元公主和刘敬是冒着被砍头的风险前往匈奴的，一旦假冒公主的身份被拆穿，两人都有性命之忧。不过冒顿看样子并不怎么在乎血统，也许是那位公主的美貌和才华打动了他。此后，冒顿再没对汉朝发动大的军事行动。但是，史料记载，仅冒顿一人竟然先后娶了七位汉朝公主。从这点来看，冒顿还真的是喜欢汉族公主，当然也有可能是因为公主的嫁妆。因为匈奴本土经济收益不稳定，而每次从汉朝娶公主获得的嫁妆和之后的贸易收入是很可观的。

刘敬从匈奴回来后，对刘邦说：“匈奴河南（今内蒙古河套地区）地区白羊、楼烦二王，离长安最近的只有七百里路程，轻装骑兵只需一天一夜便可以到达关中。关中近年遭到战争的破坏，居民稀少，肥沃的土地可用移民来充实。当初诸侯开始起兵反秦的时候，如不是齐国宗室的各支田姓以及楚国的昭、屈、景三家大姓，谁能发动起来？现在陛下虽建都于关中，关中其实人少，北面临近胡人入寇，东面又有六国的贵族，他们的宗族势力很强，一旦发生变故，陛下也不能得以高枕无忧。臣愿陛下将齐国诸田氏，楚国的昭、屈、景氏，燕、赵、韩、魏的宗室后代以及山东的豪杰名家迁徙到关中。天下无事，可以防备胡人入寇；诸侯发生变故，也足以率领他们东伐叛乱。这是强本弱末的策略。”

刘邦同意了刘敬的提议，将山东六国的宗族后代和豪强大族迁徙到关中。在西汉前期，北部边境一直被匈奴骚扰。西汉中央政权一直沿袭着和亲的政策，以妥协的方式来争取边境的和平，一直到了汉武帝刘彻才打破这种格局。

陈豨谋反，坑死三大名将

陈豨（xī），在西汉初年群星闪耀的将领中间，不算特别出众的人物，不但没法与韩信、彭越和英布这样的汉初三大名将相比，也比不过刘邦手下的周勃、樊哙等人。但就是这么一个人，却坑死了汉初的三大名将——韩信、彭越和英布。

陈豨是宛朐（今山东曹县西北、菏泽市西南）人，他最初跟随刘邦的时间已不得而知。公元前200年冬，韩王信反叛，兵败逃入匈奴。刘邦亲征匈奴，从平城返回后，陈稀因多次随同刘邦平定叛乱有功，受封为列侯，以赵国相国的身份统率赵国、代国的部队，北部边境的部队都归他统领。

陈豨平时仰慕魏国的公子信陵君的养士之风，曾休假回乡时路过赵国，赵相国周昌看到随从的宾客座车有一千多辆，都城邯郸的官舍都住满了。

周昌到京城拜见刘邦时，就打了小报告，说陈豨门下的宾客甚多，在外地掌握重兵已有好几年了，恐怕发生变故。刘邦就派人调查陈豨的财务状况，发现了许多违法的事，陈豨很害怕。公元前197年七月，太上皇驾崩，刘邦派人召陈豨回京，陈豨推托说病得厉害，没有应召入京。九月，陈豨与王黄等人反叛，自立为代王，劫掠赵国、代国的土地。刘邦于是率兵亲征，很快就把陈豨叛军剿灭了。

但在此时，传来一个消息：淮阴侯韩信被吕后夷灭三族。事情是这样的，刘邦帅兵亲征时，韩信以告病为由未随刘邦亲征，在京亦有疑似响应陈豨的举措，被手下人密告于吕后。吕后想把韩信召来，又怕他识破自己的用意，于是与萧何商量，假传消息说陈豨已被杀死，诸侯群臣都前来进宫朝贺。萧何欺骗韩信道："虽然您身体不舒服，但还是要勉强朝贺一下。"韩信入朝进贺，吕后派人把韩信捆缚起来，在长乐宫中的钟室里斩杀了他，并诛灭他三族。正所谓是"成也萧何，败也萧何"。

楚汉之争时期，韩信的存在对刘邦来说是极其重要的。然而，立下这么大功劳的韩信也没能逃过刘邦的"魔爪"。

公元前 202 年十二月，项羽刚兵败自刎，韩信就被剥夺了兵权。不久，被改封为楚王，称王于淮北，都于下邳（今江苏邳县西南）。韩信来到都城下邳，召见当年分给他饭食的那位在河边冲洗丝棉的老太婆，赐给她千金以相报答；还召见下乡南昌亭长，只赐给百钱，说道："您是个小人，施恩德有始无终。"同时召见那个使他受胯下之辱的少年无赖，任命他为楚国中尉，并向自己的将相们说："他是名壮士，当年他侮辱我时，我难道不能杀死他吗？但杀他没有名目，所以便忍受下来，才达到今天这样的成就。"

项羽部下的名将钟离眛，家住在伊庐（今江苏灌云县东北），向来与韩信友好。项羽死后，钟离眛逃亡到韩信处藏身。刘邦怨恨钟离眛，得知他在楚国，诏令楚国逮捕钟离眛。但韩信却不愿意，反而派兵保护钟离眛。

公元前 201 年，有人上书告发韩信谋反。刘邦询问各位将领，各位将领都说："急速发兵坑杀这小子算了。"刘邦闻听后默然无语，又询问陈平，陈平说："陛下的精兵不如韩信，陛下将领用兵的才能也比不过韩信，出兵是个馊主意，还不如假装要去巡游云梦泽（今湖北江汉平原及周围地区），韩信来迎接拜见陛下的时候，可乘机将他拿下。”

刘邦认为陈平说得很对，便派使者遍告各位诸侯：“我将南游云梦。”刘邦其实是想袭击韩信，而韩信对此却全然不知。当刘邦将要到达楚国时，韩信感到事情有些蹊跷，想起兵反叛，又考虑自己没有什么罪过；想要拜见皇上，又担心自己会被擒拿，一时拿不定主意。有人向韩信说：“如果杀了钟离昧去朝见皇上，皇上一定会欢喜，那就不会有什么祸患了。”

韩信去见钟离昧，同他商议这件事。钟离昧从韩信的言谈话语中，终于明白了他的来意，于是骂韩信道：“您不是厚道人。”旋即自杀而死。

韩信提着钟离昧的人头，到陈县拜见刘邦。刘邦令武士将韩信捆绑起来，装在后面的副车上。韩信被擒拿后说道：“果真像人们所说的那样：‘狡兔死，走狗烹；飞鸟尽，良弓藏；敌国破，谋臣亡。’如今天下已经平定，我当然要遭到烹杀！”刘邦说：“有人告发你谋反。”旋即给韩信戴上刑具，装在车队后面的副车里，返回洛阳。回到洛阳之后，因为并没有查出韩信谋反的有力证据，刘邦只好赦免了他，并将他封为淮阴侯。

这时候，韩信才明白汉王原来对自己的才华是畏惧和厌恶的。为了自保，韩信只好借口身体有病逃避与刘邦见面，以此来避免被刘邦抓住把柄，但最终也没有落得个好结果。

同样是因为陈豨造反，汉高祖也向彭越征兵。彭越也推脱说自己有病，只派了几个将领带着军队出征。刘邦很恼火，并表达了自己的愤怒。彭越心里越想越没底，于是打算亲自前往谢罪。结果他的部将扈辄说：“大王当初不去，被他责备了才去，去了就会被捕。不如就此出兵造反。”彭越这时还是很理智的，坚持要去刘邦那儿赔罪。结果彭越的一个太仆坏了事，因为彭越准备杀这个太仆，太仆就逃跑了，跑到刘邦那儿，说彭越和扈辄要造反。于是刘邦派使臣出其不意地袭击彭越，彭越本来是要去赔罪的，根本没做反抗的准备，因此被抓，刘邦把他囚禁在洛阳。但彭越与刘邦也是老交情了，而且刘邦也知道他并没有真的谋反，于是就赦免了他的死罪，贬为平民，流放到蜀地青衣县。

彭越在去青衣县的路上，向西走到郑县时，正赶上吕后从长安来，打算前往洛阳，路上遇见彭越，彭越对着吕后哭泣，亲自分辩没有罪行，希望回到故乡昌邑。吕后答应下来，和他一块向东去洛阳。到了洛阳，吕后就对刘邦说：“彭王是豪壮而勇敢的人，如今把他流放蜀地，这是给自己留下祸患，不如杀掉他。所以，我带着他一起回来了。”于是，吕后就让彭越的门客告他再次阴谋造反。廷尉王恬开奏请诛灭彭越家族，刘邦准了，于是诛杀了彭越，覆灭了其家族，废除了其封国。

彭越死后，据说被做成了肉饼，分给各诸侯食用，这招杀鸡儆猴太狠了，英布就被这肉饼吓到了，心想迟早要被砍头，还不如主动点脱离组织。于是英布在公元前 196 年七月，举兵反汉。英布的军队相当精强，刘邦一时半会儿也打不下来。因此，他决定在徐州南方约七十公里处的庸城安营扎寨，与英布对峙。

在城堡上遥望英布布阵的刘邦很愤怒，因为英布的布阵方法与项羽一模一样。刘邦越看越生气，就朝着英布的阵营大声喊道：“你何苦造反呢?”英布同样大喊过来：“我要自己当皇帝!”刘邦气得冒烟，命全军出击。激战过后，英布军败，渡淮水逃向江南。刘邦的情况也没好到哪里去，在这次战役中他被一支流箭所伤。虽然伤不及要害，但为求万全计，他决定离开军阵归返国都。

逃到江南的英布打算去投靠妻子的娘家长沙王吴臣（吴芮长子），但英布现在成了烫手的山芋，就算是老婆的娘家人也不想招惹这份麻烦，于是在鄱阳湖东边一个叫兹乡的地方，吴臣安排人暗杀了英布，英雄就此丧命。

英布败走后，刘邦将军队交给部将，自己则回长安。公元前 195 年十月，在返回长安的途中，刘邦回了一趟久违的故乡沛县，并摆了一场盛大的酒宴。在这场酒宴上，刘邦作了一首诗：

大风起兮云飞扬，
威加海内兮归故乡，
安得猛士兮守四方！

刘邦在故乡接连设宴十多天，连日与乡人开怀畅饮，最后返回长安。

凯旋长安后，又有消息说，燕王卢绾与陈豨串通，但这件事情尚真伪莫辨。刘邦虽然下令卢绾前来京都接受查问，但他却称病不来。因为有韩信和彭越的前例，他是不敢贸然前来的。事实上，燕王卢绾与陈豨确实有所联络。不过，这并不是为了谋反，而是为了保身。韩信、彭越、英布等皇族以外的王，已先后遭到肃清，只剩长沙王吴臣和燕王卢绾两人。长沙王由于谋杀妹婿英布，因而得以保住王位。燕王卢绾虽然是从小跟刘邦一起长大的发小，但已今非昔比。

由于卢绾一直不出面，刘邦便派审食其（shěn yì jī）以使者身份至燕，目的在于促请卢绾上京，顺便在燕地调查卢绾身边事宜。但卢绾依然称病拒绝上京。审食其一调查，发现燕王确实有造反迹象，于是上报刘邦，紧接着命令樊哙讨伐卢绾。卢绾的王位被撤，刘邦的儿子刘建出任燕王。

于是，在汉朝建立的短短七年之内，刘邦找各种借口，将处偏远南方而又势力弱小的长沙王吴臣以外的所有异姓诸侯王相继铲除。

吕雉妙计化解夺嫡风波

刘邦在彭城之战后立嫡子刘盈为太子。刘盈这太子本来当得好好的，直到刘邦称帝之后，事情就开始往另一个方向发展了。当年还是汉中王的刘邦趁项羽一个不小心一路从封地南郑打到山东，在定陶这个地方，遇到了沉鱼落雁的戚姑娘，就是后来的戚夫人。刘邦对戚夫人疼爱有加，只要有刘邦的地方，就有戚夫人的身影，可以想象原配吕氏的内心是很不爽的。

古代后宫妃嫔往往母凭子贵，若是自己的儿子将来能当上皇帝，自己就是太后了。权力和地位的吸引没有人能抵抗，尤其戚夫人这种既没有显赫的家世背景，又没有笼络群臣本事的女人，只靠刘邦的宠幸，得到的荣华富贵是不长久的，可一旦自己的儿子成了太子就不一样了。另外，刘邦对两个儿子的态度也是千差万别，吕后所生的刘盈敦厚善良，但刘邦并不喜欢；而戚夫人生的刘如意却十分受刘邦待见，刘邦认为刘如意大有他的风范，要不然也不会取名叫“如意”，“如意”者，称心如意也。其实这时候刘如意也才七八岁，还是个小孩，哪来的什么风范，不过这倒是增加了戚夫人夺嫡的信心。于是，夺嫡大战由戚夫人主动发起。

只要一有机会，戚夫人便给刘邦吹耳边风，描绘刘邦百年之后他们孤儿寡母的凄凉场景。时间一长，刘邦也觉得戚夫人说得有道理，渐渐地便动了换太子的念头。当刘邦在朝堂上提出换太子的想法时，立即遭到了大臣们的一致反对，这激发了刘邦的叛逆心理，反而更坚决要更换太子，讲理讲不过，甚至连耍无赖的招数都用上了。叔孙通是刘盈的老师，听说刘邦打算废掉刘盈改立刘如意，叔孙通以死相谏，刘邦竟然敷衍他。

这时，吕后看不下去了，她找来自家兄弟建成侯吕泽商量对策。姐弟俩考虑半天，决定请留侯张良给出主意。当然，吕后并没有客客气气去请张良，而是玩了一把狠的，直接把张良给劫持了，以性命相逼。张良一看，要是不拿出个解决方案恐怕难以过关，于是说：“这种事光靠嘴皮子说，靠劝谏是没有用的。我亲自出马也无济于事，这样吧，我向你们另荐别人。想当初皇帝初登大宝的时候，自以为全天下的人都会拍他马屁，可是偏偏有四个老头不买账，皇帝也曾去请过他们，但他们宁愿躲进深山，也不愿出来为汉朝效劳。正因为如此，皇帝反而越发敬重他们。如果太子阁下能请他们出山到东宫做宾客，随太子阁下出入皇宫，皇帝知道后，一定会改变想法的。”

这四个老头就是商山四皓。分别是东园公唐秉、角（lù）里先生周术、绮里季吴实和夏黄公崔广。他们本是秦朝的博士，由于不满秦始皇的暴政，尤其是在“焚书坑儒”一事中深受打击，故而挂冠而归，隐居长安城外的商山。汉朝建立后，商山四皓也曾复萌出仕的念头，但听说汉高祖刘邦是个大老粗，瞧不起读书人，而且还低级趣味喜欢侮辱知识分子，因此打消念头，继续在商山之中饮酒下棋，决心向伯夷、叔齐学习，不食汉粟，不做汉臣。

吕后的哥哥吕泽求到了张良的修书一封，然后让人带着一大堆礼物和太子本人的亲笔信，去请商山四皓下山。张良在邀请商山四皓出山的书信中以晚辈自居，态度谦恭有礼，又因为他的师傅黄石公与四皓有些交情，四皓也不好不给面子。再者，太子的信也写得很真诚，推心置腹，以天下人的利益相邀四皓出山帮自己一把。

四皓是聪明人，往长远处一想，倘若刘盈被废，戚夫人的阴谋得逞，国家的根基受到破坏，不但朝中大臣失望至极，怨声载道，恐怕别有居心的谋乱分子也会浑水摸鱼，刚平定的天下就会重新陷入浩劫。出于为大局考虑，四皓决定出山帮助刘盈。

太子刘盈听说商山四皓肯出山相助，终于松了一口气，连声说：“我无忧矣！我无忧矣！”吕后也得到四皓到来的消息，亲自出来迎接，将四皓安置在吕泽府上。果然，刘邦听说商山四皓也来帮助太子刘盈，就改变了对刘盈的看法，暂时放弃了废太子的打算。

商山四皓抵达长安后不久，便发生了一件大事：淮南王英布造反。一心想着夺嫡的戚夫人抓住机会，让刘邦命令太子刘盈领兵讨伐。这招很阴险，英布原是项羽手下的大将，作战勇猛，战功卓著，让太子刘盈领兵讨伐无异于羊入虎口，而且一旦讨伐失败肯定没好果子吃。

然而刘邦居然答应了。商山四皓得知情况后便觉不妙，就找到吕泽阐述利害关系。四皓说：“太子刘盈亲率大军讨伐叛徒，恐非好事。如果大胜而归，有什么功劳可说？太子已然位极人臣，不可能再往高升。如果打了败仗，那可不得了，皇帝肯定会以此为借口，废掉太子，改立赵王如意。太子打败仗的可能性比较大。英布当年跟随陛下出生入死身经百战，实难对付。太子手下的那些将军，都是亡命之徒，太子如何驱使得动，从未见过绵羊驱使狼群作战的。”

吕后听吕泽转达完四皓的意思，急忙赶到刘邦的寝宫，未曾说话珠泪先流，声音凄惨地说：“英布是天下猛将，善于用兵，你叫刘盈率兵讨伐，底下的将军怎么会听命于一个毫无战争经验的小娃？英布知道了，也会耻笑我朝中无人，一路杀来势难抵挡。”

刘邦虽宠爱戚夫人，但还没糊涂到不分轻重，于是给自己打圆场说：“我早就看出刘盈没有这个本事，只是给他点压力好让他知道肩上的担子不轻！这次我要亲自出征。”于是刘邦自己带兵出征，再不提换太子的事。这场夺嫡大战以吕后胜利告终，等待戚夫人的是极其悲催的下场。

刘盈慈弱，吕后临朝

公元前195年春天，正是春光烂漫的时候，刘邦的身体和心境却坏极了。有多个原因：一年前征讨淮南王英布时胸被流矢射伤，伤势一直没好，加之燕王卢绾的反叛——再没有从小一起长大的同学、朋友、同乡的反叛更叫人愤怒和痛心了，尤其让刘邦忧心如焚的是，自从诛杀韩信、彭越之后，吕后势力不断膨胀，于是刘邦准备一劳永逸。

刘邦选定黄道吉日，诏令文武大臣来到太庙祭祀，吕后自然也到场。祭礼用的是太牢——牛羊猪三牲俱备。当着大家的面，刘邦命人宰杀了一匹白马，侍从接了滚热的马血倾入酒坛，文武大臣及吕后每人一杯。刘邦率先举杯，庄严盟誓："此后非刘氏不得封王，非有功不得封侯，如违此约，天下共击之!"

卢绾谋反时，高祖命令樊哙以相国的身份去攻打燕国。这时高祖病得很厉害，因为樊哙是吕后的妹夫，就有人诋毁樊哙和吕氏结党，声称刘邦只要一驾崩，樊哙就要带兵杀死戚夫人和赵王如意。高祖听说之后，勃然大怒，立刻命令陈平和周勃去代替樊哙，并想把樊哙斩首。但陈平接到命令并没有立即执行，觉得刘邦命不久矣，为了给自己留条后路，就把樊哙解赴长安。刘邦病情迅速恶化。吕后请来的名医频以"皇上之病必将痊愈"的话作为激励，躺在病床上的刘邦却无力地摇摇头说："我的命有天注定。再厉害的医生在命运之前也是没有办法的。我出身卑微能以三尺剑取得天下是命，同样，因病而亡也是命。你们不用再为我操心了。"说完赏给医生黄金五十两，让他们回去。

公元前195年五月，刘邦驾崩。皇太子刘盈即位，吕雉称太后。刘邦的死救了樊哙一命，吕后赦免了他并恢复了他的爵位和封邑。刘邦死后，因刘盈软弱，实际上掌权的是吕后。于是她开始大开杀戒，首先被干掉的，就是当年撺掇刘邦换太子的戚夫人母子。

吕后下令将戚夫人关到永巷——又称"冷宫"，罚她整日做舂米的苦活。舂米是将大石臼里放上稻谷，双手用石杵不停地捣，直到稻谷外壳脱尽，捣成大米。戚夫人自从跟了刘邦之后哪里受过这种委屈，一夜之间就从夫人变成了苦役犯，这种地位的落差让戚夫人无法释怀，于是在舂米时自己编了首歌，歌曰：

子为王，母为虏，
终日舂薄暮，常与死为伍！
相离三千里，当谁使告女（汝）？

很快就有人把这事报告给了吕后，吕后勃然大怒，决定把戚夫人母子俩来个斩草除根。

吕后打算把刘如意骗回来再杀掉，多次以中央的名义下令给刘如意让他到长安来述职，但是都被周昌拦下了。吕后三番五次请不来刘如意，于是大怒，使出调虎离山之计，先召周昌进京。吕后召刘如意进京，周昌可以抗命，但召他进京，他却不好抗拒。周昌到了长安，拜见吕后。吕后以前曾因周昌坚决反对刘邦改立太子而下跪感恩，然而，此一时，彼一时也，这一次，她却对周昌一肚子怨恨，当面问他："你几次拦着不让刘如意来长安，是想跟我作对吗？"

周昌答："赵王年幼，先帝把赵王托付给我，我有责任保护他的安全，我只遵从先帝的遗命！"吕后无言以对，派使者召刘如意来京。刘如意当时只有十三岁，还是个孩子，失去了周昌的保护，无人为他做主，只好随使者进京。

刘盈是个性格温厚的人，他并没有因为刘如意曾经差点替代他而怀恨在心，吕后把刘如意请来的目的他也清楚，因而处处设法保护刘如意，整天跟刘如意同食同宿，形影不离，让吕后没有下手的机会。然而，刘如意还是没能逃脱注定的命运。

公元前194年十二月的一天，刘盈早起出宫射猎，刘如意年幼贪睡，不能早起，刘盈见他睡得正香，就没喊他。吕后得知刘盈不在刘如意身边，立即派人带着毒酒，来到刘盈的寝宫，把正在酣睡的刘如意喊起来，将毒酒强行灌入。等到刘盈打猎归来，刘如意已七窍流血而死。周昌因未能完成刘邦交给他的使命，心中愤懑，从此称病不再上朝，不久抑郁而死。

毒死刘如意后，吕后开始折磨戚夫人，派人砍掉她的手足，挖掉她的双眼，用毒烟把她的耳朵熏聋，逼她喝下哑药，然后把她扔进厕所。昔日刘邦宠溺的绝色美女，变成了一截血肉模糊的"人彘"。不仅如此，吕后对自己的所作所为十分得意，竟让人去参观"杰作"。刘盈一时好奇也跟着去了，一进去看到一个肉团缩在墙角，面如鬼魅，不禁毛骨悚然，惊问陪同的宦官："那是何物？"

宦官低头小声答曰："回殿下，那是戚夫人。"刘盈当即吓哭，说："这太残忍了，作为太后的儿子，这让我怎么治理天下？"刘盈受此刺激，从此病倒，年余不起。刘盈后来病情略有好转，但却整日沉湎酒色，七年后病逝，年仅二十三岁。

解决完戚夫人母子后，吕后的下一个目标是刘邦的长子刘肥。刘肥是刘邦与吕后婚前与情妇所生，被封为齐王。除掉戚姬母子的第二年，刘肥进京朝见皇帝，刘盈觉得他是兄长，设宴时让他坐在上首，刘肥也大大咧咧地没有推辞。吕后见了大怒，暗中令人斟了两杯毒酒端到刘肥面前，让他起身敬酒，不料刘盈也端过一杯，要和刘肥一起向吕后敬酒。吕后大惊，慌乱之间伸手打翻了刘盈的酒杯。刘肥顿时觉得有点不对劲，放下酒杯找了个借口就跑了。跑回齐地后刘肥越想越觉得后怕，后来依手下人之计，先跑去鲁元公主那里要认她做干妈，接着又把自己的一个郡献给鲁元公主做私邑，吕后这才善罢甘休。

刘友是刘邦的第六个儿子，原被封为淮阳王，刘如意被害后，迁封为赵王。吕后为发展吕氏家族的势力，将自己的侄女嫁给刘友为王后，吕后的侄女估计脾气也不太好，飞扬跋扈，刘友没办法喜欢她。吕后侄女气恼之下，跑回京城，向吕后告状，说："赵王扬言'吕氏家族凭什么得王位，等太后死了，我一定把他们杀光！'"吕后大怒，把刘友召到长安将他软禁起来，并断绝粮食。刘友饿死在软禁之所，以平民礼节下葬，谥号幽王。

刘邦的另一个儿子刘恢，初封梁王，刘友死后，改封赵王。封梁王的时候他还是个小孩子，突然改封赵王刘恢心里不痛快，主要的原因是赵地前两任王都死于非命，他害怕自己也步他们后尘。吕后又下令让他娶侄子吕产的女儿为王后，这位吕王后得到太后的支持，根本不把刘恢放在眼里，不准刘恢跟其他王妃亲近，也不让刘恢去看自己的女儿。终于有一天刘恢忍不住了，跟这位王后干了一架。后果很严重，刘恢的宠妾和女儿被吕后侄女派人暗杀，一气之下，刘恢上吊自杀了。

除了刘邦的儿子遭殃之外，他的孙子也有倒霉的。刘建也是刘邦的宠妾所生，燕王卢绾叛逃匈奴后，刘邦封刘建为燕王。刘建命短，刘邦死后三年，他也死了，吕后于是派人将他唯一的儿子杀死，使他绝嗣，然后封侄子吕台之子吕通为燕王。

周勃、陈平诛诸吕

汉惠帝刘盈时期，提拔曹参为丞相，萧规曹随，政治清明，国泰民安。一系列休养生息的政策，推动了经济的发展。在思想和文化方面，打破了秦时禁锢，开放了各种思想发展的大门。刘盈死后，太子刘恭继位，但他并不是刘盈的儿子。

吕后强势，刘盈的媳妇也是她给安排的。为了巩固吕家的势力，吕后把亲外孙女张嫣嫁给了自己的儿子，刘盈迫于压力只能接受。吕后本打算皇后张嫣能给她生个孙子，可刘盈对张嫣却始终没有感觉，两人之间虽然有夫妻名义，但没有夫妻的情分，直到刘盈去世也没能留下一儿半女。吕后没有办法，就找了刘盈跟宫女的儿子刘恭冒充张嫣的儿子，并立他为太子，当然宫女被砍头了。

刘恭当上了皇帝之后，吕雉成为太皇太后，临朝听政，大肆封侯，并分封吕姓诸王，极力扩展吕氏势力。

吕后封高祖的功臣郎中令冯无择为博城侯；鲁元公主去世后赐谥号鲁元太后，封她的儿子张偃为鲁王；封齐悼惠王刘肥的儿子刘章为朱虚侯，并把吕禄的女儿嫁给他做妻子；封齐国的丞相齐寿为平定侯，封少府阳成延为梧侯。接着封吕种为沛侯，吕平为扶柳侯，张买为南宫侯。

太后封诸吕为王，又封惠帝后宫妃子所生的儿子刘强为淮阳王，刘不疑为常山王，刘山为襄阳侯，刘朝为轵侯，刘武为壶关侯，封郦侯吕台为吕王。建成侯吕释之去世，继承侯位的儿子因为有罪而被废除，就封他的弟弟吕禄为胡陵侯，作为继承建成侯的后代。公元前 186 年，常山王刘不疑去世，封他的弟弟襄阳侯刘山为常山王，改名刘义。十一月，吕王吕台去世，谥为肃王，他的儿子吕嘉接替为王。吕家的权势越来越大，就连樊哙的老婆吕媭居然都封了侯爵，这可是历史上第三位女侯爵，虽然她并没有立下什么功劳。

吕后封吕姓族人为王的时候，右丞相王陵曾经跳出来反对说："当年高祖曾杀白马，和大臣们歃血为盟。'非刘氏弟子却称王的，天下共诛之'。如今要封吕氏为王，岂不是违背誓约？"吕后听了非常不高兴，又去问左丞相陈平。陈平不想招惹吕后，便迎合说："如今太后代行天子之职，封诸吕为王当然也是没有问题的！"吕后点头称赞，吩咐退朝。

王陵对陈平见风使舵的行为非常生气，退朝后，大骂陈平等人："当初高祖皇帝歃血为盟的事情，你们都忘了吗？如今，高祖不在，掌权的是女主，难道你们纵容她的私欲吗？你们死后还有何颜面去见高祖皇帝啊！"

陈平回答说："在朝廷上据理力争，我说不过你。可是你以为我是因为贪生怕死才附和吕后的吗？我不过是想保全大汉天下，安定刘氏后代啊！"王陵无话可答，因为得罪吕后，他被免去右丞相职位，名义上被拜为太傅。王陵气不过，便称病免职告老还乡。陈平升为右丞相，审食其为左丞相。此时，相国萧何已于惠帝二年死去，其继任者曹参也于在职三年后去世。张良于功成名就之后引退，刘邦死后，吕后逼着张良放弃"辟谷"，并说道："人生于世间，犹如白驹过隙，刹那间便成过去，何必如此自讨苦吃。"八年后，张良病死，儿子张不疑嗣留侯爵位。

随着时间的推移，少帝刘恭有一天得知一个消息：原来自己的生母早就被吕后害死了，自己也并非皇后张嫣亲生的。刘恭一时激动就口出狂言："皇后怎么能把我的母亲杀死之后，还说我是她自己的儿子呢？我现在还小没有能力，等长大成人后，一定要复仇。"公元前 184 年，吕后得知刘恭的想法后，囚禁他于永巷（当年关戚夫人的地方），对外声称皇帝重病，拒绝接见任何人；又说皇上重病，无法治理国家，应有人接替。于是，刘恭被废黜，最后处死，随后立常山王刘义为皇帝，改名叫刘弘。按正常来说，新帝上台要改称元年，然而因为是吕后称制所以这次换帝并没有更改年号，改封轵侯刘朝为常山王。设置太尉的官职，绛侯周勃当了太尉，相当于全国武装部队总司令，虽然不能控制南北禁军，不过也算是手握军权的实力派。

在吕后害死了无数王族诸侯之后，陈平跟陆贾商量，说这样下去不行，大汉后代危矣。于是他们跟周勃统一了战线，决定要对抗吕氏家族。当年刘邦病危的时候，曾拒绝太医治疗，称人命由天定，如今吕后也逃不过这命中注定的生死轮回。吕后在执政八年之后，突然病倒，大概是人的年纪大了，比较怕死，吕雉也不例外地开始害怕了。都说人之将死，其言也善。再坏的人，临死的时候，总会有所悔悟。

吕雉是个心狠手辣的女人，但也并非坏得彻底。病重的吕雉怕她死后，大臣们不服吕氏掌权，便封了张偃的儿子为侯，张偃便是鲁元公主和张敖的儿子。吕后弥留之际叮嘱家人：皇帝年幼，千万要提防朝臣们兵变。我死后就不要给我送葬了，你们要做的是把守好宫室，一定要挟制住皇帝。没想到吕雉死后，真的没有人给她送葬，曾经威风八面的皇后、曾经叱咤风云的皇太后、曾经风光无限的女人，就这样凄惨冷清地告别了这个世界。

吕禄和吕产等到吕后死了之后，就想要发动政变，夺取刘家的江山。然而变化总比计划快。吕雉以为把吕姓男人都封王封臣，吕姓女人都嫁给刘氏家族盯梢，就无后顾之忧了。但是，就是这招让吕后搬起砖头砸了自己的脚。吕禄的女儿担心吕雉死后，自己的父亲会被诛杀。因此，父亲这边一有风吹草动，她就赶紧给朱虚侯刘章汇报，刘章又立即将消息飞报给了哥哥齐王刘襄。一时之间风起云涌，大乱将起。刘章率先发起了诛吕兵变，刘襄也传檄天下。吕产看事情不妙，派灌婴迎击刘襄。灌婴其实是对刘氏忠心耿耿的，不欲助吕氏消灭刘姓皇裔势力，于是按兵荥阳，并和齐王约定，在诸吕反叛时联兵讨伐。

当时吕氏兄弟统领南北军，绛侯周勃就与丞相陈平商定一个计策，派人劫持了吕禄好友郦寄的老爹郦商，让他儿子郦寄去劝诫吕禄交出兵权。吕禄对老友深信不疑，为友所卖，交出了兵权让周勃得以入主北军。同时，吕产不知吕禄已离开北军，进入未央宫，后被朱虚侯击杀。诸吕势力很快就被周勃等人铲除。

吕氏家族很快就覆灭了，为了消除隐患，以周勃为首的大臣们想出了一个与吕雉不相上下的狠招：说刘弘不是刘盈的亲生儿子，将他赶下皇座，他的嫡母张嫣则被打入冷宫。不久刘弘和妻子被暗杀。至此，与吕氏家族有关联的最后一丝血脉被斩断。

吕后虽然为人狠辣，但在她当政的十五年中，由于继续推行刘邦的休养生息政策，实行了一系列德政：

1. 诏令各郡县勉励优秀农户，减轻赋税，改秦税十收其五为十五税一。

2. 既往不咎，允许以往逃避山林、湖泊和迁徙他乡的农民回到家乡，并归还田宅，官吏不得因其过去有不法行为打骂或歧视。

3. 释放奴婢，回乡从事农耕，官吏不得干涉。

4. 裁减大批军官士卒，转业还乡，优先给以土地，妥善安置。

5. 大赦天下，废秦时因株连而夷三族罪和“妖言令”等苛法。

6. 对匈奴采取和亲政策，使边境安定。

这些政策的实施缓和了当时社会中的矛盾，刺激了生产发展，增强了汉王朝的国力，为后来的文景之治打下了基础。

第三章 无为而治的文景盛世

汉朝在汉文帝的经营下，生产力日渐恢复，经济迅速发展，出现了自先秦以来多年未见的稳定富裕的景象。人们的生活水平得到了提升，同时汉朝的物质基础也在逐渐巩固。因此，历史上将汉文帝、汉景帝统治的时期称为“文景之治”。汉文帝创下了很多“第一”，他创造了中国第一个治世，是历史上第一个文帝，第一个在位二十年以上的皇帝，第一个“兄终弟及”的皇帝，第一个拨乱反正后拥立的皇帝，第一个崇尚节俭的皇帝……然而他在历史上的知名度却很“低调”。

第三章
无为而治的文景盛世

迎文帝，开盛世

吕产、吕禄被干掉后，为了断绝后患，周勃开始大开杀戒。不论是朝堂要员，还是九品芝麻官；不论是年逾古稀的老者，还是黄口小儿。只要是吕家人，就一个字：杀。这都是跟吕后学的。吕后当初一个接一个地干掉刘氏子孙的时候，可是眼睛都不眨一下的。这也算是“善有善报，恶有恶报，不是不报，时候未到”。

虽然审食其是吕党众人，但他毕竟是高祖时期的老臣，而且多次帮功臣们说过好话，于是他的左丞相职位得以恢复。吕产死后，济川王刘太担任梁王，随即请求齐国撤兵。因为郦商之子郦寄在这个事件中功劳重大，于是准郦商继续维持爵位，但是不久郦商就去世了，其子郦寄继任为曲周侯。

可以说，功臣党在陈平和周勃的领导下，已经控制了关中的情势。接下来最重要的事情就是找到继任者。

高祖刘邦的八个儿子中，活着的只有代王刘恒和淮南王刘长，只有这两个人有资格成为候选人。刘恒为四子，刘长则为七子，这两个人的差异比较明显。代王刘恒是很有慈悲心的人，且为人宽厚；两相比较，淮南王刘长则欠稳重，且为人甚为骄傲。倘若一定要从高祖遗子之中选择皇帝，代王刘恒自然是第一人选。但也有人提出不同意见：“先帝既殁，是否可以考虑高祖之孙为皇帝？”依此说法，齐王刘襄是高祖嫡系长孙，似乎可以作为皇帝候选者。何况这一次因不满吕氏专横，诸侯当中首先起义的便是齐王。他不仅是嫡系长孙，更有功绩在身。于是，大家决定从代王和齐王这两个人中做最后选择。

陈平认为，要立高祖子嗣中最年长和贤能者为帝。随即就有大臣提名齐王刘襄。就在这时，琅琊王刘泽因为刘襄曾经欺骗了自己，就站出来反对，他还以齐王可能会重蹈吕氏的覆辙为由，坚决反对让齐王继位。这时有人提出了代王刘恒。

刘恒是刘邦的第四个儿子，是薄姬所生。薄姬原是吴国人，原先是吴国魏豹的老婆。后来魏豹战败，做了刘邦的俘虏，薄姬以战利品的身份被刘邦纳入后宫，由于后宫女人太多，刘邦并没有在意薄姬。

一日，刘邦在宫中与她偶遇，便提拔她为“姬”，很快，薄姬就为刘邦生下了一个儿子，就是刘恒。薄姬是个聪明的女人，她见吕后狠辣，就主动提出远离京城，去往封地。代地，包括现在的河北省西北部和山西省北部，属寒冷地带，是防御匈奴进犯的要塞。其他皇子都嫌此地艰苦，不愿意去。她又恳求吕后，让她与刘恒一道去代地戍边，吕后鬼使神差地居然答应了。

事实证明，由于远离宫廷，刘恒母子没有遭到吕后的打击，在戚夫人和其子赵王如意被害时，刘恒在代地自由自在地成长着，成为一名性情宽厚、性格坚韧的英俊少年。最后，因为薄姬出身贫寒，且素来谦卑节俭，再加上刘恒是刘邦直系亲属中辈分最高、年纪最大且一向有宽厚之心，大家决定拥立代王刘恒。

刘恒接到拥立他为皇上的文书之后，立刻把群臣召集过来商议。朝堂上分为两派，一派认为汉室还没有稳定，那些大臣不过是惧怕高皇帝和吕太后的威严，才准备立刘恒为帝，另一派则认为现在政权已经稳定，可以胜任皇权。双方展开了激烈的辩论。最后，刘恒决定先让舅舅薄昭到长安打听下实际情况。在走到离长安城五十里的时候，他再次派属下进城打探。当看到大臣们都在城里迎接，他才放心地入宫，这时是公元前 179 年。

刘恒入住未央宫，随后封宋昌为宿卫将军，让他带领南北禁卫军团，与郎中令张武一起负责皇宫里的行政工作。随后举行了朝仪，大赦天下。

刘恒是历史上著名的“二十四孝”中唯一以皇帝身份载入的人。刘恒登基为帝后，母亲薄氏卧病三年，刘恒不顾自己帝王的身份，常常目不交睫、衣不解带，亲自侍奉母亲。母亲所服的汤药，他总要亲口尝过才放心让母亲服用。作为皇帝，他只要一声令下，不知有多少人愿意前来伺候，但他却选择亲自照顾，唯有如此，才显示出他孝的真心。俗语说：“忠臣孝子人人敬，佞党奸贼留骂名。”刘恒的做法得到了众多臣子由衷的拥戴，也为他开创“文景之治”打开了局面。

轻徭役，薄刑罚

刘恒虽然是捡了个便宜，阴差阳错地当上了皇帝，但他知道自己的皇位得来不易，所以即位后做了一系列巩固政权的决定。先是任命心腹负责守卫皇宫、京城，从根本上保证自己的人身安全；然后把推举他做皇帝的功臣们也都一一予以封官、晋爵、赏赐；同时也恢复了曾被吕后贬斥的刘姓王的称号和封地；曾经跟随高祖刘邦的开国功臣们也都分别得到了赏赐、分封。这些举措都使文帝的帝位得到了进一步的巩固。

除了运用拉拢的手段巩固权势外，汉文帝对当年拥护自己的大臣也使用了打压的手段，大臣周勃就是一个例子。周勃祖先为卷（今河南原阳西南）人，后徙居沛（今江苏沛县），跟刘邦是老乡。他出身贫苦，早年以编织养蚕的器具为生，常以吹箫助人料理丧事。后来，跟随刘邦几乎参加了秦末汉初的所有军事行动，灭秦、征项羽、平定内乱、防御匈奴。周勃为人质朴，不善言辞，但带兵打战却很勇猛。汉高祖刘邦临死前，吕后询问丞相人选，高祖曾说："周勃重厚少文，将来安定刘氏天下的一定是他，可以任为太尉。"高祖死后，周勃便以列侯的身份侍奉汉惠帝。

文帝即位后，周勃为右丞相，食邑一万户，位在左丞相陈平之上，但他不熟悉丞相职守。有一天，汉文帝找周勃聊天，想了解一下百姓的生活水平，就问，全国一年大概要审理多少案件呢？周勃想了想，回答不知道。汉文帝又问，那么全国每年的收入和支出的比例大概是多少呢？周勃急得出了一身汗，还是答不出来。汉文帝又问陈平同样的问题，陈平回答："这事情有专门的人管理，审理案子的是廷尉，财务方面的事情有内史，陛下想要知道可以去问这些人。"周勃当时就自叹不如，回去以后称病辞职。大概是感受到了汉文帝的用意，周勃辞职后把增封受赐的财产都送给了汉文帝的舅舅薄昭。

不久，陈平死，周勃只好复出。结果没过多久又被罢免，遣归封国。周勃怕文帝杀他，在封国时经常身穿甲胄，令家人执持兵器。有人告发他企图谋反，结果被廷尉逮捕下狱。这时候薄昭在薄太后面前为周勃说了好话，又因周勃长子周胜之的妻子是文帝的女儿，所以周勃最后得以赦免，于是又回到封国，但未再受重用。文帝十一年（公元前 196 年）死，谥武侯。

汉文帝在政治方面推行"黄老之学"为主要治国方针，多次下诏劝课农桑，颁布减省租赋诏令。公元前 178 年和公元前 168 年，两次"除田租税之半"，即租率从汉初的十五税一减为三十税一。公元前 167 年，还曾全部免去田租。此后，三十税一遂成为汉代定制。算赋（秦汉时政府向成年人征收的人头税）由过去每人每年一百二十钱减至四十钱，徭役也由一年一服减至每三年服役一次。农业的发展使粮价大大降低，文帝初年，粟每石仅十余钱至数十钱。此外，文帝还下诏"弛山泽之禁"，即开放国有山林川泽，允许人民渔猎采樵，从而促进了农副业的发展。

文帝对农业非常重视，认为农业是天下的根本。为了劝农耕种，他在春日亲自扶犁耕地，以作表率。他还采纳晁错的建议，允许天下人以粮食换取爵位，或者用粮食来赎罪，大幅度减轻徭役，并在公元前167年，即文帝十三年，免除了农民的赋税，赢得万民称颂。

汉文帝还对苛刻的秦律做了改变，废除连坐法，又将黥、劓、刖等几种酷刑，改为笞刑和杖刑。秦法规定，只要犯罪，就没有刑期，得终身服劳役。文帝则重新制定了法律，根据情节轻重，规定服役期限；罪轻的甚至可免为庶人。文帝在废除连坐法的时候，遭到了陈平和周勃的反对，说："连坐法是平民之间相互制约和杜绝犯罪的法律，历朝历代沿用，怎能废除呢?"但文帝一直坚持自己的意见，陈平、周勃只好执行，将连坐法废除了。

汉文帝废除肉刑还有一个典故。据说当时有个读书人叫淳于意，此人刚直不阿，不愿与腐败的官僚为伍，辞去太仓令的官职做起了普济天下的医生。在一次治病时，他得罪了一位有权势的人，被告误诊害死人命。按当时的法律，淳于意当判"肉刑"，这是一种非常残酷的刑罚，或脸上刺字，或割去鼻子，或砍去左足或右足。淳于意整天唉声叹气，这时他的小女儿淳于缇萦自告奋勇要解救父难。她随父到长安受刑，托人写了一封奏章，到宫门口递给守门的人。汉文帝听说奏章是一个小姑娘写的，就拿过来看，看完之后被缇萦的孝道所感动，召集大臣发布命令，废除了残忍的肉刑。缇萦救父的典故从此就流传开来。

汉文帝并非一个只会孝敬自己母亲的人，他是一个对普天之下的百姓都心存孝道的人。汉文帝登基的第一道圣旨是"大赦天下"，并不新奇。第二道圣旨"定振穷、养老""令四方毋来献"则是很多皇帝做不来的。第三道圣旨规定："对八十以上的老人，每人每月可以赐给米一石，肉二十斤，酒五斗；九十以上的老人，每人再加赐帛二匹，絮三斤。赐给九十岁以上老人之物，必须由县丞或者县尉送达。"

汉文帝还是个生活简朴的皇帝。在位期间，他要求官员不得以任何形式扰民。在继位的第二年，他让审计部门清点长安的公用马匹，将多余的畜力划拨到驿站。他自己身体力行，厉行节约，宫殿是旧的，不再装修；

御花园不再扩建。有一次文帝曾想建造一个宴会用的露台，让工匠估价的时候，知道需要花费黄金百两，他立刻中止了这项计划——黄金百两等于十家中等家庭的财产，这样的东西不建造也罢。除了这些大方面要节约，连当时后宫女性的裙子长度都要控制，不准许裙长到拖地的程度。虽然穿着长裙更能显示优雅气质，但这是一种浪费，不符合节俭的文帝的作风。此外，文帝也一概不准许宫殿内的窗帘施以刺绣。中国历代皇帝在即位的同时，就开始营造自己的陵墓。文帝当然也不例外，不过，他绝不以金银铜锡等豪华金属装饰陵墓，他使用的尽是瓦器。因此，文帝之墓霸陵在汉朝历代皇帝的陵墓中最为朴素。

公元前 168 年，汉文帝在全国废除关卡制度，使商品能够在更大范围内物畅其流，富商大贾周游天下，加强了各地区间的经济往来，有力地促进了农业生产和商品经济的繁荣。这也使得文帝时期的社会财富积蓄很快，户口也增加很快，呈现出家给人足、国家富裕的喜人景象。

安抚南越，备战匈奴

南越国，又称为南越或南粤，是约公元前 203 年至前 111 年存在于岭南地区的一个国家，都城位于番禺（位于今广东省广州市），全盛时疆域包含今天中国广东、广西的大部分地区，福建的一小部分地区，海南、中国香港、中国澳门以及越南北部、中部的大部分地区。

南越国早于西汉一年建立，始建于公元前 203 年，建国者系秦朝平定岭南的将领，后任南海郡下属龙川县令的赵佗。秦末陈胜吴广起义、天下大乱，赵佗趁机拥兵自立，建立南越国。

汉高祖时期，曾派陆贾出使南越，任务是让赵佗对汉朝称臣。陆贾初到南越国时并不顺利。一开始赵佗对陆贾的来访采取避而不见的策略，让陆贾在番禺城外等了一段时间。后来赵佗不得已接见陆贾，态度又很傲慢。他“魋结箕踞”见陆贾，即头发束成一撮，竖在头上，伸开大腿，像簸箕一样坐在大殿里。有丰富谈判经验的陆贾对赵佗的无理并未表示不满。他不动声色，先从南越与中原的关系作为开场白：“你本是中国人（指中原地区），亲戚兄弟、祖先坟墓都在河北真定（今河北正定）。而今你一反天性，背叛父母之国，不念祖宗，放弃中国的传统装束，想要靠区区弱小的南越跟天子对抗，你这样做怕是要惹祸上身的。自从秦王朝失去控制，诸侯豪杰纷纷起来，只有汉王刘邦率先入关，占领咸阳。而后仅仅五年时间天下平安。这不是人为的力量，而是天意如此。如今，你却想要凭借基础未稳的南越，与汉朝对立。汉朝廷如果得到报告，恐怕要挖掘焚烧你祖先的坟墓，然后大将率领十万人马南下进攻，到时恐怕你招架不住。”

陆贾一番话打动了赵佗，因为他最担心的就是自己的统治地位，于是他对陆贾表示了歉意，自称居南越蛮夷时间较长，不太懂中原的礼仪。最后，赵佗接受了汉朝的册封，“愿奉明诏，长为藩臣”。赵佗钦佩陆贾的才干和“威仪文采”，挽留他在岭南住了几个月，并对陆贾说：“南越这个地方，我连个谈话的对手都没有，自先生来此，让我听到许多闻所未闻的新鲜事。”陆贾临走之时，赵佗送陆贾价值二千金的财物，算是饯行。

陆贾出色地完成任务回到长安，刘邦很是高兴，升陆贾为太中大夫。赵佗接受汉朝的册封，南越国也就正式成为西汉的一个诸侯王国，从此开始了南越国首次臣服汉朝的时期。

刘邦死后吕后执政，便开始与南越交恶，对南越国实行了经济封锁和武器禁运，禁止南越国周边的诸侯国与南越国进行盐铁贸易，给南越国的经济造成了很大困难。作为南越国最高统治者的赵佗对吕后此举极为不满，但他是个明白事理的人，此时如果硬碰硬肯定不是明智的举动，于是派人向汉廷解释，请求吕后不要赶尽杀绝。但是吕后根本听不进去，反而态度很强硬地扣留了赵佗派去的三位南越国官员，更过分的是，还派人挖了赵佗在河北的祖坟。

赵佗一气之下自立为南越武帝，与汉朝廷分庭抗礼。吕后有能力惹事没能力摆平，这反倒成全了南越，南越国此后在赵佗的经营下达到最强盛时期，闽越、西瓯、骆越曾一度舍汉朝而认南越为宗主国。

汉文帝登基后，纠正了吕后的错误决定，恢复执行高祖时期对南越的优抚政策。公元前179年，汉文帝下诏请已经告老还乡的陆贾为太中大夫，带着诏书和厚礼再度去见赵佗。汉文帝的诏书情辞恳切，多慰勉而少指责，可说是动之以情，晓之以理。

赵佗也是性情直率的人，而且也没有雄霸天下的野心，就想守着自己的南越国好好过日子。读了诏书后，赵佗立即表示“愿奉明诏，长为藩臣，奉贡职”。陆贾顺利缓和了南越和汉之间的紧张关系，带着赵佗给汉文帝的回信和大批贡品，回长安复命。

陆贾第二次出使，赵佗再次对汉称臣，南越国与汉朝恢复了以前的关系。南越国虽然在名义上又成了汉的诸侯国，但在南越国内，赵佗仍以武帝自居，“窃如故号名”，而汉文帝表面上对南越采取怀柔政策，实际上并没有对其放松警惕。但无论如何，这次出使结束了汉朝和南越的敌对状态，恢复了友好往来和双边贸易，这对汉越双方都是利大于弊的。

安抚完南边的南越，汉文帝把目光转向了北方的匈奴。对于匈奴，汉文帝一方面采取老办法“和亲”，在不断地将汉朝公主嫁到匈奴去的同时，还将内地人口迁往边疆，发展当地经济，保证边疆的兵力补给。另一方面，采取晁错的建议，“募民徙塞下”，积极建立防御政策，将一些奴婢、罪犯和平民迁徙到边塞屯戍，编以什伍，亦农亦兵，开后世屯田之先河。虽然匈奴屡次违背约定出兵犯边，但汉文帝以守为原则，很少主动挑事。公元前177年五月，匈奴右贤王又至上郡杀掠吏民，抢掠牲畜，文帝忍无可忍了，派丞相灌婴率八万轻骑逐匈奴于塞外，这是文帝时期唯一一次对匈奴的战争，取得了全胜。以汉当时的国力，未必打不过匈奴，但是国内刚安定，战争只会影响经济的发展，因此汉文帝只是命令边郡严饬武备。他甚至亲自出巡边境军营，检阅军队，却不轻易发兵。

虽然以守为主，但汉文帝对匈奴的提防一刻也没有停止过。为了对付匈奴骑兵，文帝不但鼓励民间养马，“民有车骑，马一匹者，复卒三人”，还在西北边境设立了三十六个牧马场，从事牧养的军卒达三万之多。这样做不仅是为警示匈奴，也是在为将来与匈奴的战斗储备力量。

邓通得宠，亚夫获赞

当年刘邦和项羽争皇帝争得你死我活，可汉文帝刘恒有一次却要把皇位让出来。刘恒当上皇帝后，派人去接他的老婆孩子，在回长安的途中，他与发妻所生的四个儿子突然死了。这让刘恒悲痛至极，他认为这是天意，要是他不当皇帝或许孩子们就不会死。于是，刘恒就对大臣们说要把皇位让给别人。大臣们好说歹说，这才打消了他的念头。

刘恒的皇后窦猗房出身贫寒，汉惠帝时，她以家人子的身份应召入宫，侍奉吕后左右。吕雉为了巩固自己的权位，便以送美人为名，将自己的侍女送到各个刘氏王族身边充当间谍，窦猗房就这么被送给了当时还是代王的刘恒。并且她运气相当好，当初吕雉把她送给刘恒不久，代王后就患麻风病去世了，于是刘恒对她一见钟情，而且很专情。刘恒称帝后，代王后留下的四个儿子又相继病死。就这样，窦猗房的儿子刘启成了长子，母凭子贵，窦猗房自然也就成了皇后。

窦猗房与文帝的感情相当好，直到中年仍是如此，薄太后为他挑选的美女也都被以浪费国家财产为由遣送回了家。变故在窦猗房大病一场后发生。窦皇后四十多岁的时候生了一场大病，而后视力下降，估计整个人的状态也不好，于是文帝逐渐开始冷落她，而宠幸慎夫人和尹姬。

一天晚上，文帝刘恒做了一个梦，梦到自己在南天门口怎么也上不去，这时，有个头戴黄帽的人在背后推他，终于使他登上了天界。他回过头来看推他的人，发现那人头戴黄头巾，衣服在背后打了个结。文帝正想叫住他，却被鸡鸣声吵醒了。

能升天是好事啊，于是刘恒赶紧派人根据自己梦到的情形去找把他推上天的人。人很快就找到了，就是邓通。自此，刘恒开始对这个梦中情人情有独钟。

邓通是西汉蜀郡人，其父亲邓贤生逢高祖刘邦开国初年，避开了秦末的战乱，家道殷实。邓贤的老婆在生了三个女儿后，终于生下了一个儿子，取名邓通。邓通的名字还有一个来历，当时村北南阳郡到汝南郡的官道才修通十多年，活了半辈子的邓贤方才见到驿骑飞驰、四方辐辏，就为儿子起名叫“通”。幼年的邓通读经习文之余，除到村北的官道边看车马外，更多的时候是去水深草丰的南河西水中戏耍、摸鱼、捉虾，时间一长，学习成绩不见起色，倒是练就了一副弄水撑船的好身手。因为邓通擅长摇船划桨，就被选到宫里当了御船的水手。因为当时的社会很迷信，讲究五行相生相克，土能克水，所以摇船的郎官都头缠黄布，俗称“黄头郎”，就是这块黄头巾给邓通带来了好运。

邓通生性老实本分，为人低调，不喜欢外交，就连汉文帝放他休息准许外出，他都不出去，文帝更加觉得这个人可靠，就封邓通为上大夫。有一次，文帝让当时非常有名的算命先生许负去给邓通相面，许负相面后对文帝说：“邓通这个人将来要贫饿而死。”汉文帝听了很生气地说：“有我在，怎么会叫他受穷呢?”于是，文帝下令把蜀郡严道的一座铜山赐给邓通，允许他自己铸造铜钱，很快邓通因铸钱质优而让邓氏钱遍布于天下，其富裕程度完全可以与同一时期的汉高祖刘邦的侄子吴王刘濞不相上下，民间曾流传“吴、邓钱布天下”的说法。

邓通对于文帝的宠爱也非常感激，总想着要报答文帝。后来，文帝背上生了一个疮，脓血流个不停，当时医治此病的最佳方法就是将红肿溃烂处的脓血不断吸吮出来，一方面可以减轻患处的疼痛，另一方面也可将毒血吸出便于医治。所以，邓通就常常为汉文帝吸吮患处的脓血配合治疗，文帝因此非常感动。有一天邓通给他吸完了脓血，他问邓通："天下谁最爱我?"邓通恭顺地回答："应该说没有谁比太子更爱陛下的了。"文帝听了以后没有说话。正巧有一次太子刘启来看望文帝，文帝就表达了想让太子给他吸吮脓血的想法。太子左右为难，最后狠下心给汉文帝吸吮了几口脓血，一副难以忍受的样子。文帝看太子那副模样不由得感叹道："邓通比太子更爱我啊!"太子听了心中感到很惭愧，但跟邓通的仇也从这时候结下了。

文帝死后，刘启即位，史称汉景帝。景帝自然对邓通没什么好感，免去邓通的官职，让他回家养老。后因被举报私自铸钱，景帝下令没收邓通家的所有钱财，文帝的长女刘嫖于心不忍，经常念叨邓通对汉文帝的忠诚，并记下了汉文帝对相面人说的话，所以赏赐了一些钱物给邓通，但都被便衣官吏没收，就连邓通身上稍微值钱一点的发簪也给搜走了。长公主无可奈何，只好采取"借"的方式，下令接济一些衣服、食物给邓通，以维持邓通一些日常的基本需求。不过，最后邓通还是如卦象所言，在饥寒交迫中死去。

公元前 158 年冬天，匈奴大举内犯，烽火直达甘泉（今陕西淳化西北），汉文帝除发兵赴边抗御外，又派出三支部队驻扎在长安城外。以河内太守周亚夫为将军，屯兵细柳（今陕西咸阳西南）；以宗正刘礼为将军，屯兵霸上（今陕西西安东）；以祝兹侯徐厉为将军，屯兵棘门（今陕西咸阳东北）。

周亚夫是大将周勃之子，俗话说，虎父无犬子，周亚夫从小习武，带兵打仗很有一套。上任之后，周亚夫首先统一战士们的思想，要有"无日不战"的觉悟。为此，他从严治军，规定在值勤和训练时，士兵必须身披铠甲，手持兵器，严阵以待，以便一旦有警，即可挥戈上阵。

一次，文帝为了激励士气，亲往边境慰劳将士。文帝先到霸上和棘门，未遇任何阻拦，直驱而入营中，两营主将刘礼、徐厉等亲自迎送，殷勤备至。随后，文帝一行来到细柳，只见营门紧闭，将士们头戴头盔，身穿铠甲，剑拔弩张，壁垒森严，一片临战气氛。文帝的导驾官见状，即高声喊叫："天子驾到！"喝令开门。但守卫军门的军官却不为所动，朗声回答："周将军有令，军中只听从将军的命令，不尊奉天子的诏书。"文帝只得派遣使者，手持皇帝的印信进营告诉周亚夫："皇上想进入军营慰劳将士。"周亚夫这才传令打开营门接驾。文帝的车队进入营门后，守门军士即告诫文帝随从说："周将军有令，为保持军中肃静，营里不得纵马驱驰。"文帝的车队只得缓辔徐行。来到中军帐前，周亚夫戎装佩剑，从容出迎，拱手一揖请示："臣作为陛下任命的将领，身穿军服，佩戴盔甲，不宜跪拜，请允许我按照军礼拜见皇上。"文帝一见这等肃穆的场面，即按军礼的规定，俯身手扶车前横木，以示对周亚夫的敬意，并派随从向周亚夫致礼："皇帝敬劳将军。"礼毕之后即起驾回宫。

在视察完回京途中，就有大臣埋怨周亚夫目中无人，竟敢阻挡皇上的车驾。文帝却对周亚夫赞不绝口："这才是真将军啊！如果都像霸上、棘门军那样，如同儿戏，敌人一来岂不都成了俘虏！"由此，周亚夫治军严整的美名传遍天下。

汉文帝不仅没有责怪周亚夫不敬，反而通过这件事开始欣赏他，认为他是一位可以担负重任的将领。因此，在文帝临终之时，他交代给太子刘启（即景帝）说："以后要是遇到危难，即可让周亚夫统率军队，稳定大局。"景帝即位后，遂拜周亚夫为车骑将军，而周亚夫也没有辜负文帝的厚望，在后来的七国叛乱中发挥了重要的作用。

晁错献计削诸侯

晁错，颍川（今河南禹县城南晁喜铺）人士，汉文帝时的智囊人物。晁错年轻时曾拜轵县张恢先为师，学习过申不害和商鞅的刑名学说。汉文帝在位期间，晁错进入仕途，凭着通晓典籍，在朝廷担任太常掌故职务。汉文帝听说在先秦担任过博士的伏先生对《尚书》很有研究，便下令派人前往伏先生那里学习，于是就派了晁错去。晁错学成回来后，展示了一番学到的成果，令汉文帝很开心，于是任命晁错担任太子的老师。晁错凭借过人的才华赢得了太子刘启的高眼相看，称他为“智囊”。晁错多次给汉文帝上书，建议朝廷削减诸侯势力以及修改法令，汉文帝因比较念旧，再者当时社会经济刚复苏，而削藩不可避免要引起战争，因此没有采纳晁错的建议。但是文帝很欣赏晁错的才能，将他提升为中大夫。

公元前157年，汉文帝在未央宫逝世，享年四十七岁。文帝去世后，景帝继位，晁错迎来了他政治生涯的春天。汉景帝一直很崇拜他的老师，于是晁错在一夜之间，就从八百石的“中大夫”，越级升迁为二千石的“内史”。曾经给文帝提出的那些没被采纳的建议，现在由景帝一一着手实现。然而，这也为后来的七国叛乱埋下了伏笔。

《史记》里记载“错数请间言事，辄听”，晁错总是拉着景帝讲悄悄话，然后就做出了决策，在晁错的建议下，朝廷修改了很多法令。此时，晁错是汉景帝跟前的大红人，但是这种行为破坏了君臣之间的规则，引起了其他大臣的不满。文帝时期，有一次申屠嘉入见，宠臣邓通坐在文帝旁边见到申屠嘉没有按规矩行礼。奏完正事，申屠嘉就对文帝说：“陛下喜欢臣子，可以赏赐他，让他富贵，但不能乱了朝廷的礼制。”文帝不以为意，敷衍了几句。申屠嘉却不买账，回到丞相府，下达“丞相令”召唤邓通。邓通害怕了，去找文帝，文帝说你别怕，去就是了，你前脚进丞相府，我后脚就派人把你召唤回来。结果邓通却在丞相府里磕头磕得头破血流，回来跟文帝哭诉：“丞相几杀臣。”这个讲究规矩的老臣不吃晁错这一套，终于，弹劾的机会来了。

内史府的大门朝东开，晁错可能是觉得上下朝什么的很不方便，所以在南面又开了一道门。开个门本身并没有什么，问题是要开这道门，就得把太上皇庙的围墙打穿。这种大不敬的行为普通官员是不敢去做的，但晁错敢，因为景帝把他奉为自己的偶像。

丞相申屠嘉就这件事准备“奏请诛错”。但诡异的是，申屠嘉还没上奏呢，晁错居然提前知道了，这也说明当时晁错的地位有多高，尽管他既不是三公，也不是九卿，却能连大臣上奏的事情都一清二楚。于是晁错连夜进宫，在申屠嘉上奏之前向景帝说明了情况。第二天早朝，申屠嘉话还没说完，景帝就开始为晁错打掩护，景帝说：“晁错拆掉的，只是太上皇庙的外墙，不是内墙，外墙没那么重要，而且还是我让他拆的，晁错没罪，这事儿就这么算啦。”申屠嘉气得不行，长叹说：“我后悔呀，为什么不将晁错先斩后奏呢？如今竟反受其辱！”回家后气得一病不起，呕血而亡。

晁错备受宠爱，这巨大幸福砸晕了他的头，在这种春风得意中晁错不自觉地忽略了那些隐藏的危机。申屠嘉既是元老功臣，也是官员们的典范。司马迁称赞他“为人廉直”，从不接受官员们的私下拜见。申屠嘉死后，晁错从“内史”升职为“御史大夫”，这进一步加深了晁错与群臣之间的紧张关系。升任御史大夫之后，晁错要做的第一件事情，就是重提文帝时曾提过的意见，“请诸侯之罪过，削其支郡”，就是有名的《削藩策》。

这个建议一提出就得到了汉景帝的同意，命令下达后群臣因忌惮晁错的势力集体沉默，唯有窦婴提出了反对意见。《汉书·晁错传》里记载，“独窦婴争之，由此与错有隙”。但是窦婴具体说了什么，史书并没有详细记载。窦婴在文帝年间长期担任吴国的丞相，对吴国的内情，以及吴王刘濞本人是相当了解的，而削藩的重点对象就是吴国。可惜的是，汉景帝并没有重视窦婴的反对意见。还有一个提反对意见的是袁盎，但是他没能亲自到场说出自己的见解，因为晁错一上任就用“接受吴国贿赂”为由把他贬为了庶人。

汉景帝采纳晁错的“削藩”策略，采取了一系列削弱诸侯藩国的措施，使很多藩国诸侯产生了严重的恐慌心理。诸侯们纷纷反对朝廷的削藩策略，对提出削藩策略的晁错恨之入骨。

晁错的父亲得到消息后，特地从老家颍川赶到京城，对晁错说：“皇上刚刚继位，你执掌政权，就侵害削弱诸侯的力量，疏远人家的骨肉，人们纷纷议论怨恨你，为什么要这样做呢?”晁错说：“事情本来就应该这样，不这样的话，天子不会受到尊崇，国家不会得到安宁。”晁错的父亲又说：“照这样下去，刘家的天下安宁了，而我们晁家却危险了。”晁错的父亲说完就走了，在回家的路上服毒自杀，死前对身边的人说：“我不忍心看到祸患连累自己。”

晁错的父亲刚死没几天，吴王刘濞联合吴楚七国以“诛杀晁错”的名义联合发动了叛乱。七国叛乱的消息传到京城，晁错对丞史说：“袁盎接收了吴王刘濞的贿赂，还为他说好话，说他不会反叛。现在反叛已成事实，我打算请求处治袁盎。”丞史说：“事情还没有暴露出来，就惩治他，可能中断叛乱阴谋。现在叛军向西进发，惩办袁盎有什么好处呢！再说袁盎也可能参与反叛的事。”晁错听了丞史的话，一时犹豫不决，没有立即向袁盎下手。有人得知此事，告知了袁盎，袁盎害怕晁错加害自己，当夜便去求见窦婴，希望窦婴给自己创造跟汉景帝当面解释的机会。窦婴进宫向汉景帝报告了袁盎的请求，汉景帝就召袁盎进宫会见。

袁盎先下手为强，给汉景帝提建议说：“吴、楚等国相互往来的书信说‘高祖封立刘氏子弟为王，并有各处的分封土地’。现贼臣晁错擅自贬谪责罚诸侯，削夺诸侯的土地。令他们用造反的名义共同向西进攻联合诛讨晁错，现在的计策只有斩杀晁错，派使者赦免吴、楚七国的罪过，恢复原来被削减的封地，兵不血刃就可平息战端。”汉景帝听了袁盎的话，沉默了很长时间，然后说：“如果这是真实的情况，我不会因为宠爱一个人而得罪天下。”袁盎说：“我只能想出这个不是办法的办法，还望皇帝深思熟虑。”

没过几天，汉景帝派人传达诏令，命晁错乘车巡行东市，并派人在东市将晁错斩杀。事情的发展果然像晁父预料的那样，晁错操之过急的削藩策略激起了吴楚七国诸侯的叛乱，最终被汉景帝下令斩杀。杀了晁错之后，汉景帝又跟叛军商量，要把之前削减的封地都还回去，希望能平息诸侯的怒火，停止造反。然而刘濞造反不造反跟晁错并没有太大的关系，晁错的削诸侯建议顶多只是个导火索，再说现在已经骑虎难下，他不继续造反也不行了，于是一路高歌猛进，杀到了汉景帝弟弟刘武的封地梁国。

亚夫出征，平定七国叛乱

刘武的封地原来属于韩国的地盘，过了睢阳（梁国都），骑兵一天就能到达函谷关。叛军兵临城下，此时梁王刘武内心很崩溃，没招了，只能硬抗。他不可能投降，天下所有的诸侯都投降了他也不可能投降，因为他是汉景帝的亲弟弟，而且关系很好，投降就是死路一条。所以梁王刘武玩命地抵抗，这样一来就给汉景帝组织反攻争取到了时间。

汉景帝立即让周亚夫任太尉接管了军队，又命令窦婴担任大将军，出兵抵抗吴楚联军。周亚夫是个很有智谋的人，认真分析了形势，在知彼知己的基础上，向景帝提出了一个切实可行的战略方针。他说：“楚兵骠轻，难与争锋。愿以梁委之，绝其粮道，乃可制。”这个办法其实就是后发制人，即先置梁国于不顾，疲敌困敌，断敌粮道，而后待机破敌。主意虽好，但是执行起来有一个困难，因为梁王刘武是景帝的同母兄弟，窦太后十分宠爱这个小儿子，一旦梁国被敌攻陷，不仅周亚夫吃罪不起，景帝也无法向窦太后交代。

但是周亚夫是个很有魄力的人，战略方针确定后，即坚定不移地贯彻执行。他绕开叛军设伏的崤函（今陕西潼关至河南新安一带）之路，出敌意外，出武关（今陕西丹凤东南）、趋洛阳（今河南洛阳东），有如从天而降；继而会师荥阳，牢牢控制关东最重要的战略基地；然后亲率重兵进据昌邑（今山东巨野南），切断叛军主力——吴楚联军同齐地各国叛军的联系，并派出轻骑兵袭占淮泗口（今江苏洪泽西），断敌粮道。这时，吴楚联军向梁都睢阳（今河南商丘南）发起猛攻，睢阳形势危急，梁王扛不住了，接二连三地发出求救信，但周亚夫按兵不动。梁王告到朝廷，景帝迫于太后压力，只得下诏命令周亚夫救梁，周亚夫拒不奉诏。梁王一看只能靠自己了，只好全力固守，最终阻止了叛军的攻击。叛军久攻睢阳不下，转锋向昌邑，企图寻汉军决战，周亚夫坚守不出。吴楚叛军为饥饿所迫，急于求战，采用声东击西的战法，猛攻汉营的东南，准备出其不意攻击汉军西北。周亚夫识破了叛军的计谋，急令严备于西北，叛军果然以精兵进攻西北，因汉军有备未能得手。叛军求战不得，久持无粮，军心发生动摇，刘濞不得不下令撤兵。周亚夫乘势出击，一举破敌，斩首十万，余皆溃降。刘濞仅率数千人逃至丹徒（今江苏镇江东南），随即被东越人诱杀。接着，汉军一一诛灭各叛乱诸侯王。前后仅用三个月时间，周亚夫就悉数平定七国之乱，使西汉王朝转危为安。平定叛乱不仅维护了国家的统一，而且为后来的强大奠定了基础。

在这场平定七国之乱的战争中，周亚夫知彼知己，多谋善断，制定了一套符合实际的作战指导方针。一场声势浩大的叛乱能在三个月内平定下来，与他的正确指挥是密不可分的。战争尚在进行之时，朝中大臣和军中将领对他采取的对策有不少争议，但在战争结束后，大家都心悦诚服，“于是诸将乃以太尉计谋为是”了。

平吴楚之乱后，周亚夫由太尉升至丞相，但他秉章办事，作风严谨，知无不言、言无不尽的性格却注定了他无法玩转错综复杂的官场斗争。有两件事加剧了周亚夫的悲剧结局。

其一，窦太后想让汉景帝封皇后的哥哥王信为侯，汉景帝便与周亚夫商量，周亚夫立马搬出了刘邦的祖训：“‘非刘氏不得王，非有功不得侯。不如约，天下共击之’，如果封王信为侯，就违背了先祖的誓约。”景帝听了无言以对。

其二，匈奴将军唯许卢等五人归顺汉朝，景帝非常高兴，想封他们为侯，以招纳其他匈奴人也归顺，但周亚夫又反对：“如果这些曾经背叛国家的人都能封侯，那以后我们如何处罚那些不守节的大臣呢?”景帝听了很不爽：“丞相的话迂腐不可用!”然后硬是将那五人都封了侯，周亚夫一气之下托病辞职，在家养老。

此后，景帝又把他召进宫中设宴招待，想试探他脾气是不是改了。席上只摆出一大块水煮肉，四方平整，但是没有给餐具，周亚夫是个很直爽的人，一看没有餐具怎么吃饭，就自己去找餐具。汉景帝看到后笑曰：“你有肉吃还不知足吗?”（此不足君所乎?）周亚夫没有领悟到汉景帝的用意，找了个借口就回家了。汉景帝看着周亚夫的背影，感慨地说了一句：“这不是一个能够侍奉少主之人!”

直到公元前143年，周亚夫已经五十六岁了，他的儿子周阳看他年纪大了，就托人在军械库买了五百套铠甲，准备日后为父亲陪葬。在汉代，私人购买军械是违法的事情，想必周亚夫的刚正不阿也得罪了不少大臣，于是有人就打小报告了，说周亚夫置办军火欲谋反。汉景帝一看，买军械的是周亚夫的儿子，又牵扯到了周亚夫，立即批转查办。廷尉府派人到周亚夫家中调查，周亚夫根本不买账，闭口不语，不屑回答。景帝一看，犯了错还这么嚣张，就借此将周亚夫抓了起来。在廷尉府，廷尉问周亚夫：

"你是不是想造反?"周亚夫回答:"我买的是殉葬品,怎么能说是造反呢?"廷尉狡辩道:"你即使不在阳间造反,也想在阴间造反。"周亚夫听了破口大骂,而后绝食五日,吐血而死。

一代功臣名将,最后被诬以造反的罪名谢幕,虽然让人唏嘘感叹,但周亚夫治军严整、用兵持重、意志坚定、法令严明的作风成为后世佳话。

杀子废后,后宫起硝烟

处理完七国之乱之后没多久,汉景帝的后宫开始不消停,汉朝历史上再次发生了夺嫡事件。

刘启在当太子期间由薄太后指婚,娶了他的表亲薄氏为妻。当时汉景帝并没有能力挑选自己未来的妻子,而薄太后指婚的目的无非是想让她的娘家孙女也做皇后,做皇太后,希望这次联姻能巩固自己娘家薄氏家族的地位。虽然刘启并不喜欢祖母给他选的这位太子妃,但因西汉重孝道,身为孙辈的太子刘启无法拒绝祖母薄姬的指婚。薄氏是薄太后的政治联姻工具,所以刘启和薄氏结婚后,两人之间并没有什么夫妻感情。刘启称帝后,薄氏就从太子妃升级成了皇后。

在薄氏还是太子妃期间,王娡入宫了。王娡的身份可以从楚汉之争时开始追溯。汉初开国异姓王燕王臧荼有一个孙女叫臧儿,臧儿先嫁给槐里(今陕西兴平东南)的王仲为妻,生了两个女儿,其中长女就是王娡,次女叫王皃姁(mào xǔ)。王仲死后,臧儿又改嫁给长陵田氏,生了两个儿子:田蚡、田胜。也就是说,王娡和田蚡、田胜是同母异父的姐弟。尽管祖上曾经是王,但到了臧儿这一代,家族势力远不如从前,因此女儿王娡也只是嫁给了一户普通人家,但是算命的说王娡是大富大贵之命,所以臧儿让王娡撇下丈夫和刚出生的女儿进了太子府。

王娡入宫之时并没有受宠，汉景帝那会儿还是太子身份，太子妃是薄氏，汉景帝最喜爱的女人是栗姬。王娡为了巩固宫中势力，干脆把自己美貌如花的妹妹也领进宫，在太子面前邀宠献媚。即便如此，栗姬在宫中的地位仍然高人一筹，无人能撼。栗姬地位稳定的另一个原因是她为景帝生了一个儿子——刘荣。在母凭子贵的时代，有儿子就相当于有了保持地位的资本，更何况她生的儿子刘荣是刘启膝下的第一个儿子，都说“皇帝爱长子，百姓爱幺儿”，既然正房无出，按照长幼有序的原则，栗姬的儿子便注定无与伦比的矜贵。

王娡进宫后，没过多久便被封为美人，并在接连生下三个女儿之后，终于为刘启生下一个儿子。据说，在怀有儿子的某天，王美人做了一个奇怪的梦，按太史公《史记》记载，她梦见了日入其怀，太阳钻进她的肚子。这个梦本身并不能够经得起推敲，但架不住古人那会儿十分迷信，起码刘启听到之后甚为欣慰，认为此梦实乃显贵征兆。没过多久，王美人产下一子，取名刘彘，就是后来的汉武帝刘彻。

景帝共有十四个儿子，但都是侧室所生，正室薄皇后膝下却无子，太子之位就只好暂时空缺了。汉景帝刘启非常喜欢自己的亲弟弟刘武。再者那会儿还没有立太子，太子的仪仗自然就被闲置了，刘启就允许刘武使用太子的仪仗。刘启对这件事情根本没有多想，倒是他的老妈窦太后看在眼里，喜在心里。窦太后晚年干预朝政，不惜违背“祖制”，想让景帝死后把皇位传给她溺爱的小儿子刘武。

为了能让刘武登上皇帝宝座，窦太后想尽了一切办法，甚至不惜降罪于侄子窦婴。一次，刘启喝醉后，随口说了句自己死后将皇位传给刘武。窦太后听了大喜，窦婴却突然说：“汉朝自高祖皇帝开始就是父子相传，没有兄弟相传的，因此皇位不能传给刘武。”这可惹怒了窦太后，她使计除去了窦婴进出皇宫的门籍，不准他朝见皇帝，当然，没过多久又请了回来。

刘武仗着母亲窦太后和皇兄的宠爱，恃宠而骄，胆大妄为，有事没事就往窦太后那里跑，对窦太后软磨硬泡，希望她能说服兄长，让自己也过一把皇帝瘾。

公元前 153 年，汉景帝封栗姬的儿子刘荣为太子，皇子刘彻为胶东王。

刘武因此彻底放弃了当皇帝的希望，但他怨恨袁盎和其他大臣，就和手下羊胜、公孙诡等人谋划，暗中派人刺杀袁盎和其他当初反对他当皇帝的大臣。结果刺杀没成功，朝廷缉捕凶手，查出来是梁王刘武所主使。于是景帝派遣使者不断往来于梁国的路上，到梁国去反复按验，逮捕公孙诡、羊胜，最后这两人畏罪自杀了。

刘武因为此事得罪了哥哥景帝，又怕母亲窦太后也担保不了自己，就派韩安国出使长安。韩安国，自幼博览群书，是刘武身边最为得力的一个谋士，此人口才不错，有点歪才。他到长安后，没有直接找汉景帝，而是找到了汉景帝的姐姐长公主刘嫖。韩安国凭他的三寸不烂之舌把“大长公主”给说服了，长公主又去说服窦太后，窦太后又去景帝那里求情，这才替刘武化解了一场生死劫难。但刘武自从经历过这些波折之后，便变得郁郁寡欢、精神恍惚了。一次，他去山上打猎，有人献给了他一头畸形的牛，牛蹄子竟然长到了牛背上。刘武顿时如梦魇了一般，非说那牛是妖怪，将会给自己招来灾难。没过几个月，他就得热病死了。

俗话说，“母凭子贵”。当栗姬的儿子刘荣当上皇太子后，栗姬本人是否受宠似乎就不再重要，自然会有人上来巴结。馆陶长公主刘嫖是景帝同母的亲姐姐，景帝的几位美人都是靠刘嫖而见到景帝的，她们得到的尊贵和宠爱都超过栗姬，栗姬一日比一日怨怒。

有一日，刘嫖来拜访栗姬，提出想把自己的女儿陈阿娇许配给太子刘荣做太子妃。在刘嫖看来，以自己长公主的身份，这桩门当户对的亲事肯定能成。谁知，嫉妒起来的女人是不会考虑后果的，想起刘嫖数次给景帝进献美人，栗姬干脆一口回绝了刘嫖的提亲，这让刘嫖颜面扫地。刘嫖十分恼火，决定寻找其他的人选。

景帝十四子，长子刘荣、次子刘德、三子刘阏于都是栗姬所生；刘余好治宫室苑囿狗马，口吃；刘非有才却为人骄奢；刘端为人贼戾，又不能近女色；刘彭祖巧佞卑谄；刘胜沉溺声色；刘发生母身微，母子都不受宠；接下来，就是自幼聪明伶俐，母子都深受景帝喜爱的——景帝第十子，王娡之子，四岁的胶东王刘彻。

王娡和刘嫖为子女定下两桩亲事：一是刘彻和刘嫖女儿陈阿娇（即汉武帝刘彻第一任皇后）；二是刘嫖次子陈蹻和王娡三女儿隆虑公主。这两桩亲事，表明了两个母亲鲜明的政治企图。在王娡和刘嫖的联手操作下，栗姬和刘荣的未来被决定了。

为了能够让自己的女儿当上皇后，也为了报复栗姬，刘嫖开始整天在景帝面前说栗姬母子的坏话，还经常夸赞刘彻。景帝也认为刘彻德才兼备，而且又有从前王娡梦日入怀的祥兆，所以景帝对刘彻越发宠爱。

有一次，刘嫖对景帝谗言："栗姬和各位贵夫人及宠姬聚会，常常让侍从在他们背后吐口水诅咒，施用巫蛊之术。"在汉代，人们对巫蛊之术深信不疑，"祝唾其背"是最简单易行的巫术，景帝因此恼恨栗姬。但是这些并没有什么证据，况且景帝因早期对栗姬感情深厚，没有给栗姬治罪。

一计不成，再来一计。馆陶长公主对景帝说："你那么喜欢王娡，可你死了之后，刘荣当了皇帝，栗姬就是皇太后，她的性格可是跟当年的吕后差不多，到时候你的王娡恐怕就要变成下一个人彘了。"景帝听完吓了一跳，为了验证刘嫖的话就去试探栗姬，说："朕百年以后，希望你能善待其他妃子与她们的儿子。"其实，景帝此言已有托孤和立栗姬为后的打算，但栗姬听完这话，反而更加暴怒起来。她非但不愿意照顾其他有宠的姬妾子女，甚至对景帝出言不逊。景帝刘启一看事情不妙，刘嫖的话果然要应验了，还没当上皇后就这么嚣张，要真让她当上皇后，恐怕后宫将不得安宁，于是生气地拂袖而去。

懂得适时而动的王娡知道景帝恼怒栗姬，但要废掉太子，还需要加一把火，这把火必须时机合适火候得当才能达到最好的效果。立太子两年后，前元六年（公元前151年）九月，薄皇后被废黜。此时机会来了，王娡暗中派人催促大臣奏请立栗姬为皇后。大臣上奏：“‘子以母贵，母以子贵。’今太子母无号，宜立为皇后。”景帝勃然大怒：“这是你应该说的话吗?!”于是下令论罪处死大臣，又废掉太子刘荣，改封临江王。

同年四月，得宠的王娡顺理成章被立为皇后，她的儿子刘彻立为太子。刘荣被废，景帝也不愿再见到栗姬。栗姬内心的愤恨更加难平，但她甚至连景帝的面都见不到，最终郁郁而死。

刘荣做临江王时，因修建宫殿的时候占了宗庙地的一段围墙，就是当年晁错打穿的那段太上皇庙外的围墙，当初汉景帝原谅了晁错，现在却不肯原谅自己的儿子，于是囚禁了刘荣，又派来有名的酷吏郅都对刘荣进行审讯。刘荣经不起这个折磨，在给景帝写完谢罪信后，自杀而死。

金屋藏娇的由来

公元前141年，正月二十七日，汉景帝在未央宫驾崩。汉景帝在位期间（公元前188～前141年），继承了汉文帝休养生息、无为而治、轻徭薄赋的政策，刑法甚至比文帝时还轻。他对文帝的政策仅仅做小小的调整，如文帝时将肉刑改成了笞三百、五百，但时有打死人的现象，这不符合体恤百姓的初衷。所以，景帝减轻了笞刑的次数，同时规定了刑具的长短、宽窄，竹节也要削平，中途不得换人。

汉景帝还改变了当时不准百姓迁移的政策，允许百姓从土地贫瘠的地区迁移到土地肥沃的地区，使流民还归田园，户口迅速繁息。这样既开发了土地资源，又增加了国家的赋税收入。景帝在提倡黄老学派的同时，也让包括儒家学说的其他各派存在、发展，这为后来董仲舒儒学的发展以及汉武帝“罢黜百家，独尊儒术”政策的确立提供了前提条件。

在对待匈奴方面，景帝对文帝的政策几乎是照单全收，继续与匈奴和亲，以安抚为主。对于匈奴的南下骚扰，也是以积极防御的态势对待，不轻易兴兵。同时在匈奴的边界地区设立关市，和匈奴贸易，一定程度上消解了匈奴的骚扰。

据《汉书·食货志》记载：“到了景帝后期，汉王朝国库里的钱多得堆积如山，连串钱的绳子都朽断了；郡国的仓廪堆满了粮食，太仓里的粮食也由于陈陈相因，以致腐烂不能吃了。”这是对文景之治十分形象的描述。历史上把文帝和景帝父子四十年执政时期呈现出的国泰民安的盛世景象，誉为“文景之治”。

汉景帝死后，太子刘彘即位，因“彘”不雅，改名为“彻”，即后来的汉武帝。这一年，刘彻十六岁。

汉武帝最为人所知的“绯闻”便是金屋藏娇了。当年长公主刘嫖向栗姬提亲失败之后，便把目标转向了王娡。一日，长公主带着女儿陈阿娇进宫见王美人，一见面，王美人就极力夸阿娇聪明漂亮，又让侍女领出刘彻与阿娇一同玩耍。傍晚，长公主准备告辞，看见窗外一对幼童正依偎在鱼池边十分亲密，便有意把阿娇许配给刘彻。这个主意正中王美人下怀，于是当即答应下来，并让刘彻拜见未来的岳母。长公主越看越喜欢，一把将刘彻抱到膝盖上，抚着他的头问：“你想娶媳妇吗?”五岁的刘彘看着长公主回答：“想。”长公主故意指着一名宫女，问刘彻是否合意，刘彻摇摇头，长公主又指着阿娇问：“阿娇做媳妇可好?”刘彻答：“好！我若能娶阿娇做媳妇，一定要用黄金盖一座屋子，让她住在里面。”

汉景帝起初不太同意这门婚事，一是当时刘彻年龄比较小，二是阿娇比刘彻大好几岁，但当听到王美人说出刘彻“金屋藏娇”的许诺后，刘启不禁大笑起来，认为这是天意，便同意了。后来的事便水到渠成，刘彻即位后并未食言，真的娶了表姐陈阿娇为皇后，还真的造了一座黄金宫殿给皇后居住。长公主刘嫖也算是“功夫不负有心人”，巩固了自己在皇族中的地位，被尊称为窦太主。

汉武帝登基之后，虽然名义上是皇帝，但实际上仍被当小孩对待，背后掌权的其实是太皇太后窦氏。虽然这位祖母此时几近失明，但精神却很好，依然君临后宫，还有岳母馆陶长公主，权势欲望始终极强，一有事情就频频出入后宫。另外，武帝的胞姐平阳公主也是个相当难缠的女人。

刘彻即位时只有十六岁，对如何治理天下也比较懵懂，而且他又天生不是个循规蹈矩的人，因此对时下的一些礼制很不满意，但他并没有很好的改革办法。于是，他开始重用御史大夫赵绾和郎中令王臧两个儒生，进行了一些礼制改革。这一切都被其祖母太皇太后窦太后看在眼里。窦太后一直崇尚黄老思想，这与刘彻钟意儒家思想起了冲突。窦太后十分生气，大骂刘彻：“刚即位就想抛弃老祖宗的天地，翅膀硬了吧？”

其实早在景帝时期，窦太后就不待见儒家派，景帝时期的辕固生是当时有名的儒家代表人物，一次他和黄老派代表人物在汉景帝面前来了场学术辩论，说着说着就牵扯到了政治，最后汉景帝出来圆场，这场争论也就不了了之。窦太后知道了这场争论，对辕固生有意见了。一天，她召见辕固生，跟他讨论《老子》的内容，辕固生很牛气地说：“此是家人言而。”一句话把窦太后气到了。窦太后最为信奉黄老之言，结果辕固生直接一句：“这不过是一些奴仆之言罢了。”窦太后本身出身贫寒，早年进宫服侍过吕后，因此不免怀疑辕固生在暗讽自己。招惹窦太后当然没有好果子吃，最后辕固生被赶到猪圈去杀猪了，幸好汉景帝给了辕固生一把给力的武器，辕固生一剑干掉了猪，保住了自己的脑袋。

汉武帝推行儒家的事撞在了窦太后的“枪口上”，自然是行不通的。果然，之后没多久，窦太后就迫使汉武帝刘彻革去赵绾和王臧的官职，停止改革。这件事对刘彻的打击很大，刘彻虽然非常生气，但深知自己没有实力与窦太后对着干，而且当初吕后掌权的例子让刘彻明白，不能与祖母对抗。

另外，刘彻更明白一件事情，那就是祖母年事已高，而自己还不到二十岁，没有必要与其争个鱼死网破。最终，刘彻决定利用年龄的优势，耗死祖母窦太后。想明白这点后，刘彻不再跟窦太后较劲，而是乖乖承认自己的错误，并且事事都向窦太后禀告。窦太后对刘彻越来越满意，一直到即位的第六年，他都积极配合窦太后的决策，甘愿做一个执行者。

公元前 135 年五月，窦太后去世，汉武帝才正式掌权。

第四章 雄才大略的汉武大帝

汉武帝是汉朝在位时间最长的皇帝，十六岁登基，在位五十四年，建立了汉朝最辉煌的功业之一。他既是一个明君，也是一个暴君。后人常用“雄才大略”来形容汉武帝，在他的统治下，汉朝成为当时世界上最强大的国家，甚至比同时期的罗马帝国还要强盛，成为世界文明无可争议的中心。然而，人无完人。汉武帝残暴多疑，晚年因迷信巫蛊而错杀太子，任用酷吏，最早发明“腹诽罪”。不过，当他认识到自己做错事情后，敢于自我批评，下《罪己诏》承认错误，这对帝王来说，是十分难得的。

董仲舒献“天人三策”

董仲舒（公元前179年~前104年），汉代思想家、哲学家、政治家、教育家。汉广川郡（今河北景县广川镇大董古庄）人。公元前134年，任江都易王刘非国相十年；公元前125年，任胶西王刘端国相，四年后辞职回家。此后，董仲舒成为一个自由职业者，但是朝廷每逢大事，都会派使者或廷尉去他家征求意见，虽然受窦太后黄老学说的影响不被重用，但很受武帝尊重。

公元前135年，太皇太后窦氏去世，汉武帝乾纲独揽。刚登基时被扼杀的新政，再一次被提上了日程。求贤若渴的汉武帝诏令各地推举贤良方正、直言极谏之人，董仲舒便是其中之一。

董仲舒是一个读书非常刻苦认真的人，“三年不窥园”说的就是他在家里闭门攻读了整整三年。读书期间，他不仅大门不出，二门不迈，甚至连自己家门口种的是什么菜都不知道。董仲舒喜欢骑着马出门跟同事们交流。他常常在马上看书，嘴里还不停地念叨着，很多人都认为董仲舒是读书中邪了。后来，董仲舒这种刻苦读书的行为传到了汉武帝那里。为了提倡读书的好风气，汉武帝就给董仲舒封了个国事顾问的闲职。但是董仲舒没有辜负武帝给他的职位，办起了私人学校。只是他授课的方式很奇怪，学生上课的时候看不见人，因为他站在一条帷幕的后面，学生只能听见他的声音，这也是后世用“董帷”指授课之处的渊源。

董仲舒还发明了“兵教兵、将教将”的教学方法。他教学有方，学生也越收越多，可教书育人并不是他的最终目的。董仲舒是儒学老师，而汉朝一直遵奉道教，于是，他效仿孔子口述，学生记录，把他的见解编写成书。没多久，董仲舒就以“公羊派”掌门人自居，这惊动了推行儒家理念的汉武帝，于是请他来聊天。

汉武帝一共跟董仲舒谈过三次话，董仲舒连上对策三篇作答。由于对策的首篇专谈“天人关系”问题，因此这三问三答以“天人三策”为名而载入史册。他从三个方面回答了汉武帝的问题。首先，按照儒家学说，汉家天下是天授的，不是军功利益集团给的，也不是如蚁小民给的，更不是外戚们给的。这是在法理上让大家清楚，天下姓刘，刘氏家族不欠任何人什么，如果非要说欠谁的，那也是欠上天的，所以如果皇帝作恶多端，上天看不下去了，会通过各种灾异事件警告皇帝，这叫天人感应理论。其次，尧舜时期推行黄老之术，是因为那时候人心好，大家都老实，不用当政者受累操心。周武王的时候，不使用黄老之术，是因为人心不好，不施用严刑酷法镇压，不能让人变好。现在不安分者遍地都是，更是要重拳出击。最后，要加强教育，建立国家太学，广选贤良，把底层的文化人（主要是儒学爱好者）选拔为官吏，成为帮助皇帝维护权威、打压威胁皇权势力的打手。

按董仲舒的说法，夏朝代表黑统，商朝代表白统，周朝则是赤统。夏、商、周三朝完成了这一历史循环。之后，历史又开始一次新的循环，新的朝代又应当代表黑统。继承周朝统治的既不是秦朝，也不是汉朝，而是孔子，他承受天命，创立了黑统。孔子所受天命，不是一种“法统”，而是一种“道统”。

董仲舒认为，在过去，所有的君王都是从祖先承受君位，甚至秦始皇也不例外。只是到了汉朝，情况不同了。“汉高祖，出身布衣，而君临天下。”这需要某种理论的支撑，董仲舒正是提供了这种理论的支撑。“王者受命于天”，并不是一个新理论，在《书经》里，已经有了这个思想。孟子把它说得更清楚。董仲舒则更具体地把它纳入了自己的天人一体论。他还认为："天有阴阳，人亦有阴阳，天地之阴气起，而人之阴气应之而起。人之阴气起，而天地之阴气亦宜应之而起，其道一也。"他在应对中还说："天者群物之祖也。故遍覆包函而无所殊，建日月风雨以和之，经阴阳寒暑以成之。故圣人法天而立道，亦博爱而亡私，布德施仁以厚之，设谊立礼以导之。"

在此之前，儒家认为，社会是由五种伦常关系组成的：君臣、父子、夫妇、昆弟、朋友。董仲舒从中选出君臣、父子、夫妇三项，称为"三纲"。董仲舒对先秦儒家伦理思想进行了理论概括和神学改造，形成了一套以"三纲""五常"为核心，以天人感应和阴阳五行说为理论基础的系统化、理论化的伦理思想体系。他认为道德是"天意""天志"的表现，"君臣父子夫妇之义，皆取诸阴阳之道。君为阳，臣为阴，父为阳，子为阴，夫为阳，妻为阴"。为此，他提出了"君为臣纲，父为子纲，夫为妻纲"和仁义礼智信五种为人处世的道德标准，即三纲五常。三纲是社会伦理，五常是个人品德。纲常就用以泛指道德和道德规范。人的自然发展应当依循道德规范的方向，而这正是文化和文明的主要内涵。

在汉武帝主持的这场推荐会上，除了董仲舒出名之外，还有会稽吴县的严助也大放光彩，被提升为中大夫；川人公孙弘，以六十高龄被征为博士，这是汉武帝"罢黜百家，独尊儒术"的第一步。此后，儒家在汉武帝朝廷的地位逐渐提高。董仲舒的对策成了汉武帝治国的主要依据。一个巨大的转变，在不声不响中发生了。

不过董仲舒本人在提出"天人三策"之后，虽负盛名却并未得到重用，只能局促在江都一隅，宣传他的天人感应学说。公元前135年，辽东的高庙和长陵的高园便殿相继遭受火灾。当时董仲舒在家闲居，他得知发生了两次火灾的消息后，就用他的灾异学说加以分析，认为这是上天对汉武帝过失的警告，并且写了一本《灾异论》，打算上奏给汉武帝。然而，《灾异论》还没来得及上奏，就被主父偃偷了出去送给了汉武帝。武帝就

把大臣们都喊来开会，让大家讨论这篇文章。董仲舒的弟子吕步舒也在其中，他不知文章是自己老师所作，把这篇文章骂得狗血喷头。当汉武帝告诉他这是董仲舒写的文章时，吕步舒当时就汗如雨下。

于是汉武帝以诽谤朝廷的罪名将董仲舒投入大狱，并定了死罪，不过后来又念他上《天人三策》有功，又下诏赦免了他。死里逃生之后，董仲舒再也不敢随便乱讲灾异了。除了曾一度复出为胶西相外，董仲舒一直赋闲在家，治学著书，直到寿终正寝。

卫子夫，从歌女到皇后

卫子夫，卫氏，名不详，字子夫，河东平阳（今山西临汾）人。汉武帝刘彻第二任皇后，在皇后位三十八年，谥号思。卫子夫是中国历史上第一位拥有独立谥号的皇后，也是中国历史上在位时间最长的皇后。

卫子夫出身低微，母亲卫媪，本来是给汉武帝的姐姐——平阳公主当婢女，后来嫁给了卫氏，生下一男三女。卫氏短命，很早就去世了，卫媪只好再到平阳府里当佣人。她的小女儿卫子夫长得很漂亮，歌声更是如出谷黄莺，在平阳公主家中当歌女。平阳公主为了维护自己的地位，常常给汉武帝介绍美女。公元前139年三月上巳，汉武帝去霸上祭奠先祖，回宫的时候路过姐姐平阳公主家，这天平阳公主大摆宴席，把那些年轻貌美的歌女都喊出来，招待自己这位皇帝弟弟。一排歌女上场，卫子夫就以光艳夺人之势照亮了汉武帝的眼睛。平阳公主在一旁看得明白，就让其他歌女都退下，留卫子夫独自为汉武帝歌舞。

跳完舞之后，汉武帝就要带卫子夫进宫，走时，平阳公主深情叮嘱卫子夫说："这去了以后就要发达了，你要好好保重身体，将来尊贵了，别忘记了我们。”然而好事多磨，进宫后的卫子夫首先被冷落，然后受到了皇后陈阿娇的打击。

由于后宫女子太多，汉武帝带着卫子夫进宫后转身就把她给忘了。一年后，因宫女过多，汉武帝决定放一批宫女回到民间，卫子夫请求出宫。由于宫女出宫时要一一晋见汉武帝，卫子夫一见到汉武帝，想起去年备受汉武帝恩爱的情景，人是情非，不禁泪如雨下。汉武帝一看卫子夫哭得伤心，就多看了两眼，于是就回忆起了去年的相遇，不久就对卫子夫宠爱有加。

卫子夫肚子也很争气，不久就有了身孕，当时汉武帝没有子嗣，对卫子夫的宠爱一天比一天浓。但是好景不长，当年“金屋藏娇”的主角陈阿娇，也是此时汉武帝的皇后，听说卫子夫得到武帝宠幸而怀孕，自己却数年没能生孩子，便嫉妒卫子夫。其母刘嫖亦因女儿不孕而嫉妒卫子夫，便派人去抓捕卫子夫的弟弟——当时在建章当差的卫青，恐吓卫子夫说要杀掉卫青。所幸卫青的朋友公孙敖带领一干壮士及时相救，使卫青免于一死。武帝得知此事后大怒，更加讨厌皇后阿娇，便召卫青为建章监，并加侍中。卫子夫的兄长卫长君也得到显贵，亦加为侍中。数日之内，赐给卫家的赏金累计竟达千金之多。这样一来卫子夫便彻底成为陈阿娇的眼中钉。

卫子夫受到汉武帝的大宠，封为夫人，她的家族更是得到了丰厚的赏赐。卫子夫的长姐卫君孺嫁给太仆公孙贺为妻，二姐卫少儿因与陈掌有私，汉武帝便召来陈掌使其显贵，公孙敖亦因与卫家亲近而受益。卫青则升为大中大夫之职。在汉武帝时期，没有人能比得上卫子夫一家幸运。

而皇后陈阿娇因为多年不育，求医看病花钱无数，结果还是无法生育。这对陈阿娇是一个致命的打击，汉武帝又移情别处更让陈阿娇气上加气，于是她绝望之际把希望寄托在了巫术上。她请了一个楚服的巫婆在后宫摆坛请神，作法令咒，乞求神赐给她儿子，并企求汉武帝对她回心转意。当时人认为，让巫师、祭司等人把桐木偶人埋于地下，再诅咒所怨者，被诅咒者就会遭受灾难。由于古人迷信，对巫蛊的威力深信不疑。

“巫蛊术”自古是宫廷大忌，又因为操作简便，说不清道不明，被怀疑者根本无法自辩，一直是栽赃陷害对手的绝好伎俩。陈阿娇使用巫术的消息传到汉武帝耳朵后，汉武帝大发雷霆，下令立即查办，并以“巫蛊”罪名颁下诏书：“皇后失序，惑于巫祝，不可以承天命。其上玺绶，罢退居长门宫。”此后，武帝把陈后幽禁于长门宫内，虽然衣食用度上依旧是皇后级别待遇不变，却不难看出幼时的“金屋”已崩塌，恩情已断绝。虽然陈阿娇退居长门宫后，辗转以重金求得司马相如写下千古绝唱《长门赋》，不过这最后的美人心计依然未能挽回曾经的旧爱。病逝后，陈阿娇以翁主之礼与其母馆陶大长公主刘嫖一起葬于窦太后陵墓侧，即陪葬于汉文帝的霸陵。

后宫斗争残酷无情，但也目的明确，那就是夺得皇后之位，阿娇被废后，得益最大的就是卫子夫了。公元前128年春，在接连生下卫长、诸邑、石邑三位公主后，卫子夫生下刘据。武帝异常欣喜，便命令当时善为文者枚皋和东方朔作《皇太子生赋》及《立皇子禖祝》之赋。为感谢上苍赐予他的第一位皇子，武帝又修建了婚育之神高禖（句芒）神之祠以祭拜之，举朝臣子都为这位迟来十余年的大汉皇长子而高兴。武帝欣然为皇长子取名为刘据。

此后，中大夫主父偃上书武帝，请立卫子夫为皇后。武帝欣然准奏，择三月甲子这一日册立卫子夫为皇后，并大赦天下。至此，空闲一年八个月的未央中宫椒房殿再次有了新的主人。

卫子夫当了皇后以后，卫氏家族的地位也得到提升，尤其是她的弟弟卫青。当卫子夫从身世飘零的歌女变成统领后宫的皇后，卫青也从受尽冷眼的奴仆变成号令三军的将领。当世人都认为卫青是靠姐姐的关系“走后门”实现人生逆袭的时候，卫青以强大的实力响亮地反击了这些流言。

出击匈奴，平定边疆

秦汉时期，北边的匈奴一直以“定时炸弹”的身份存在，时不时骚扰汉朝边境。在秦代，秦将蒙恬曾经让匈奴闻风丧胆，把他们给打怕了，一直逃往漠北，十多年不敢南下。秦朝覆亡后，匈奴趁楚汉相争、无暇北顾之机再度崛起。在骁勇善战的冒顿单于统率下，四面出击，重新控制了中国西北部、北部和东北部的广大地区。匈奴国的全盛时期从前 209 年至前 128 年，即冒顿、老上、军臣三单于时期，相当于中国从秦二世元年到汉武帝元朔元年。匈奴国以其“控弦之士”三十万，使“诸引弓之民，并为一家”。

自高祖刘邦登基后，一直以和亲方式取得安宁。但到了汉武帝时代，事情开始发生转机。公元前 140 年，汉武帝刘彻即位后，这时的汉帝国经过多年的休养生息，经济发生了很大的改变，国库日渐丰满，社会人口逐渐增加，这一切都给打击匈奴创造了有利的条件。

公元前 129 年，汉武帝发兵四路大军，分别由卫青、公孙敖、李广、公孙贺各自带领一万人马出兵攻打匈奴。应该说这不是一次大规模的战役，不然也不可能只有四万兵马，这应该是想给匈奴人一点颜色看看，警告他们不要太放肆。

匈奴的军臣单于探明了汉兵的情况，知道四名将军中最难对付的是李广，就把大部分兵力集中在雁门，沿路布置好埋伏，命令部下活捉李广。匈奴兵多势盛，经过一场激烈的战斗，李广的人马被打散，李广自己也受了伤，被匈奴兵俘虏。

匈奴兵看李广受了重伤，把他放在用绳子络成的吊床里，用两匹马驮着，送到单于的大营去。李广躺在那张吊床上动也不动，像死了似的。大约走了十几里地，他偷偷地瞅准旁边一个匈奴兵骑的一匹好马，使劲一挣扎，猛地跳上马，夺了弓箭，把那匈奴兵推下马去，调过马头拼命往南飞奔。

公孙贺白跑一趟，没遇见敌人，旅游过后，欣然回国，表示风景还行。公孙敖最惨，他被匈奴人击败，损失七千骑兵。

卫青是首次出征，他一路打到龙城（匈奴祭扫天地祖先的地方），斩首七百多人。

这一仗，注定让这个被视为走“姐姐关系”而发达的小舅子一战成名，以更亮眼的方式登上历史舞台。

卫青的母亲被称为卫媪（是否随夫姓存争议），与其夫生有一男三女，分别是儿子卫长君和女儿卫君孺、卫少儿、卫子夫。后卫媪与来平阳侯家中做事的县吏郑季私通，生了卫青。不过这时候的卫青是随父姓的，取名郑青，因生活艰苦，卫青被送到亲生父亲家里。在郑家卫青被当成奴仆畜生一样虐待。卫青稍大一点后，不愿再受郑家的奴役，便回到母亲身边，做了平阳公主的骑奴，改名为卫青，表明与郑家一刀两断。卫青很上进，当时社会稳定，平阳公主家里也没什么事需要做，他就在空下来的时间勤读书，练身体，一心一意研究兵法。卫青的发达与姐姐卫子夫得宠有一定关系，但这主要是因为他勤奋好学，本身能力突出。

这一次出击匈奴，四位执行任务的将军只有卫青一人杀敌立功，从那时起，武帝对这个小舅子彻底刮目相看，加封卫青为关内侯。在此之前，卫青给武帝的感觉不过是一个擅长骑射、稳重老实的孩子而已。而这一战后，汉武帝就把卫青当成大汉军队的第一战将，反击匈奴的大战皆交由卫青主打。

卫青初露锋芒的两年后，即公元前 127 年，匈奴又以在边界杀人抢劫的方式挑战汉武帝，进犯上谷（今河北怀来东南）、渔阳（今北京密云西南）等地。此时的武帝正想找机会收拾他们，决定避实就虚，实施反击，派遣青年将领卫青率大军进攻被匈奴所盘踞的河南地。

卫青率领四万骑从云中（今内蒙古托克托）出发，沿着河套（内蒙古境内）北岸一路狂飙突进，迅速席卷高阙（内蒙古杭锦后旗），接着迅即南下，飞奔两千余里，对河南地（今内蒙古鄂尔多斯市）的匈奴白羊王和楼烦王军团实施突然合围。

汉军的这次行动迅猛得可怕，匈奴军在惊慌失措中遭到汉军劲弩长戟战刀的狂扁，白羊王和楼烦王吓得魂飞魄散，他们冒死突围，好不容易才逃出包围圈。此战卫青歼敌五千多，夺取牛羊马一百多万头，汉军完全搞定了河套一带。武帝龙颜大悦，封卫青为长平侯。

汉武帝采纳主父偃的建议，在河南设置朔方、五原两郡，并筑朔方城，移内地民众十多万在朔方屯田戍边。此举形同抽掉了匈奴进犯中原的跳板，直接解除了其对长安的威胁，并为汉军建立了一个战略进攻的基地。

匈奴贵族不甘心失去河南这一战略要地，数次出兵袭扰朔方，企图夺回河南地区。汉武帝于是决定反击，发起了漠南之战。

公元前124年春，卫青任车骑将军，率军出朔方，进入漠南，反击匈奴右贤王；李息等人出兵右北平（今内蒙古宁城一带），牵制单于、左贤王，策应卫青主力军的行动。这次出击卫青依然使出他惯用的神速突袭战术，如神兵天降般杀到右贤王的营帐。而这位右贤王实在不知道说他什么好，挑衅了汉武帝之后他总觉得自己这儿天高皇帝远，一时半会儿汉朝的军队杀不过来，所以没有做任何对敌准备，而且还兴致勃勃喝酒吃肉。当卫青指挥汉军杀到匈奴军大帐时，右贤王从梦中惊醒，然后以迅雷不及掩耳之势逃跑了，卫青的军队竟然都没追上！

这次战争汉军俘敌一万多人，凯旋归师。这一仗的胜利，进一步巩固了朔方要地，彻底消除了匈奴对京师长安的直接威胁，并将匈奴左右两部切断，以便分而制之。汉军收复河南地，具有重要的战略意义。

捷报传至长安城，汉武帝龙颜大悦，拜卫青为大将军，汉朝所有将领

都归大将军统领。

经过几次打击，匈奴依然猖獗，多次进入代地，攻雁门，劫掠定襄（今内蒙古和林格尔）、上郡（今陕西绥德县东南）。公元前123年，汉武帝又命卫青攻打匈奴，以公孙敖为中将军、公孙贺为左将军、赵信为前将军、苏建为右将军、李广为后将军、李沮为强弩将军，分领六路大军，统归大将军卫青指挥，浩浩荡荡，从定襄出发，北进数百里，歼灭匈奴军数千名。

帝国双璧与战神谢幕

为了彻底击溃匈奴主力，汉武帝集中全国的财力、物力，准备发动对匈奴的第三次大战役。这一次领兵的不仅有大名鼎鼎的大将军卫青，还有新锐将军冠军侯霍去病。

在卫青这颗耀眼的军事天才发出光芒之后，汉朝另一位军事天才开始与之相呼应，他比卫青小，脾气比卫青火爆，当然战术也比卫青勇猛，他就是卫青的外甥霍去病。

霍去病的童年要比卫青幸运一些，卫青当年在郑季家吃不饱穿不暖，到霍去病这儿，他出生后没几年，卫子夫就进了汉武帝的后宫，并且很快被封为夫人，霍去病的舅舅卫长君、卫青也随即晋为侍中。霍去病的身份也发生了变化，从奴仆的后代成了权贵。

霍去病的童年和少年时代过得还不错，这时期卫家的地位一直在提升。先是在公元前130年，舅舅卫青官拜车骑将军，兵出上谷，直捣龙城，成为四路出塞军队中唯一获胜的军队，以功封为关内侯。然后就是对卫氏家族来说另一个重要的年份，公元前128年。在这一年，先是霍去病的姨妈卫子夫生下皇子刘据，被封为皇后，然后是秋天舅舅卫青奉命率骑兵三万人从雁门出击，击败匈奴，并且在第二年率领所部从云中出击，横扫匈奴千军万马。这时的卫青已经封为长平侯，食邑三千八百户。这时的霍去病正处在有梦的少年时期，舅舅卫青的成功对他无疑是一种榜样，也许正是这个时候，少年立下远大的志向，驰马北疆。

霍去病是历史上颇为“另类”的名将，古代打战讲究“孙吴兵法”，然而霍去病却对兵法无丝毫兴趣，打仗经常不按套路出牌，且几乎没有输过；很多名将都“爱兵如子”，而霍去病对那些为他卖命的士兵们极其冷漠。除此之外，与舅舅卫青相反，他并不是一个谦逊低调的人。

霍去病在十八岁那年第一次上阵杀敌，当时是公元前124年，卫青奉汉武帝之命对单于本部发动了两次袭击，第一次歼敌数千，第二次歼敌万余。就是在这第二次出击时，被武帝封为骠骑校尉的霍去病率领八百精锐骑兵远离汉军主力，孤军深入搜索猎物，并取得优秀的成绩：斩杀匈奴两千多人、生擒匈奴相国及多名匈奴的高级将领。一战成名，武帝大喜，封其为冠军侯，顾名思义，全国没人比他更厉害。

公元前121年春天，汉武帝任命二十岁的“新宠”霍去病为骠骑将军，让他率领一万骑兵去扫荡河西。这是霍去病第一次独立指挥大兵团作战。他照样不按套路出牌，如风卷云残般横扫匈奴，斩杀八千多人，折兰王和卢胡王被斩、浑邪王子和相国都尉等官员被擒、匈奴神圣的祭天金人也被缴获。同年夏天发动第二次河西之战，霍去病与公孙敖率领数万骑兵卷土重来。本来两人约好夹击敌军，然而公孙敖似乎不太适应大漠，头一次打匈奴损兵七千，这一次打匈奴居然在进军途中迷失了方向。于是艺高人胆大的霍去病独自率军穿越大漠千余里，从侧背面对河西匈奴的浑邪王及休屠王军团发动了突袭，斩获三万二，俘虏匈奴王母、单于阏氏（单于的王后）、王子、相国、将军、当户、都尉等一百二十多人，接受匈奴单恒王、酋涂王及相国、都尉等投降者两千五百人。

这次荡平河西，使汉武帝更加看重霍去病，此时他的地位与舅舅卫青不相上下。公元前119年，汉武帝发动了漠北之战，也就是与匈奴的大决战。

汉武帝征调了大量兵士，令卫青、霍去病各领骑兵五万人、步兵十万人及马十四万匹，分道深入漠北，寻歼匈奴主力部队。卫青率西路汉军出定襄，渡过沙漠千余里，与匈奴单于交战。卫青迅速以战车“自环为营”，并指挥五千精锐骑兵向匈奴阵地冲杀，先发制人。匈奴亦派一万骑兵向汉军猛攻。双方激战终日，飞沙走石扑面而来，两军阵容都分不清，仍互相拼杀搏斗。最后，卫青派出两支轻骑兵，分左右两翼迂回包抄单于，单于遂败退，率领数百亲骑突围逃走，汉军则追至寘颜山赵信城。霍去病也率东路汉军出代郡塞外两千余里与匈奴左贤王接战。汉骑兵冲杀勇猛，连续作战，彻底打败了匈奴东部兵，捕俘匈奴酋长八十三人，斩获七万余人。左贤王率残部溃逃，霍去病猛追不舍，直至狼居胥山，在这里，霍去病暂作停顿，率大军进行了祭天地的典礼——此即后来辛弃疾所说之“封狼居胥”。封狼居胥之后，霍去病继续率军深入追击匈奴，一直打到瀚海（今俄罗斯贝加尔湖），方才回兵。

这次大战匈奴损失八九万人，汉军虽然死伤数万人，马十多万匹，但是从此，匈奴能作战的部队基本被消灭。可以说经此一役，“匈奴远遁，漠南无王庭”。霍去病和他的“封狼居胥”从此成为中国历代兵家人生的最高追求，终生奋斗的梦想。而这一年的霍去病年仅二十一岁。

至此，汉朝在十一年间几次发兵主动征讨匈奴，共俘虏、斩首约二十四万人，其中霍去病的战绩就占了近一半。公元前119年的两路北伐，俘虏、斩首匈奴九万余人，匈奴遭受了重大损失，从此匈奴向北方远遁，而不敢在沙漠以南设立单于的王庭（匈奴的统治中心）。此后，汉军越过黄河从朔方郡向西至令居（今甘肃省永登县）构筑防线，开凿灌溉水渠屯田，戍守士兵五六万人，并向北蚕食了一些匈奴土地。然而因为马匹数量少，同时汉军又在向南征伐闽越、南越，向东征伐朝鲜，向西征伐羌、西南夷，无暇顾及匈奴，汉与匈奴之间暂时进入了一个相对和缓的时代。

之后，卫青与霍去病两位战争明星的生活变得安静下来。耀眼的新星闪耀过后即将迎来的是黯淡。公元前 117 年，霍去病去世，这一年他二十四岁（虚岁），一颗冉冉升起的新星突然陨落，令人惋惜，也令人感慨。关于霍去病之死，《史记》中的记载相当简洁，就一个字：卒。至今，民间对于霍去病的死因猜测有多个版本：有人认为其在漠北之战中“感染瘟疫，不治而终”；有人认为是被下毒致死；也有人推测“汉武帝担心霍去病功高震主痛下杀手”。然而无论是哪一种猜测，都只是没有证据的幻想，霍去病的死因在漫长的历史长河中成为一桩未解之谜。

匈奴之战后，卫青娶了曾经的主子平阳公主，开启了平淡的晚年生活。

汉武帝的姐姐平阳公主因食邑是阳信，故称阳信公主，最开始嫁给了曹参之曾孙平阳侯曹寿（又名曹时），又被称为平阳公主。公元前 131 年，曹寿去世，平阳公主成了寡妇。平阳和曹寿有一子，名襄。曹寿去世后，曹襄继承了平阳侯的爵位。公元前 133 年，夏侯颇娶了丧夫的平阳公主。但在公元前 115 年，他犯了与父妾私通之罪，自杀国除。汉匈大战之后，正逢平阳公主寡居，于是就有人给她和卫青牵线，平阳公主听了笑着说：“他是我从前的下人，过去是我的随从，怎么能做我的丈夫呢?”左右说：“大将军已今非昔比了，他如今是大将军，姐姐是皇后，三个儿子也都封了侯，富贵震天下，哪还有比他更配得上您的呢。”汉武帝知道这事后，当即允婚。

在嫁给卫青后，《史记》对平阳公主的记载从“公主”变成了“长公主”，但是这次婚姻只维系了十年，公元前 106 年，卫青病逝，谥号烈侯。取《谥法》“有功安民曰烈。以武立功。秉德尊业曰烈”之意，卫青长子卫伉因平阳长公主的缘故继承了长平侯。

至此，武帝时期的两位“战神”从历史舞台中谢幕。

李广难封，悲剧英雄自刎

在卫青、霍去病纵横漠北的时候，李广很不幸地成了他们两人的背景。

李广，汉族，陇西成纪（今甘肃天水秦安县）人，中国西汉时期的名将。司马迁《史记·李将军列传》将李广一生写得悲壮激越，脍炙人口，李广因此成了一位传奇式的悲剧英雄。唐代诗人王昌龄的《出塞》赞咏：“但使龙城飞将在，不教胡马度阴山。”王维的《老将行》感叹：“卫青不败由天幸，李广无功缘数奇。”李广在汉武帝时期被世人所熟知，但是早在汉景帝时期，李广就“小荷才露尖尖角”了。李广的先祖是秦国的名将李信，可谓是将门出身，曾率秦军追逐燕太子丹直到辽东。公元前166年，匈奴大举入侵边关，李广少年从军，抗击匈奴。用自己独创的“不入流”的治军方法，将部队训练得简单、灵活机动、善于应变，非常适合塞外作战。

李广作战英勇，汉文帝很看好他。九年后，汉景帝即位，李广升为骑郎将，成为景帝身边的禁卫骑兵将军。七国之乱时，李广以骁骑都尉官职跟随太尉周亚夫出征平叛，在昌邑城下夺得叛军军旗，立下显赫战功。在跟随周亚夫平息吴王叛乱胜利后，李广接受了梁王刘武的赏赐和印信。按照汉朝的法律，作为一名汉朝的将领，接受诸侯王的赏赐就代表对汉朝不忠。可是，李广却接受了。汉景帝知道后很生气，但念在他平息叛乱有功，便没有降罪于他，就算他功过相抵。

诸王叛乱平定后，李广调往上谷、上郡、陇西、雁门、代郡、云中等西北边陲做太守，抗击匈奴的入侵。

一次，匈奴进攻上郡，景帝派了一名亲随到李广军中，这名亲随带了几十骑卫士出游，路上遭遇三名匈奴骑士。结果，卫士们全被射杀，亲随本人也中箭逃回。李广闻讯，即率百名骑兵追击，亲自射杀其中两人，生擒一人。刚把俘虏缚上马，匈奴数千骑兵赶来，见到李广等人，以为是汉军诱敌之兵，迅速占领了有利地形准备作战。李广带领的骑兵见状立马要逃。李广大怒："我们远离大军数十里，逃跑只有死路一条！不逃，匈奴也不一定敢攻击我们。"遂带领兵士向匈奴骑兵迎去。离匈奴阵前二里之遥，李广令士兵下马解鞍，匈奴搞不清他们的意图，果然不敢贸然出击，只派一名士兵来阵试探，李广飞马抢到阵前，将他射落马下，然后从容归队。到夜半时，匈奴因为担心有埋伏，遂引兵而去。

公元前140年，汉武帝即位，调李广为未央卫尉，与老同事程不识一同上任。程不识和李广都曾任边郡太守并兼管军队驻防，两人一块出兵攻打匈奴的时候，李广行军无严格队列、阵势，靠近水源的地方驻扎军队，停宿的地方比较便利，晚上也不打更自卫，幕府简化各种文书簿册，但他远远地布置了哨兵，所以不曾遭到过危险。程不识与李广相反，他对队伍编制、行军队列驻营阵势要求很严格，对文书军吏处理考绩等公文簿册毫不含糊。

程不识曾说："李广治军简便易行，然而敌人如果突然进犯，他就无法阻挡了。他的士卒倒也安逸快乐，都甘心为他拼命。我的军队虽军务繁忙，但敌人也不敢侵犯我。"那时，李广、程不识都是汉朝边郡名将，但显然李广的名气更大一些，士兵也大多愿跟随李广。

公元前133年，汉武帝听从王恢之言，在马邑伏重兵意图围歼匈奴，但因单于生疑退兵而作罢。李广马邑之战时是骁骑将军，属护军将军，因此无功而返。

公元前129年，汉武帝派李广、公孙敖、公孙贺和卫青四人率四万大军分别从雁门、云中、代郡、上谷四个方面同时出击入侵的匈奴军。名声在外的李广得到了匈奴的重兵接待，结果倒霉的李广靠装死捡回一条命。

回到汉朝京城，朝廷把李广交给执法官，被判了一个斩首。最后李广拿出身家财产赎罪，才免去死罪被削职为民。之后，李广在家闲居数年，与灌强一起隐居蓝田，常到南山打猎，曾在一天夜里带着一名骑马随从外出，和别人在田间饮酒。归来走到霸陵亭，霸陵尉喝醉了，大声呵斥禁止他们通行。李广随从说："这是前任李将军。"但是今非昔比，成为普通人的李广报名号不好使了，廷尉说："现任将军尚且不许通行，何况前任呢！"便扣留了李广，让他停宿在霸陵亭下。

没过多久，匈奴入侵杀死辽西太守，于是汉武帝重新启用李广，任他为右北平太守。李广提了个要求，让霸陵尉一起赴任，然后找机会把这个当年冒犯过自己的人给杀了。李广驻守右北平后，匈奴人敬畏李广的威名，几年内没有骚扰辽西地区。没过多久，石建去世，于是皇上召李广接替石建任郎中令。

公元前 123 年，李广又受任后将军，随大将军卫青的军队从定襄出塞，征伐匈奴，许多将领因斩敌首级符合定额以战功被封侯，而李广的军队却没有战功。

公元前 120 年，李广率四千骑兵出右北平，配合张骞出征匈奴。兵进数百里，突然被匈奴左贤王率四万骑兵包围，汉兵死伤过半，箭矢也快用完了。李广令士兵们引弓不发，他自己以大黄弓连续射杀匈奴裨将多人。匈奴兵将大为惊恐，纷纷被李广的神勇所镇住而不敢妄动，直到第二日，汉军主力赶到，李广军得以解出重围。

李广的最后一次出征是在公元前 119 年，也就是漠北之战的这一年，在这里，戎马一生的李广以悲剧的方式结束了自己的一生。出征时，卫青任将军，李广以六十多岁的高龄任前将军职。出塞后，李广跟卫青提意见说："我的职务是前将军，大将军却命令我从东路出兵，我从少年时就与匈奴作战，至今才得到与匈奴对阵的一次机会，我愿做前锋，先与单于决战。"然而汉武帝在出发之前交代过卫青，李广年老，命运不好，不让他与单于对阵。于是卫青没有答应李广的请求，李广心中郁闷地前往军部，领兵与赵食其合兵后从东路出发。由于当时缺乏高科技工具，也没有向导领路，结果李广一行就迷路了，等卫青与单于交战收兵后，才遇到李广与赵食其。

战后，卫青派长史送给李广干粮和酒，顺便向李广、赵食其询问迷路情况，好给汉武帝上书报告军情。李广没有回答，长史得令后请李广的幕府人员前去受审对质，被李广拦下说：“校尉们无罪，是我迷失道路，我现亲自到大将军幕府去受审对质。”到大将军幕府，李广说：“我从少年起与匈奴作战七十多次，如今有幸随大将军出征同单于军队交战，可是大将军又调我的部队走迂回绕远的路，偏偏迷路，难道不是天意吗？如今我已经年过花甲，何必再回去受那些刀笔吏的侮辱呢。”说完拔刀自刎。

一代名将就这样悲惨地陨落了。

张骞回国，开发西域

张骞，汉中成固（今陕西城固）人，公元前140年为郎官。当时的汉朝已经日渐强盛，但北边匈奴却仍然时有侵犯。汉武帝憋着气准备给这帮“打不死的小强”们一点颜色看看。那会儿西域对汉人来说，是一片新世界，没有人知道那片土地上有什么国家，他们过着什么样的生活。一个偶然的机会，汉武帝从一个俘虏那里知道西域有个国家叫大月氏，大月氏国的皇帝被匈奴单于杀死，他的头还被砍下来，头颅做成酒杯。大月氏人受不了匈奴的残暴，便迁徙到天山北麓的伊犁河流域，后又受乌孙国的攻击，再向西南迁到妫水（今阿姆河）流域。月氏王想报杀父之仇，但苦于无人相助。这对武帝来说是一个好机会，正好可以联合月氏一起对抗匈奴。可是这件事情需要一个人去沟通，一番举荐之后，汉武帝决定派张骞以郎官身份应募，肩负出使月氏任务。

随行的人除匈奴人堂邑父外，共有一百多人。这是张骞第一次出使西域，未知的旅程在等着他。

公元前139年，张骞一行从长安起程，经陇西向西行进。西北气候干燥，风沙又大，一路走来困难重重。走到河西走廊这一带时，张骞被匈奴骑兵发现，一行人一个不落地全都被俘，西行计划暂时搁浅，这一耽搁就是十年。

匈奴人知道张骞西行的目的后，既没有打也没有杀，而是把他们全都分散去放羊牧马，并且严加管制。匈奴人还给张骞娶了匈奴女子为妻，一是监视他，二是希望这糖衣炮弹能诱使他投降。但是，张骞“不辱君命”，“持汉节不失”，始终没忘记自己的使命。虽被软禁放牧，度日如年，但他一直在等待时机，准备逃跑。

在被扣押期间，张骞韬光养晦，使匈奴人放松警惕，放宽对他的监禁。终于，机会降临在时刻准备着的人身上，张骞和少数随从趁匈奴看管不注意，逃跑了。由于他们仓促出逃，没有准备干粮和饮用水，一路上常常忍饥挨饿，干渴难耐，随时都有生命危险。好在堂邑父射得一手好箭，沿途常射猎一些飞禽走兽，饮血解渴，食肉充饥，才躲过了死亡的威胁。“西走数十日至大宛”，翻过冰冻雪封的葱岭（今帕米尔高原），来到了大宛国（今费尔干纳）。这下歪打正着，大宛国王早就想跟汉朝交往，听说张骞来了，很高兴，问他：“你要到哪里去？”张骞答：“我要出使月氏，没想到中途被匈奴抓了。现在我逃出来了，希望国王派人送我去月氏。我回汉朝后定会告诉汉王，用很多财物感谢你。”

大宛国王欣喜不已，派人把张骞护送到康居，由康居转送大月氏。可是到了大月氏以后，发现情况跟当时报告的不一样了。这十年中，老国王被匈奴人杀害，太子被立为王，征服了大夏。新国王认为，大月氏土地肥美，人民安居乐业，而且离汉朝太远，没有必要再去大动干戈报复匈奴。张骞在月氏停留了一年，始终不能圆满达成使命，只好回国。

公元前128年，张骞取道昆仑山北麓，打算从青海柴达木盆地的羌族居住区回国。这一次，张骞很不幸地又被匈奴抓到了，关了一年多之后，即公元前126年，匈奴内部发生了动乱，张骞趁乱逃回长安。回国后，汉武帝封他为太中大夫，堂邑父为奉使君。

从公元前139年到公元前126年，张骞历尽千辛万苦，用了十三年时间，出发时带着随从一百多人，返回时，只剩堂邑父一人同行。虽然这次出使付出了很高的代价，没有达到汉武帝要求的政治目的，但是张骞是个细心的人，一路走来所遇到的人和事他都仔细记录下来。张骞把这些地理知识写成报告上奏汉武帝，使生活在中原内地的人们，获得了有关西域各国极为丰富的地理知识，了解到西域的实况。后来司马迁也是根据这些报告写成了《大宛列传》保存至今。

张骞是中国历史上第一次以汉朝使者的身份，与西域的一些国家交往的人，沟通了汉朝与西域各国之间的联系。历史上称他的这次出使是“凿空（孔）”，意思是张骞打开了汉朝通往西域的通道。这次出使西域的另一个意义是激发了汉武帝扩张边疆的信心，为后来的抗击匈奴做了铺垫。

张骞在大夏时，看到邛山（今四川荥经西）的市场有竹杖和蜀地的细布售卖，觉得很奇怪，好奇之下就去打听，然后得知是从“身毒”（天竺）买来的。张骞一想，身毒在大夏东南数千里，那里的军队出行都骑象，临近大海。大夏国远离汉朝一万余里，位于中国的西南方，而身毒国又位于大夏国东南几千里，竟有蜀地的东西出售，可见这两个地方应该是离得不远。于是，张骞建议武帝打通西南夷道。

武帝采纳了他的建议，命蜀郡、犍为郡派使者分别从駹、莋和邛、僰等四路并出，打开西南通道。但这个计划因为受到当地少数民族的阻止，最终没能实现。张骞所领导的由西南探辟新路线的活动，虽没有取得预期的结果，但对西南的开发是有很大贡献的。张骞派出的使者，已深入到当年庄乔所建的滇国。而使者经滇国、夜郎等在滇一带活动，取得成效，为武帝经略西南夷奠定了基础。

公元前123年，张骞以校尉随大将军卫青出征匈奴，有功，封博望侯。公元前121年为卫尉，与李广出右北平（今河北东北部）击匈奴，张骞因延误军期，当斩，后用侯爵赎罪，免为庶人。两年后，张骞复出，给武帝上书建议联合乌孙（在今伊犁河流域）断“匈奴右臂”。汉武帝批准后，派张骞第二次出使西域。

汉武帝派了三百人跟张骞一同出使，另有牛羊金帛以万数。张骞到乌孙，分遣副使往大宛、康居、月氏、大夏、安息、身毒等周边各国，足迹遍及中亚、西南亚各地，最远的使者到达地中海沿岸的罗马帝国和北非。不过，这次出使乌孙虽然一路顺利，但目的并没有达到，因为此时乌孙国内爆发了内战。尽管没能立即与乌孙结成军事联盟，但双方在政治上和经济上的联系变得频繁而密切，两国之间的农牧产品的交流蓬勃开展，并确立了和亲关系。公元前105年，江都公主刘细君下嫁乌孙王昆莫。

张骞回国后被封为大行，列于九卿，于第二年去世。之后，他派出去的那些出使西域各国的副使陆续与西域诸国建立了往来关系，汉朝与西域的道路完全打通，来往使者络绎不绝。张骞两次出使西域，不仅丰富了当时国人的地理知识，扩大了地理视野，而且直接促进了汉朝和西方物质文化的交流。中国精美的手工艺品，特别是丝绸、漆器、玉器、铜器传列西方，而西域的土产如苜蓿、葡萄、胡桃（核桃）、石榴、胡麻（芝麻）、胡豆（蚕豆）、胡瓜（黄瓜）、大蒜、胡萝卜，各种毛织品、毛皮、良马、骆驼、狮子、鸵鸟等陆续传入中国，西方的音乐、舞蹈、绘画、雕塑、杂技也传入中国，对中国古代文化艺术产生了积极的影响。

为了纪念张骞通西域的功绩，其后使者皆以“博望侯”相称，以取信于各国。

武帝征战四方，开疆扩土

陆贾在汉文帝和汉景帝时代，两次出使南越国，南越武帝赵佗被陆贾说服，对汉朝俯首称臣。公元前 137 年，赵佗去世，由于他去世时已达百余岁高龄，其儿子都已经死去，他的王位就交由孙子赵胡（又名赵眛）继承。赵胡曾借助汉武帝的力量平定了闽越王郢的叛乱，答应要去朝见汉武帝，但是后来却一直以生病为由推托，并将太子赵婴齐送到汉武帝身边充当侍卫。

汉武帝为了加强对南越国的控制，送给赵婴齐很多汉族的美女做姬妾，其中樛氏最为得宠，并生有两个儿子：赵兴、赵次公。公元前 122 年，赵胡病重，他的儿子赵婴齐向汉武帝请求回到南越国。汉武帝将赵婴齐和樛氏等人送回广州。同年，赵胡死去，赵婴齐回国继承王位。赵婴齐在没去长安之前，曾经在南越娶当地的南越女人橙氏为妻，并生了长子赵建德，按制度，应该立赵建德为太子，橙氏为王后。但樛氏在汉朝陪伴赵婴齐十几年，又有西汉朝廷为后盾，因此赵婴齐请求将樛氏立为王后、赵兴立为太子，得到汉武帝的批准。

南越国内的官员因赵婴齐舍弃长子和越妻，而将小妾樛氏及其儿子立为王后、太子，相当不满，因此对樛氏母子并不依附。赵婴齐舍长立幼，为将来南越国之乱种下了祸根。

公元前 113 年，赵婴齐去世，他的小儿子赵兴即位，尊生母樛王后为王太后。因南越的官员们对这对母子很有意见，所以樛太后和赵兴虽然地位尊贵，却没有什么实际权力，大权掌握在以丞相吕嘉为首的越族官员手中。

樛氏在嫁给南越王之前，曾与汉朝的官员安国少季有过一段爱情，于是公元前113年（元鼎四年），汉武帝特意派遣安国少季为汉使到南越国，希望和平统一。安少季到广州，会见南越四主及王太后樛氏，表达了汉武帝的统一愿望。樛太后深知自己的处境，在听了安国少季的来意后，非常高兴，力主归顺汉朝，并准备行装，拟择日与儿子赵兴入长安晋见汉武帝。

樛太后的行为，站在大历史的角度看，是维护统一，是有进步性的，应予以肯定，但是站在当时南越国的立场来看，则无疑是为保自己荣华富贵而出卖南越国的主权和利益。因此樛太后卖国求荣的行为在南越国内激起了众怒。宰相吕嘉尤其气愤，与群臣极力反对她的做法。

丞相吕嘉这个人有个特点：长寿。从赵胡、赵婴齐，一直到赵兴都是他辅佐的，作为三朝元老，其宗族在南越出任官员逾七十人，与南越王室有联姻，地位显要，深得南越人的信任。重量级的对手反对，樛氏没办法，只能跟吕嘉互相较劲。时间一长，吕嘉就产生了造反的想法，多次托病不去上朝。樛太后害怕吕嘉首先发难，就安排了一场酒宴，宴请当时出使者南越的使者和吕嘉，想借汉朝使者的力量干掉吕嘉。

在宴席中，樛太后质问吕嘉说："南越归顺汉朝，这是国家的根本利益，你身为宰相，为什么要加以阻挠?"她这是故意想激怒吕嘉，好在此次宴会上干掉吕嘉，可是吕嘉并未上当。而且吕嘉的弟弟是将军，掌握兵权，带领士兵守在门外，汉使者对此也有所顾忌，未敢动手。樛太后按捺不住心中的怒火，亲自抓起长矛刺向吕嘉，但是赵兴不想事态扩大，出来阻拦，长矛未能投出。吕嘉急忙退席，在弟弟的保护下安全返回家中。

后来，吕嘉加强了守卫保护自己的安全，并找借口不去见赵兴和汉朝使者，同时暗中与朝中大臣密谋，准备发动政变。吕嘉和南越贵族与樛太后的矛盾慢慢公开且白热化，他们四处散布谣言说："南载王年幼，樛太后是汉朝人，与汉使私通，要把南越先王珍宝献给汉武帝以冒功，如果归顺了，南越国人都会成为汉朝的奴隶。"南越国人本来就对樛氏以汉女身份占据王后的位子不满，骂她为失德的淫妇，对她更加反感。

远在长安的汉武帝听说吕嘉要造反，而赵兴和樛太后又没有能力压制，就派庄参出使南越国。庄参不愿意去，汉武帝改派韩千秋和樛太后的弟弟樛乐于公元前 112 年率两千人前往南越国。韩千秋和樛乐进入南越国之后，吕嘉正式发动政变，杀死了赵兴、樛太后和当时出使的汉朝使者，立赵婴齐长子赵建德为新一任南越王，并在全国下了通知，准备跟汉朝军队开战。

这时韩千秋的军队进入南越国境内，顺便还拿下几个边境城镇。随后，南越士兵耍诈，假装逃跑，并且给韩千秋留下了军粮，在走到离番禺四十里的地方，南越突然发兵，韩千秋战队被打了个措手不及，全队牺牲。这下把汉武帝惹毛了，前脚刚解决完匈奴，本来以为南越国造反也就小打小闹，结果吃了个下马威，这太没面子了。公元前 112 年秋，汉武帝派水陆两队兵共十万人，分五路进攻南越。

第一路任命路博德为伏波将军，率兵从长沙国桂阳（今湖南境内），直下湟水。第二路任命主爵都尉杨仆为楼船将军，走豫章郡（今江西境内），直下横浦。这个杨仆也很有意思，他的本职工作原来是“酷吏”，曾经是一名破案高手，后被汉武帝封为“楼船将军”统领水师。第三路和第四路任命两个归降汉朝的南越人为戈船将军和下厉将军，率兵走出零陵（今湖南境内），然后一路直下漓水（今广西漓江），一路直抵苍梧（今广西境内）。第五路驰义侯利用巴蜀的罪人，调动夜郎国的军队，直下牂牁江。

这场战争持续了一年，打得很艰难，也很激烈。公元前 111 年冬，楼船将军杨仆率领精兵，抢先攻下寻峡，然后攻破番禺城北的石门，缴获了南越的战船和粮食，乘机向南推进，挫败南越国的先头部队，率领数万大军等候伏波将军路博德的军队。路博德率领的是一队特赦的囚犯，兵力相对来说比较弱，一路折腾到会师地点就剩一千多人，于是一同进军。杨仆率军队在前边，一直攻到番禺，赵建德和吕嘉都在城中固守。

楼船将军杨仆选择有利的地形，将军队驻扎在番禺的东南面。天黑之后，杨仆率兵攻进番禺城，放火烧城。伏波将军路博德则在城西北安营扎寨，派使者招降南越人，南越人久闻伏波将军路博德的威名，于是纷纷投奔路博德的旗下。黎明时分，城中的南越守军大部分已向路博德投降。吕嘉和赵建德见形势不妙，在天亮之前率领几百名部下出逃，乘船沿海往西而去。路博德派兵追捕，最后，生擒皇帝赵建德和宰相吕嘉，然后统统处死。

南越国属下各郡县包括苍梧王赵光、桂林郡监居翁、揭阳县令等纷纷向汉朝投降。戈船将军和下厉将军的军队，以及驰义侯调动的夜郎军队还未到达，南越已经被平定了。平定南越后，汉武帝将原来的南越国分为九个郡，直接归属汉朝。这样，由赵佗创立的南越国经过九十三年、五代南越王之后，终于被汉朝消灭了。

南越国被灭后，下一个目标是闽越国。闽越国在今天的浙江、福建一片儿，是春秋时期“卧薪尝胆”的越王勾践的后代。公元前135年，闽越王郢出兵挑衅南越国，南越国向汉武帝发出紧急呼救，汉武帝于是派兵南下救急。郢的弟弟余善跑出来砍了大哥的脑袋献给汉武帝表忠心。汉武帝就封余善为东越王。

汉武帝出兵打南越国的时候，东越王余善表面上对汉武帝示好，表示愿意帮忙一起教训南越，背地里却又和南越造反势力勾结，准备等两队人马打完之后，自己捡个便宜，最好还能捡个皇帝当。汉武帝对余善早存有戒心，派会稽太守朱买臣率兵征剿余善，余善带兵马进入闽中，在莆田山区白沙古院山筑台据守，与汉武帝公然分庭抗礼。公元前110年，杨仆和其他几位将军率领大规模的战舰攻入闽越境内，闽越国至此灭亡。

拿下闽越后，汉帝国下令顺便把西南部“西南夷”的地方也拿下，西南夷包括今天的四川西南部、贵州、云南和甘肃南部一带，以少数民族为主要人口，比如夜郎国（贵州西北部、四川南部、广西北部）、滇国（云南中部及东部）、邛都国（四川西南）、且兰国（贵州贵阳东北）、莋都国

（四川南部）等，分别设为牂柯郡、越嶲郡和沈黎郡。

公元前109年秋，武帝征调巴蜀军队攻打滇国以及周边的劳深和靡莫。兵临城下，滇王举国投降。汉武帝将滇国、劳深和靡莫改为益州郡，投降后的滇王得到汉武帝的优待，得到赏赐的金印一枚，让他继续管理自己的地盘，前提是要听汉朝的指挥。此后，西南夷正式纳入汉帝国的版图。

“推恩令”与诛三族

整个汉朝时期人才辈出，如悲剧英雄楚霸王，千古帝王汉高祖刘邦，政治家萧何、曹参，军事奇才韩信等。汉武帝时代有一个人也值得一说。他以非凡的见识、独到的见解获得了汉武帝的青睐，并且提出了推恩令，帮武帝解决了分封难题，他就是主父偃。

主父偃，临淄（今山东临淄）人。出身贫寒，早年在齐国学习“长短纵横术”辩士之说，但人缘不太好，同学们都排斥他，最后导致无法容身。因为家庭条件不好，又没有贵人相助，主父偃为了解决温饱问题和实现自己的抱负，于是“北游燕、赵、中山”等诸侯国求职。但此时的汉朝在汉武帝的统治下，属于中央高度集权的国家，各个诸侯国在兵力和其他方面并没有太大的实力，主父偃学的纵横之术在当时并不受追捧。主父偃就算是有一肚子的计谋，也是无人愿意倾听的，于是“莫能厚，客甚困”。

公元前134年，主父偃向西进入河南三门峡来到长安，投到大将军卫青门下。这次算是老天爷开眼，卫青很欣赏他的才干，就把他推荐给汉武帝，但皇上一直没当回事，也没搭理。主父偃左等右等却等不汉武帝的召唤，最后等不及了直接给皇上写了一封自荐信。汉武帝看完信后觉得主父偃是个人才，早晨看完信后，下午就接见了主父偃，并当场拜为郎中。从此，主父偃经常上述言事，很得武帝赏识，“一岁四迁，至太中大夫”。中大夫级别不低，却是个闲职，每天要干的活也不多，但主父偃很满足。

由于受到汉武帝的重用，主父偃多年前的想法全面释放，给汉武帝提意见也越来越勤快。当时，诸侯王的爵位、封地都是由嫡长子单独继承的，其他庶出的子孙得不到尺寸之地。虽然文景两代采取了一定的削藩措施，但是到汉武帝初年，那些分封的诸侯经过长时间的发展，势力逐渐扩大，对中央集权产生了巨大的威胁。

公元前127年正月，勤奋的主父偃向汉武帝提出了“推恩令”的建议。所谓“推恩”，字面意思是“推恩足以保四海”，就是将己之所爱推及他人之意。允许诸侯王推“私恩”，把王国土地的一部分分给诸侯王的子弟。推恩令吸取了景帝时期晁错削藩令的教训，规定诸侯王除以嫡长子继承王位外，其余诸子在原封国内封侯，新封侯国不再受王国管辖，直接由各郡来管理，也就是等于把王国土地纳入郡县，国家的土地扩大而诸侯国土地缩小。这表面上是皇帝的恩泽，但实际上分割了诸侯的土地和权力，让他们再也没有实力造反。从此“大国不过十余城，小侯不过十余里”。

主父偃性格耿直，得到重用后开始发光发热，渴望实现自己的价值。这时燕王刘定国撞到枪口上了。燕王这个人生活作风有问题，他与其父康王的姬妾私通，后来又夺取其弟弟的妻子为姬妾，还与三个女儿通奸。其弟无法忍受哥哥的所为，就将燕王乱伦的事告到朝廷。主父偃知道这件事情后，立即建议武帝对这种有伤风化的事情严厉惩罚。武帝正好也有修理燕王的心思，顺水推舟同意了主父偃的意见。于是燕王被诛，燕国顺势被取消。

下一个目标是齐王。齐王早年便与主父偃结下了私人恩怨。汉武帝的母亲王娡有个外孙女，到了待嫁的年龄，宦官徐甲上奏王太后：“齐国土地富饶，风俗淳朴，把您的外孙女嫁给齐王再好不过，我愿意为您操办这门亲事。”王太后一听大喜，当即派徐甲动身。主父偃为了能打入朝廷内部谋得一官半职，找到徐甲请求他捎带着把自己的女儿也送入齐国，徐甲满口答应。到了齐国，徐甲委婉地向齐王表明了自己的来意，本来好好的，结果齐王的母亲发飙了，坚决不同意。原来齐王的母亲纪氏早就把自己娘家的一位姑娘许配给了齐王，这时王太后空降来一位金枝玉叶，那不等于给自己家的姑娘找罪受。虽然不敢明面上指责王太后，但纪氏可以拿徐甲和主父偃出气，于是这个梁子就这么结下了。

主父偃抓到这个机会，对武帝说："齐国自然资源丰富，国力强盛，理应由天子的亲生儿子担任侯王，可现在的齐王与武帝的亲属关系非常疏远，而且传闻说齐王与姐姐有通奸的事。"汉武帝大怒，妻妾成群怎么还搞出这么个幺蛾子，于是下令调查。主父偃本来是想吓唬吓唬齐王，结果齐王胆子比较小，情急之下喝毒药自杀了。主父偃一下子傻了眼。消息传到汉武帝那里了，汉武帝很生气，正好这时候"屋漏偏逢连阴雨"，曾经拒绝过主父偃的赵王很害怕，怕不知道什么时候会被主父偃打小报告，所以来了一招先发制人，上书告发主父偃收受贿赂。

汉武帝其实也不是忍不了，但是主父偃这个人平时比较固执，得到重用之后也不善于拉近与同事之间的关系，加上推恩令的执行又得罪了一些诸侯，于是大家合起伙来落井下石。主父偃一案开始审理，他这个人还是很坦诚的，老实承认自己收了诸侯的银子，但对于齐王自杀一事坚持认为自己没责任。

皇上其实也不是非杀主父偃不可，因为主父偃这个人还是挺有才华的，作为谋臣来说他很合格。这时候公孙弘来火上浇油了，上书说："齐王自杀，由于他还太年轻连后代都没留下，封国被废除而变成郡，归入朝廷，主父偃是这事的罪魁祸首。陛下不杀主父偃，如何向天下人交代?"

公元前126年，汉武帝下令处死主父偃，诛其宗族。主父偃死后横尸郊野，只有门生孔车为他收尸。

迷信巫蛊，逼死太子

公元前106年，大将军卫青病逝，卫子夫也年老色衰，跟汉武帝的感情日渐淡薄，时间长了难免生出嫌隙。而太子刘据与武帝在许多重大问题上不一致：武帝“用法严，多任深刻吏”；太子随他母亲，性格宽厚，“多所平反”；武帝坚持以武力征伐四夷，太子则主张用怀柔之策缓和彼此关系，等等。这些都为之后的悲剧埋下了导火索。

公元前92年，这时的汉帝国连年安定，四海升平。激情消退后的汉武帝开始悲春伤秋，想想自己十六岁即位，至今已五十年，对外征伐不止，对内苛法严刑，死在自己手下的大官小官不计其数，世界上已经没有人能让自己感到害怕，唯独“死亡”是自己无法打败的。于是，汉武帝走上了秦始皇的老路——求长生。

汉武帝曾多次派人寻觅使人长生的灵药，迷信神仙方术“可致长生”之言，采用了一群以此博取富贵的方士，自称有法术秘方，可致长生。汉武帝这时还保有一些理智，找人来实验了几回，因久不灵验，杀了几个方士，但始终没有动摇追求长生的信念。公元前110年至公元前89年之间，武帝共举行了六次封禅泰山活动。每次封禅，开支都十分巨大，花费的钱财难以计算。公元前112年，方士栾大来到长安说自己找到了长生不老药。汉武帝信以为真，陆续封他为五利将军、天士将军、地土将军、大通将军、乐通侯，赐黄金万斤，还把自己的女儿长公主嫁给他，最后还专门刻一方玉印，以对待宾客的礼仪封他为天道将军。公元前110年，骗局败露，汉武帝腰斩了栾大。但他仍不断派人到海上求仙，幻想有人能够成功。他听信术士，在宫苑中树起一座巍峨巨大的铜柱，上设承露盘，每天接露水跟玉屑一起喝，相信喝了能长生。

一天，汉武帝跟公孙卿谈话，表达了自己对远古的黄帝仙升天界的羡慕，并向往地说：“如果我也能那样，老婆儿子不要了我也愿意!”但他还有一点疑惑：既然黄帝已仙升而去，为什么人间还留有他的坟茔？公孙卿回答说：“黄帝的肉身并不在坟墓之内，那是留在人间的臣子们为他修的衣冠冢。”汉武帝听了便叮嘱：“如果有一天我也仙升而去，你们不要忘了给我也修一座衣冠冢啊!”

这天，武帝在建章宫中休息，迷迷糊糊地看见一个穿白衣服、佩长剑的人，穿过宫中龙华门匆匆而入。武帝觉得奇怪，就问：“是谁竟敢佩剑入宫?”周围的侍卫们忙追赶过去。龙殿凤阙，亭台池苑，遍搜不得，折腾了一个时辰，侍卫们回来复命，只在宫中辇道边找到了一把佩剑。眼睁睁地一个大活人怎能在眼皮底下就没了踪影？武帝勃然大怒，立刻下令斩了负责守门的门官。但这并没有缓解他的忧虑，他寝食不安，简直像得了“被害妄想症”一样，老觉得有人要刺杀他。这年十一月，他调集骑兵部队，下令关闭了长安城门，开始对上林苑进行严密搜索，搞得朝野震动，百姓惶恐，查了整整十一天，但是没有任何结果。从这之后，武帝的“被害妄想症”越发严重，他老觉得有很多人恨他并咒他快点死，甚至看到自己的臣子后妃，乃至皇子公主，都有要杀他的错觉。一日，武帝午休，梦见一大群木头人争先恐后围上来要杀他，惊醒之后惶恐不安。

就在武帝惶恐不安的时候，发生了丞相公孙贺事件。

说起来公孙贺还是武帝的姐夫，他娶了卫子夫的大姐卫君孺为妻，被封为轻车将军。后公孙贺随卫青远征匈奴，因功封侯，后因丞相石庆病死接任丞相一职。公孙贺当了丞相，儿子公孙敬声接了他的班任太仆之职，父子皆位列公卿。公孙敬声因贪污军费事发，进了大牢。当时民间出了一个叫朱安世的“大侠”，因干扰朝廷执法被通缉，公孙贺就向武帝提出，亲自去抓朱大侠赎儿子的死罪。没多久这朱大侠就被抓回来了，结果这位“英雄”临死也要拖人下水，揭发丞相父子两宗大罪：一是公孙敬声与阳石公主私通；二是用巫蛊妖术谋害皇上。公孙贺父子立马被抓，然后死于狱中。汉武帝气坏了，下令将丞相灭族。这位朱英雄还供出了两名公主和卫青的儿子长平侯卫伉。汉武帝气昏头了大开杀戒，全都斩了。

这事还没完，汉武帝命令江充继续调查。

江充原本是赵国邯郸的市井无赖，原名叫江齐，他的妹妹是赵国太子刘丹的妻子，江充因此成为赵王的座上客。后江充与太子刘丹产生矛盾，父兄因此被杀，他侥幸逃脱，更名为江充，来到京城状告刘丹，指责他与姐妹淫乱，勾结当地盗匪危害一方。尽管赵敬肃王为儿子辩护，但江充这个人很阴险，他不顾一切激怒武帝，最终阴谋得逞，汉武帝痛下杀手，刘丹因此死于狱中。

汉武帝因欣赏江充玩命报仇的勇气决定召见他，江充因此得到武帝信任，先是自请前往匈奴为使，回来后，皇帝特命他为“直指绣衣使者”，这是个特殊的职位，相当于是监督诸侯群臣的“督查”，江充利用职务之便为国库创收数千万。武帝大悦，认为江充实在是一个懂得为国家着想的人，从此江充更得宠幸。

此时，江充和势力最大的卫家发生了摩擦，他想着一旦卫子夫的儿子刘据继承了皇位，自己难逃一死，所以要先发制人。江充领了武帝的命令就把巫蛊的黑锅往太子刘据头上扣，当时黄门苏文帮助江充在太子东宫中挖出了桐木人偶。太子刘据急了，想去跟武帝解释，却被江充等人限制，情急之下又无上策，便听从少傅石德之计，于七月壬五斩杀韩说，起兵对抗缉拿江充。而跟江充一起办案的苏文、章赣一路逃到了甘泉行宫见到武帝。

因太子能指挥到的车马有限，刘据在决定起兵后派人连夜将自己的情况报告给了卫皇后。随后刘据动用了所属皇后的中厩车架，取武库兵器，调长乐宫卫队，并以武帝已死奸臣作乱的名义征兵，与江充等人在长安城中展开激战，终于杀死了江充，并在上林苑烧死意中胡巫。

刘据真的很倒霉，起兵后武帝并没有认定太子就是想造反，于是遣人去调查。可是这个去调查的使者因为怕死连城门都没敢进去，跑外面溜达了一圈回来报告武帝说太子造反要杀自己。武帝大怒，派左丞相刘屈氂发兵讨伐。刘据见刘屈氂带的兵黑压压一片，于是打开长安官狱放出囚徒充军，并派使者持符节去调动长水和宣曲两地的胡人骑兵，命令他们全副武装之后前来会师。

然而武帝派遣的使者侍郎莽通赶到，告知长水校尉太子的符节是假的，并斩杀如侯亲自引长水和宣曲胡骑入长安，征发船兵，一并交由大鸿胪商丘成。而后，护北军使者任安虽然接到了太子的命令却作壁上观。刘据没办法只得硬战，五天后，血流入渠，尸骸遍地，太子兵败。丞相司直田仁帮助他逃了出去，隐匿湖县，随后被人告密，无奈之下悬梁自杀。武帝派宗正刘长乐、执金吾刘敢奉策收卫皇后玺绶，卫皇后以死明志，死后葬在城南桐柏。至此，母仪天下三十八载，陪伴汉武帝四十九年的卫皇后溘然长逝。

刘据的儿子刘进生子刘询，因祖父和父亲都是叛徒，尽管当时还嗷嗷待哺也被捕下狱。

卫子夫全族被屠，对手们还来不及庆祝，厄运就开始光顾。有一位住在壶关（山西壶关）的令狐茂先生，冒死上了一份奏章给武帝，为皇太子申冤。冷静下来的武帝又接到车千秋为太子平反的奏章，这时，时过境迁，武帝查出刘据确实被江充逼反，于是态度来了一个一百八十度转弯，任命为太子平反的车千秋为大鸿胪，下令屠杀江充全家，又下令把“挖出”桐木人构陷太子的苏文绑到桥柱上，纵火活活烧死。

汉武帝把太子刘据安葬在身死之处的泉鸠里，又在湖县建“思子宫”，宫中再建“归来望思台”，表示他的哀忱。

苏武牧羊十九年

苏武，字子卿，杜陵（今陕西西安西南）人，平陵侯苏建之子。

因汉武帝派卫青、霍去病攻打匈奴，又派张骞通西域，在汉武帝强大的武力碾压之下，匈奴逃到漠北消停了几年。此时的匈奴跟汉朝的关系处于时好时坏的状态，一会儿说要向汉朝称臣，一会儿又扣押汉朝派去的使者，就这么纠结着。公元前100年，匈奴政权新单于即位，跟汉武帝喊话表示要送还扣押的使者，汉武帝想跟新上任的单于搞好关系，就派遣苏武率领一百多人，带了许多财物，出使匈奴。

一路上很顺利，到了匈奴办完事准备启程回国时，出了乱子。匈奴的阵营里有个叫卫律的人，原本是汉人，后投降了匈奴，匈奴封他为王。卫律有个副手叫虞常，这个人很有正义感，见卫律老帮匈奴出主意攻打汉朝，就想杀了这个卫律，然后逃回汉朝去。虞常跟苏武的副手张胜原本是同事，就偷偷地跟张胜透露了消息，建议两人合伙把卫律杀死。

张胜一听，这个卫律实在很招人讨厌，原本是汉人却背叛得这么彻底，就同意了一起暗杀卫律。谁知道这个消息被人告密，单于叫卫律审问虞常，张胜担心事情败露，就把要暗杀卫律的事情一五一十地告诉了苏武。苏武一听就着急了，堂堂使者，如果像犯人一样被匈奴审问，那岂不是给汉朝丢脸，于是拔出刀向脖子上抹去，张胜和另一个副手常惠连忙夺下刀，没让他死。另一边单于又叫卫律跟苏武谈谈，让他们认个错，最好背叛汉朝，留在匈奴。

苏武一听要他背叛汉朝，又拔出刀来向脖子上抹去。卫律慌忙把他抱住，苏武已经倒在地上，浑身是血。卫律叫人请来医生给苏武灌了药，又给他涂上药膏，包扎伤口，把他抬到营房里去，而张胜就被关到监狱里去了。

单于对苏武软磨硬泡，每天早晚派人问候苏武，不放弃挖墙脚的念头，结果每次都被苏武义正词严地拒绝。卫律想，软劝不成来硬的，他先举起刀来吓张胜，张胜贪生怕死，答应背叛汉朝，跟着单于干。卫律又拿起刀来吓唬苏武，可苏武把脖子一挺，不动声色地等着。这一挺，卫律就蔫了，又换个态度跟苏武说，自从自己投降了匈奴，单于就封他为王，给了他几万名手下和满山的马群，日子过得比在汉朝还好，让苏武赶紧投降，还可以跟他一样享受荣华富贵，要不然，恐怕小命不保。

苏武听了，破口大骂卫律："你忘恩负义，背叛朝廷，作为一个有骨气的人，我都不想搭理你，我绝不会投降，要杀要剐都由你!"

卫律没辙，跑去向单于报告，单于看苏武百折不挠，心想这个人有志气，是条汉子，便下定决心一定要征服他。这时候正好赶上下雪，单于就把苏武丢到了室外的地窖里，不给他吃的、喝的，考验他的意志。苏武渴了吃点雪，饿了啃点地窖里的破皮带、羊皮片什么的。

过了几天，单于见苏武还活着，被他顽强的意志力感动了，立马要封苏武为王，苏武仍然拒绝。单于被拒很不爽，一怒之下把他送到了北海(今西伯利亚贝加尔湖一带)，叫他在那边放羊。临行前，单于召见苏武说："既然你不投降，就去放羊吧，什么时候公羊生了羊羔，我就让你回到中原去。"

于是可怜的苏武被流放到了气候恶劣、人迹罕至的西伯利亚。在这冰天雪地里，陪伴苏武的只有那根代表汉朝的使节令和一群羊。苏武在西伯利亚接受了残酷的考验，每天看着使节令，心想总有一天能够拿着它回到自己的家乡。一年又一年，十九年过去，使节棒上面的装饰都掉光了，苏武的头发和胡须也都变白了，但他仍然没有放弃自己的信念。

公元前85年，匈奴内部又开始较劲，单于顾不上再跟汉朝作对，又安排使者出使汉朝要求和好。此时已经是汉昭帝即位，派出使者来到匈奴，要求放回苏武、常惠等人。匈奴挺坏的，来来去去那片不毛之地嫌麻烦，便骗使者说苏武早就死了。汉朝使者不相信，回来禀报汉昭帝，第二年汉昭帝又派使者去匈奴了，这次苏武的手下常惠抓住机会，买通了关系，私底下跟汉朝使者见上了面。使者知道了事实的真相，就诈单于说："我们皇上在上林园射下了一只大雁，大雁的脚上拴着一条绸子，是苏武亲笔写的一封信，说他现在在北海放羊，您为什么不说实话?"

单于听了吓了一大跳，说："苏武的忠义感动大雁了!"于是向使者道歉，答应一定送回苏武。当初苏武出使时，随从的有一百多人，等单于送他回国的时候只有常惠等几个人了；苏武出使时刚四十岁，回国的时候头发胡子全都白了。长安城里的百姓听说苏武回来，都出来迎接他。回国后，为了表彰他不辱汉节的功绩，昭帝封他为典属国（负责属国的官员），俸禄中二千石，赐钱二百万，官田二顷，宅一处。宣帝时，被赐爵关内侯，后复为右曹典属国。

唐朝时期，大诗人李白曾为苏武作诗一首：

苏武在匈奴，十年持汉节。
白雁上林飞，空传一书札。
牧羊边地苦，落日归心绝。
渴饮月窟冰，饥餐天上雪。
东还沙塞远，北怆河梁别。
泣把李陵衣，相看泪成血。

司马迁悲愤写《史记》

司马迁，字子长，夏阳（今陕西韩城南）人。因夏阳靠近龙门，所以司马迁又自称“迁生龙门”（太史公自序）。司马迁出生于史官世家，其父司马谈为太史令，学问渊博，曾“学官于唐都，受易于杨何，习道论于黄子”。司马迁的童年生活贫苦而充实，受父亲的影响，他自幼就养成了读书的习惯，并且学习十分认真刻苦，遇到疑难问题，总是反复思考，直到弄明白为止。十岁，司马迁随父亲司马谈至京师长安，师从老博士伏生、大儒孔安国，名师教学效果肯定不一般，司马迁因此受益匪浅。这个时候正是汉王朝实力雄厚、经济繁荣的时候，张骞出使西域，卫青、霍去病征服匈奴，汉武帝扫平南越……司马迁每天听着这些新闻，感觉自己的内心快要燃起来，满腔壮志豪情期待做出点成绩来。

大概二十岁的时候，司马迁开始外出游历，“南游江、淮，上会稽，北涉汶、泗，讲业齐、鲁之都……”总之世界那么大，他到处看了看。回到长安以后，他做了皇帝的近侍郎中，跟着汉武帝又到处跑，到过平凉、崆峒，又去过巴蜀，最南边还去过昆明。

俗话说，“读万卷书不如行万里路”，司马迁这些年的游历拓展了他的视野，同时，因为身份的关系，他还能接触到各个阶层的人，从他们那里得到许多历史知识。周霸向跟他聊过项羽，公孙秀跟他讲过荆轲刺秦王的细节，朱建之子和他讨论过陆贾，至于卫青不肯招贤纳士的情况，则是苏武之父苏建向他介绍的。除此之外，司马迁还认识一大批朝廷大臣，曾亲眼见过名将李广、大侠郭解，并和李广之孙李陵当过同事。

公元前 110 年这一年，汉武帝前往泰山举行封禅大典，司马迁的父亲司马谈是史官，本应从行，但因为身体不好没办法参加。可能是感觉到自己身体撑不住了，司马谈赶紧召回了出使西南的司马迁，病重的司马谈表示自己最大的心愿就是修史，希望司马迁能继续自己的事业，实现自己的心愿。他拉着司马迁的手泣不成声，鼓励司马迁说："我死之后，你肯定会继承我的职位，成为太史。你不要忘了我交代给你的事情。"司马迁俯首流涕，接受了修史的嘱托，修史的决心从此下定。三年后，司马迁继任太史令。公元前104年，司马迁与天文学家唐都等人一起定制"太初历"，同年，开始编写《太史公书》，即《史记》。

命运的转折点在公元前99年。这一年汉武帝派李广利带兵三万攻打匈奴，结果出师不利被匈奴追得到处跑，带出去的三万人马就回来了一个李广利。当时李广的孙子李陵担任骑都尉，跟李广利一起出发，带着五千名步兵跟匈奴作战。匈奴单于亲领三万骑兵围困李陵。李陵命令前队的人拿盾和戟，后队的人都持弓弩，听他命令，鼓响就冲，锣响就停。匈奴兵看李陵的兵少，气都不带喘地就往前冲。李陵指挥弓弩手，千弩齐发，杀死了好几百匈奴兵。匈奴兵一看形势不妙就开始逃，李陵乘胜追击，又杀死匈奴数千人。

就在这节骨眼上，李陵手下一个叫管敢的兵士因为被上司韩延年骂了一顿，一气之下跑去向匈奴投降。他还向匈奴讨好，对单于说："李陵的军队没有后备支援，弓矢也快用完了。"管敢还把李陵的排兵布阵告诉了单于。由于被管敢暴露了老底，匈奴军放心大胆地杀了个回马枪。李陵撑不住了一路向南逃，半路上弓矢都用光了，于是被单于困在峡谷中。单于乘机用垒石攻打，汉军死伤惨重，最后李陵被擒。此时，边关便报李陵降敌。

汉武帝一听李陵投降，气得不行，朝中大臣也都集体开启落井下石模式。此时，李陵曾经的同事太史令司马迁站出来说了句实话，他说："李陵不是一个贪生怕死的人，他诚实而有信，为国家常常奋不顾身。现在他处境不幸，我们应同情他。况且，李陵只带步兵五千人，面对匈奴三万大军，转战千里，弹尽粮绝，赤手空拳同敌人拼搏。这种不怕死的精神，即使古代名将也不过如此。他现在虽然被匈奴抓了，但是他的战绩我们是有目共睹的，他不死一定是还想再为朝廷立功。”

司马迁的这番话说得合情合理，但是愤怒的汉武帝听不进去，反而认为司马迁在为李陵开脱，一气之下把司马迁关进了监狱。当时的酷吏杜周接收司马迁的案子，用遍身体和心理上的双重折磨始终没有让司马迁认罪，他坚持自己的看法，同时认为做臣子的说句话就要被治罪，哪有这个道理。不久，有消息报告汉武帝，说李陵在匈奴带兵训练，准备攻打汉朝。汉武帝这下勃然大怒，立即下令处死了李陵全家，连带把司马迁也判了死刑。

根据汉朝的刑法，死刑有两种减免办法：一是拿五十万钱赎罪；二是受“腐刑”。司马迁拿不出那么多钱，可是父亲交代的事情还没做完，悲愤之下只好选择接受腐刑。其实，李陵当时并没有向匈奴投降。事实上，李陵在匈奴杳无音信之后，汉武帝派公孙敖带兵去匈奴打算抢回李陵。公孙敖胆子小，到了匈奴后无功而返，又怕武帝责备，就撒了个谎说：“听说李陵在那边训练匈奴兵，要攻打汉朝。”汉武帝这才大怒，下令斩杀李陵母亲、李陵弟弟及妻儿。而当时确实有一个汉人替匈奴训练士兵，但是他叫李绪，是一位早年投降匈奴的汉都尉，公孙敖张冠李戴害死了李陵一家，也害惨了司马迁。

李陵投降匈奴的前一年，苏武出使匈奴被扣。李陵受匈奴单于的委托去劝苏武，于是举办了一场酒宴，李陵给苏武斟满酒，劝苏武“好汉不吃眼前亏”。苏武很感动，但是他仍然拒绝了李陵的邀请，说：“我深知老友的为人处世的态度，但现在你的处境不同过去，是非功过，也只好由人们去评说。但是我决不能做对不起国家的事。”李陵听苏武说完后，长叹一声：“比起苏君来，我简直如粪土一般。”说罢，热泪纵横，起身吟唱了一首《别歌》。后来苏武远赴北海，李陵还送了他一些牛羊，并时常提供衣物食品至北海，接济苏武。后苏武归汉，苏李泣别，夷灭三族的耻辱，致使他彻底与汉朝断绝关系，成为一个异乡人，他充满国仇家恨的一生也成为后世文艺作品的原型。

再说回来，司马迁接受了腐刑后痛不欲生，几次想要自杀，但是他又想，周文王被关在羑里，写了一部《周易》；孔子被困在陈蔡，后来写出了《春秋》；屈原被放逐，留下了《离骚》……这些故事激励着他完成父亲的遗愿，最终在坚忍与屈辱中，完成太史公的使命，写出了一共一百三十篇、五十二万字的《史记》。

风流才子司马相如

汉武帝时期，不仅出了卫青、霍去病这样的军事天才，也有司马相如和东方朔这样的文学巨匠。

司马相如，字长卿，四川蓬州（今南充、蓬安）人。他年轻时好读书、学击剑，因仰慕战国时蔺相如的为人，改名相如，在汉景帝时期任侍从郎官。司马相如最被人熟知的大概就是与卓文君的爱情故事了。成为武骑常侍后，司马相如发现自己并不受重用，于是借病辞官，投奔临邛县令王吉。正好临邛县有一个富豪卓王孙，其女卓文君刚刚成为寡妇，才貌双全的卓文君带着婆家“终身守节”的叮嘱回到娘家，因为心情不好，常常弹琴抒发内心的忧伤。

临邛县令王吉邀请司马相如做客，王吉的妹妹王锦与卓文君交流琴艺时，将司马相如为梁王写的那首《子虚赋》给卓文君看，卓文君读后赞叹不已，听说司马相如官场失意顿时心生感慨，提笔写了一篇《读子虚赋》。司马相如正跟王吉喝酒，忽然王锦进来献上一篇《读子虚赋》，司马相如看后连连称赞。之后司马相如写出了《凤求凰》献给卓文君，表达了自己的爱慕之情。卓文君很感动，觉得嫁人就要嫁给司马相如这样的，但是这会儿司马相如只是个门客，既没钱也没社会地位，卓王孙坚决不同意把女儿嫁给司马相如，并且很快就给卓文君找好了夫家——临邛富商程郑之子。结果卓文君脾气比较倔，坚决不从，在一个漆黑的夜里跟司马相如私奔了。卓文君也是一个很厉害的女人，跟司马相如私奔回成都之后，面对家徒四壁的境地，她又回到了临邛老家，并且开了个酒肆，自己当老板娘，卓王孙看不下去了，最后才承认了他们的爱情。

应该说，司马相如和卓文君的爱情故事得以流传，是因为司马相如本身就是一个传奇。

《子虚赋》成为司马相如的敲门砖，这篇文章后来被汉武帝看到并大为赞赏，立马召他进京。到了皇帝跟前司马相说：《子虚赋》写的只是诸侯打猎的事，算不了什么，请允许我再作一篇天子打猎的赋。这就是内容上与《子虚赋》相接的《上林赋》，不仅内容可以相衔接，文字辞藻也都更华美壮丽。武帝读完非常高兴，立刻封他为侍从郎。

公元前135年，武帝派大将军唐蒙征南越，通夜郎，派司马相如出使巴蜀，对当地的少数民族进行安抚。司马相如发布了一张《谕巴蜀檄》的公告，采取恩威并施的手段，收到良好的效果。第二年他又奉命出使巴蜀，这一次回到成都受到当地贵族和百姓的热烈欢迎，他以一篇《难蜀父老》说明了为什么要和少数民族相处的道理，文章苍劲优美，说理透彻，成功地说服了众人，使少数民族与汉廷合作为开发西南边疆做出贡献。但后因被人举报贪污受贿，司马相如被免官。

司马相如晚年出任“孝文园令”，这是管理皇帝墓园的职位，但是他依然关心国家大事。见到武帝喜好神仙之术，他因此上了《大人赋》欲以讽谏，想不到效果适得其反，后病卒于家。

关于司马相如还有一个成语——“马迟枚速”。当时和司马相如齐名的一个作赋名家，叫作枚皋。其实枚皋这个人做的赋文并不怎么样，只不过他写文很快。一次，汉武帝出了一个题目，枚皋都交卷了，司马相如还在一边皱眉头。结果因为说话口吃，脑子转得慢就留下了一个“马迟枚速”的典故。

公元前118年，司马相如因病免官，家住茂陵。武帝下令把他家里的藏书都搬回来保存，派宠臣所忠前往茂陵，得知司马相如已经去世，家里一本书都没有。卓文君说：“长卿时时写书，别人就时时取走，因而家中总是空空的。长卿还没死的时候，写过一卷书，他说如有使者来取书，就把它献上。再没有别的书了。”他留下来的书写的是有关封禅的事，也就是绝笔《封禅文》，进献给所忠拿回去交差。

司马相如是公认的汉赋代表作家和赋论大师，也是一位文学大师和美学大家。他是汉赋的奠基人，同时也是一位著名的散文家，其散文流传至今的有上文提到的《子虚赋》《上林赋》《长门赋》《难蜀父老》《封禅文》，还有《谏猎疏》《谕巴蜀檄》等。虽然有部分著作在历史上起了一些消极作用，但从整体上看，在语言的运用和形式的发展等方面，司马相如对汉代散文做出了重要的贡献。

司马迁在《史记》中专为文学家立的传只有两篇：一篇是《屈原贾生列传》，另一篇就是《司马相如列传》，并且在《司马相如列传》中，司马迁全文收录了他的三篇赋、四篇散文。

文学巨匠东方朔

东方朔，本姓张，字曼倩，西汉平原郡厌次县（今山东省德州市陵县）人。东方朔自幼聪慧过人。武帝刚即位那会儿，曾下令征召天下贤良方正和有文学才能的人，各地士人、儒生纷纷给皇帝写推荐信。东方朔也给汉武帝上书，但是他的书比较厚，用了整整三千片竹简，需要两个人才扛得起，武帝读了两个月才读完。之后东方朔被汉武帝任命为郎官，让他经常在自己身边侍奉。

东方朔这人很幽默，经常搞一下“无厘头”的幽默，汉武帝也很开心身边有这样一个能让自己放松的员工。

一次，汉武帝要去甘泉宫，路上遇到了一种奇怪的虫子。这虫子是红色的，五官俱全，别人都不认识，只有东方朔认识。东方朔说这虫子叫怪哉，是秦朝时期监狱里的犯人变成的，还说把这种虫子放到酒里就会溶解。武帝就叫人把这种虫子放到酒里，虫子果然消失了。

也许是太过幽默，汉武帝一直不重用东方朔，有一次他听说武帝身边有很多侏儒，于是就打起了侏儒的主意。他骗侏儒，说皇帝要杀他们，侏儒就急了，跑到武帝那去哭诉。后来武帝知道是东方朔在搞鬼，就问他是怎么回事，东方朔就趁机自黑了一把，回答道：“臣朔活着要说，死了也要说这些话。那矮子身长只有三尺多，一袋米的俸禄，钱二百四十。我身高九尺多，却也只拿到一袋米的俸禄，钱二百四十。那矮子饱得要死，我饿得发慌。陛下广求人才，您认为我讲的话是对的，是个人才，就重用我；不是人才，也就罢退我，不要让我在这里浪费粮食。”皇上听了哈哈大笑，就升了他的官职。

东方朔的幽默来自于他的博学多才，也来自于他的机智聪慧，但是他也有正儿八经严肃的时候。建元年间，汉武帝不顾国困民穷，欲大兴土木，建上林苑。武帝命吾丘寿王等人设计，南至阿房宫，东至盩厔，西至宜春宫的一大片土地都在计划内。东方朔知道后便上书力劝武帝。他说：“如筑造这样的苑囿，破坏了陂池水泽的环境，侵占了百姓膏腴的土地。这上对国家无用，下对百姓无利。这是第一个不能造的理由。其次，它破坏了百姓的冢墓，拆黎民的室庐，使百姓死无所葬，生无所居。其三，造这样的苑囿，要耗费大量的人力物力财力，这是劳民伤财的事，以陛下一日之乐，来损害皇上无上的圣名，这是万万不可的。”东方朔的谏阻上林苑书写得真切感人，武帝读罢奏疏后，任东方朔为太中大夫，给事中，赐黄金百斤。除此之外，东方朔还屡陈农战强国之计、兴利除弊之策，多为武帝所采纳。

作为文人来说，东方朔是一个高产的作家，一生留下《答客难》《非有先生论》《封泰山》《责和氏璧》《试子诗》等作品，后人汇为《东方太中集》，收入《汉魏六朝百三家集》中。司马迁在《史记》中称他为“滑稽之雄”，四大名著之一的《西游记》里东方朔以东华帝君的弟子出现，道号曼倩。然而对汉武帝来说，东方朔一直扮演着一个负责搞笑的角色，在皇帝身边几十年，最高也只是做到了侍郎。东方朔在临死之际，给武帝提了一个建议：永远不要听信谗言，要用自己的眼睛和心去判断，听的谗言越多，就越会失去判断力。

直到东方朔死后，武帝又翻阅他的建议与文章，才后悔没有重用他。

第五章 西汉皇朝的盛极而衰

汉朝从汉武帝去世后开始由鼎盛走向衰落，朝廷内部权力的斗争与周边少数民族的轮番侵犯，使汉朝的基业岌岌可危。汉昭帝八岁登基，后英年早逝。汉宣帝是历史上唯一一位在即位前受过牢狱之苦的皇帝，由于深知民间疾苦，他在位期间，励精图治，任用贤能，贤相循吏辈出，并且积极打击北方匈奴，设置西域都护府监护西域诸城各国，扩大了汉朝的疆域，创造了“昭宣中兴”的繁荣景象。

武帝驾崩，昭帝即位

巫蛊案发生后，刘据自杀，太子之位一直处于空缺状态，燕王刘旦曾经给汉武帝写自荐信，希望立自己为皇太子，汉武帝大怒，削其三县。此后再没有人敢提立太子的事情。

汉武帝一生有六个儿子，除前太子刘据外，还有王夫人所生的齐怀王刘闳，但早年夭折；李姬所生的燕刺王刘旦（给汉武帝写推荐信的那位）和广陵厉王刘胥；李夫人生昌邑哀王刘髆；幼子是钩弋夫人赵婕妤所生的刘弗陵。其中广陵王刘胥为人骄奢，好倡乐逸游；昌邑王刘髆是李广利的外甥。李广利和刘屈氂曾策划谋立刘髆为皇太子，事发后李广利投降匈奴，刘屈氂被腰斩。剩下的最佳人选就是刘弗陵了。

刘弗陵是汉武帝最小的儿子，生母是汉武帝宠妃赵婕妤。历史上关于赵氏的出身并没有太多资料记载，只说她是河间府人，从小患病，少进饮食，而且双手紧握成拳，谁也没法让她伸展。武帝有一次出去微服私访，走到河间这被赵氏的美丽所倾倒，亲自去尝试为她掰拳。于是奇迹出现，赵氏的手一下子就伸直了，但奇怪的是在右手心里紧紧地握着一只小小的玉钩。武帝非常高兴，将她带回宫中，由此，赵氏深得他的宠爱，被封为婕妤。因为她的奇特之处，号称拳夫人，又因为她居住的宫殿被命名为钩弋宫，所以她有另一个更有名的称呼——钩弋夫人。

公元前94年，赵婕妤生下了刘弗陵，小名钩弋子。刘据自杀后，汉武帝越看刘弗陵越喜欢，这时候的刘弗陵才四五岁，但是体格健壮、聪明伶俐，跟汉武帝小时候特别像，因此特别受宠爱。

公元前87年，汉武帝病重，命内廷画工绘制“周公辅成王”的图画，赐给奉车都尉霍光，暗示霍光自己想要立小儿子刘弗陵为太子。随后，年仅八岁的刘弗陵被立为皇太子，任侍中奉车都尉霍光为大司马、大将军，金日磾（jīn mì dí）为车骑将军，太仆上官桀为左将军，由他们三人接受汉武帝遗诏辅佐刘弗陵。因为有吕后把持朝政导致皇权旁落的前车之鉴，武帝担心钩戈夫人的存在会重蹈吕后的覆辙，甚至成为第二个吕后。于是，汉武帝下令赐死赵婕妤。可怜的赵婕妤盼星星盼月亮，盼来了儿子成为太子，结果还没高兴两天，就被汉武帝赐死。

同年，二月十四日，汉武帝病逝。二月十五日，霍光等人奉立刘弗陵即皇帝位，是为汉昭帝，次年改元“始元”。汉昭帝即位后，霍光追封李夫人为孝武皇后，追尊钩弋夫人为皇太后，但钩弋夫人家族里除了早已去世的赵父，并没有任何人得到官爵。因此，霍光这一系列举动从根本上预防了赵氏外戚乱政的机会。

汉武帝的托孤大臣之一霍光，其身份不必多说，与霍去病是同父异母的兄弟。霍去病担任骠骑将军执行汉武帝出击匈奴的任务时，被河东太守出迎至平阳侯国的传舍，并派人请来霍仲孺与之父子相见。霍去病是个孝顺孩子，替霍仲孺购买了大量田地房屋和奴婢后离去。霍去病此次出征凯旋时，再次拜访霍仲孺，并将异母弟弟霍光一起带到长安照顾。霍光当时年仅十多岁，在霍去病的提拔下仕途也比较顺利，先任郎官，随后迁任各曹官、侍中等。霍光很清楚自己是靠哥哥的关系得到这份差事的，所以他知道自己的分寸，为人特别谨慎。霍去病去世后，霍光升任奉车都尉、光禄大夫等职位，侍奉汉武帝左右，前后出入宫中二十多年，未曾犯一次错误，因此得到汉武帝的信任。

汉武帝托孤的另一位大臣金日磾将军是一个很有意思的人，他本身不是汉人，而是匈奴人，并且不是一般身份的匈奴人。霍去病大破匈奴时，单于想干掉打败仗的昆邪王和休屠王。这两位王求生的欲望很强烈，于是双双决定向汉投降。两人经过协商决定后，休屠王却又反悔了，想想自己是匈奴贵族，怎么可以向汉人降服呢？再说其部族损失不大，单于未必会真杀他。休屠王一反悔昆邪王就心生不安，于是先发制人，袭击休屠王，将之杀害。然后，他率领休屠王的部下，向汉投降。对汉朝来说言，投降的匈奴贵族只有昆邪王，于是将之列为侯。

昆邪王带来的部下当中，休屠王一家人被认为是反对投降的“贼”，因而成为朝廷奴隶。此时，休屠王的长子金日磾才十四岁。他被送到宫廷厩舍，担任马夫工作。匈奴人可以说是生下来就与马儿为伍的民族。他们都是天生骑手，对照料马匹极有天分。而汉武帝是马迷，没事就爱去马舍看看马匹照料得怎么样。一来二去，汉武帝发现金日磾对马的照顾特别到位，就想起了之前好像有匈奴贵族成为奴隶这回事，就召见了金日磾。当他看到金日磾是个容貌出众的高个子美男子时，武帝立刻决定升他为“马监”，赐汤沐衣冠。史书此一记载，表示取消其奴隶身份。然后，金日磾就成了汉武帝的托孤人选之一。

另外还有一位托孤人选上官桀，陇西上邦人。他年轻时做羽林期门郎，跟随汉武帝去甘泉宫，赶上大风，车不能前进，就解下车盖让上官桀拿着，不一会下起了雨，上官桀捧着车盖为武帝挡雨，就这么入了汉武帝的法眼，升他做了未央厩令，此后又做到了侍中，又升为太仆。

幼帝登基，燕王欲造反

刘弗陵登基后，对帝位虎视眈眈的人并没有减少，相反，引发了更激烈的政治斗争。

汉昭帝即位的时候只有八岁，由他姐姐鄂邑长公主（盖长公主）进宫照顾，盖长公主为了巩固自己的地位，给汉昭帝介绍了很多女子。正好上官桀有个孙女，也就是霍光的外孙女。上官桀的儿子上官安就跟岳父霍光说把这个女孩送进宫去，霍光认为孩子还小，就没有答应。上官安见此路不通就走了另外一条路，去找盖长公主，最后愿望实现，上官桀的孙女进宫做了婕妤，上官桀的儿子上官安也因此被加封为骑都尉。又过了一个多月，上官氏就被封为皇后，这时她才只有六岁，成为汉代年龄最小的一位皇后。

霍光与上官桀原本就是姻亲，外孙女现在更成为皇后。这桩婚姻之所以成立，完全是因两人交情可靠的缘故。可是霍光的势力越来越大后，上官桀渐渐感觉内心不快。他起先还为亲家霍光的发迹庆幸，但眼看霍光日益飞黄腾达，心里开始颇不是滋味。由于霍光大权在握，上官桀经常有事要求他帮忙。霍光当然尽其所能地帮助上官桀，不过，帮忙总有个限度。

盖长公主进宫照顾汉昭帝时，爱上了一个叫丁外人的门客。上官桀因为在孙女封后的事情上受了盖长公主的帮助，所以总想帮公主做点事，好拉近关系，于是就去求霍光把丁外人封为侯。霍光回答他说："有功者始得封为侯。"上官桀看霍光态度坚决，就降低了要求，说给封个光禄大夫的职位就可以。光禄大夫是枢密顾问官，位阶与九卿相等，是薪俸二千石的官职，有了这个地位，就能晋谒皇帝。因此，上官桀想要为盖公主的爱人争取到这个起码的职位。霍光却依然摇头拒绝："朝廷待盖长公主不薄，相信她也不敢有所奢求才对……总而言之，这个原则是绝对无法变更的。"

霍光这一拒绝就得罪了两个人：上官桀和盖长公主。此时还有另一个人也对霍光产生了不满。御史大夫桑弘羊建立了盐铁专卖制和酒税法，为国家增加不少财富，可谓功高一等。他也为自己的亲戚要求官爵，同样被霍光拒绝。

这个消息被燕王知道了。燕王作为汉武帝年长的儿子，汉武帝却没有传位给他，反而传给了最小的刘弗陵，他心里一直很不满，虎视眈眈地盯着帝位，这会儿正准备造反。为了增加造反成功的可能性，他打算拉拢桑弘羊和上官桀，于是，以燕王刘旦为首，上官桀和盖长公主为辅的造反团队成立了。

按照上官桀的计划，要先利用燕王刘旦的身份，发动政变，在政变成功之后，再干掉燕王刘旦，由他自己来掌握大权。这个暂时联合起来的政治集团的主要目标就是霍光。公元前80年，上官桀、燕王刘旦等人加紧了政变的准备工作。燕王刘旦将夺取帝位的赌注压在上官桀身上，前后派遣十多人，带了大批金银珠宝，贿赂盖长公主、上官桀、桑弘羊等人，以求支持他夺取帝位。偏偏这个时候霍光增加了大将军麾下校尉（部队长）的人数。于是上官桀以燕王名义，提出了弹劾霍光之奏文："霍光正在检阅京都兵备，京都附近道路已经戒严，霍光将被匈奴扣留十九年的苏武召还京都，任为典属国，打算朝匈奴借兵。所有这些，是为造反，为了他自己当皇帝。"

上官桀已经计划好了，等到霍光休假的时候就把这封奏章送到昭帝手中，然后趁机宣布霍光的"罪状"，再由桑弘羊组织力量共同胁迫霍光辞职，从而废掉汉昭帝。然而计划没有变化快，这封举报信送到汉昭帝的手中后，就被汉昭帝扔在一边，看都不看。

第二天上早朝，霍光听说有人弹劾自己，就站在张贴汉武帝时所绘"周公辅成王图"的画跟前，也不进去。汉昭帝见霍光没来签到，就向大臣打听，上官桀乘机回答说："因为燕王告发他的罪状，他不敢来上朝了。"昭帝听了没说话，直接朝霍光说："我知道那封书信是在造谣诽谤，你是没有罪的。以你现在的实力，如果真的要造反，根本不用如此大动干戈！"

上官桀等人的阴谋就这么流产，被十四岁的昭帝一针见血地拆穿，所有在朝大臣对昭帝这么小的年纪就有这样的智慧无不表示惊叹，同时霍光的政治地位也得到了稳固。上官桀等人的阴谋被揭穿之后，并没有放弃夺帝位的念头，他们也打算摆一回"鸿门宴"。由盖长公主设宴请霍光，到时候部署好伏兵，一举将之杀掉。除掉了霍光，皇帝根本不足为惧。然后废掉昭帝，改立燕王。然而“计划不如变化快”这句话再次发挥了神奇的作用。

霍光正准备去赴约呢，长公主门下一名管理稻田租税的官员燕仓向自己的上司杨敞（司马迁之婿）打了小报告，杨敞就转告了谏大夫杜延年，于是燕王造反的计划再一次失败。昭帝、霍光这回先发制人，将上官桀、桑弘羊等主谋政变的大臣统统逮捕，连同盖长公主的情人丁外人等，全被处死。盖长公主、燕王刘旦畏罪自杀。九岁的上官皇后因为年纪幼小，所以未被废黜。

盐铁专营的制度化

自汉高祖以来，长期的战争对社会的生产力造成了很大的破坏，经过几十年的休养生息，到汉武帝时经济得到了一定的复苏，但是几次出征匈奴几乎掏空了国库的一大半，因此皇帝不得已要向富商巨贾们借钱。当时汉朝的几个大富翁大多都经营有盐和铁的业务，文景帝时期吴王刘濞的经济收入来源之一就是煮盐。战国以后铁器成为农具的主流，具有广大的市场，因此，铁器的贩卖也具有高额利润。然而这些大富翁并没有强烈的奉献精神，既不肯为国家贡献自己的财力，也不帮国家分忧解难。在这种情况下，国民政策不可避免地要发生一些改变。在这里，不得不提到一个人物——桑弘羊。

桑弘羊，洛阳人，出身商人家庭，他的幼年是在春秋时期的政治中心洛阳度过，洛阳作为一个传统的商业城市在当时已经有五万多户人居住，约三十万人口。政治和经济的发展，带来了文化的繁荣。桑弘羊生活在这样的环境里，接触到的是各种各样不同的人，对社会各个阶层人的生活也比较了解。

桑弘羊是汉朝的经济奇才，自十三岁入宫，到燕王之变被杀，共从政六十余年，其中五十多年都在武帝时期。可以说，桑弘羊的主要作为都与汉武帝的政治、经济和军事决策有着密不可分的联系。在桑弘羊总管国家财政期间，为了彻底解决财政困难问题，桑弘羊制定或修订、实施了诸如机构改革、盐铁官营等一系列新的财经政策，大幅度增加了政府的经济收入，为武帝继续推行文治武功事业奠定了雄厚的物质基础。

公元前 141 年，汉武帝刘彻继承帝位，不久便在茂陵为自己修建陵墓，并准备把各地的豪富迁到茂陵邑（今陕西兴平东南）去，桑弘羊一家也在被迁之列。他随驾离开洛阳，经长安前往茂陵，到长安时因精于心计被选入宫，成为武帝的侍中（亲随）。侍中是个小官，管理皇帝的日常生活事务，但由于可以经常陪在皇帝身边办事，很多豪门富室都羡慕这个官职，都想为自己的子弟谋得这一职位。

此时正是汉武帝出征匈奴时期，充足的战争经费是战胜匈奴的一个重要保障。连年战争增加了财政支出，除了要准备充分的粮草、武器、战马供应外，还要对作战胜利后的官兵进行赏赐，对归降者进行生活安排。加上其他方面的巨额财政支出，武帝初年的财政蓄积消耗得很快。公元前 129 年，大农令（财政经济大臣）郑当时迫于财政压力决定对商人的车船征税。

公元前 127 年，建立朔方郡，参加筑城的人有十几万，费用达数千亿钱。除此之外，对打了胜仗的官兵赏赐的黄金总共二十余万斤（黄金一斤值一万钱）。这几次折腾下来，郑当时一看年度财务报告，顿时内心就有些崩溃，立马向汉武帝报告：国库的钱不够用了。他建议采取用钱买官及赎罪的办法增加财政收入。武帝同意了这个建议，于是各位大臣开了个会，设定了花钱买官的等级和钱数："武功爵"十一级，最低一级值钱十七万，其他各级依次提高，最高可以买到第八级，九级以上专用于奖励军功。

加征车船税和设“武功爵”虽然改善了朝廷的财政状况，但是“治标不治本”，根本问题并没有真正得到解决。这时桑弘羊站出来，提出了打击大富豪势力的建议。

公元前119年，武帝立即任命桑弘羊担任大农丞，“尽管天下盐铁酒粮之事”，实行垄断经营盐、铁、酒买卖，国家经营公田。盐、铁、酒的经营权收归国有后，财政收入增长很快，“一岁之中，太仓、甘泉仓满。边余谷诸物均榆帛五百万匹”。虽然那会儿不考核地方官员的业绩，但是从打仗不缺钱粮，骑兵不缺马匹的情况来看，中央的财政收入还是得到了一定的改善。但是，这个建议有一个缺点，因为盐和铁自古以来都是生活必需品，这下一垄断价格就猛涨，有的地方的人因为吃不起盐，身上出现浮肿；同样因为垄断，铁器的制造质量严重下降，农具不堪一用。还有更严重的问题，行业垄断出现官商勾结，贪污腐败严重。

到武帝晚年，经过汉王朝的连年出击，匈奴基本上被打老实了，很少侵犯边疆。另外，由于长期垄断盐、铁、酒的经营，导致农民意见很大，身体健康出现状况就算了，连农具都出现问题，形成恶性循环。“不在沉默中爆发，就在沉默中灭亡”，很多地方开始出现暴乱，人民群众的不满越来越严重。于是，政策又发生了改变。

公元前89年，武帝下令，禁绝苛暴，不得擅兴赋役，应致力农耕。这在一定程度上恢复了汉初的“与民休息”政策，但由于触动了贪污腐败分子的利益，朝廷内部意见并不和谐。

昭帝即位后，托孤大臣霍光为了保证“与民休息”政策的实行，于公元前81年二月下诏，命丞相田千秋、御史大夫桑弘羊等人下基层访问民间疾苦，贤良文学之士的意见和桑弘羊意见相反，他们就当时汉王朝的一系列政策和国情进行了辩论。这就是有名的盐铁之议。

在这场辩论会上，辩论双方发生了激烈争吵。贤良文学派的意见是，盐、铁、酒专卖属于与民争利，搞得人民群众都吃不起盐了。桑弘羊则认为，盐、铁、酒禁是“国家大业”，怎么能轻易取消？“制四夷，安边足用之本”，意思是保证国家的和谐稳定需要大量的资金；“丰年贮积以乏绝，凶年岁俭则行币物，赈困乏而备水旱”，收成好的年份可以囤积财务为意外做准备，时不时发个旱灾水灾也需要国家颁发救灾物资的。这么多事情，国库没有资金怎么办？桑弘羊在辩论会上引经据典，站在国家利益的角度，义正词严，贤良文学之士们哑口无言。

辩论的结果是只废除了酒类专营，其他各项政策仍维持不变。虽然并没有如贤良文学派所预料的那样完全恢复“文帝时政”，但是，盐铁之议之后，贤良文学派活跃于一时，“与民休息”政策得到充分的肯定，对于恢复和发展昭帝乃至宣帝时期的经济，都产生了积极的影响。

盐铁会议是汉朝政府讨论国策的第一次会议，会议留下了记录。宣帝时的桓宽利用这些记录材料，写成了几万言的《盐铁论》一书。从此之后，“盐铁专营”成为历朝历代沿用的政策，直到清朝。

牢狱中走出的天子——汉宣帝刘病已

公元前74年，刘弗陵因病驾崩，年仅二十一岁，在位十三年，谥号孝昭皇帝，葬于平陵。汉昭帝在位期间，在霍光辅佐下，继续实施武帝末年的富民政策，对内轻徭薄赋、与民休息，对外则与匈奴和亲。因此，汉昭帝在位期间“百姓充实，四夷宾服”。如果他能像汉武帝一样长寿，也许会大有一番作为。

汉昭帝一生没有儿子。他死后，霍光等一干大臣们就商量立谁当皇帝。有人主张立昭帝的哥哥广陵王刘胥。刘胥长得倒是身强力壮，但就是有个怪癖，喜欢举重，还爱跟狗熊打架，才华什么的跟他完全不沾边。

最后选定了李夫人的孙子——昌邑王刘贺。刘贺的父亲昌邑王刘髆，为汉武帝宠妃李夫人所生。公元前87年，刘髆病逝，年仅五岁的刘贺继承诸侯王，任第二代昌邑王。

公元前74年，在霍光的再三斟酌下，年仅十九岁的昌邑王刘贺即位，但刘贺仅当了二十七天的皇帝就被废了。刘贺接到入京奔丧的消息后，一路急行军，天还没亮就出发，一上午就奔了一百多公里，一路上累死了几十匹马。路过济阳（今河南兰考东北）时，刘贺还惦记着当地的特产，派人去找一种叫声好听的公鸡；经过弘农（今河南灵宝北）时，刘贺又找来一车漂亮女子。一路走下来，让随行的大臣各个瞠目结舌。《汉书·武五子传》记载，刘贺到了广明东都门后，郎中令龚遂给刘贺提意见："按礼制，奔丧时看到国都后一定要哭，而且要很悲伤地哭，一直哭到皇宫之中，还要哭。现在我们已经到了长安的东郭门了。"但是刘贺的回答差点让龚遂想哭："我咽喉痛，不能哭。"

将到未央宫的东门，龚遂说："大臣们都在，已经到了门口，按规矩必须要哭丧了。"刘贺想了一下勉强下车，跪在地上哭了一阵，然后进了灵堂，见到棺材之后，继续哭，把戏演完了。演出结束之后，刘贺第二天接受了皇帝的玉玺，正式当上了皇帝！

国丧一般都是三年，严格来说，三年里不许寻欢作乐，甚至都不能表现得很高兴，但那都是死规定，大家也就是做做表面文章而已。但是刘贺连表面文章都懒得做，每天饮酒作乐，甚至在皇宫里淫乱。刘贺当上皇帝后，没有嘉奖选举他成为皇帝的大臣，却把以前的厨师、司机、秘书、太监封了一大堆。当初，霍光力排众议拥立他为皇帝，他这种作为等于是在打霍光耳光。为了避免大汉江山败在这个只懂享受生活的刘贺手里，霍光便与皇太后一起将他废黜，降为山阳郡侯。公元前63年，刘贺被贬到了海昏县当了海昏侯，也是海昏县第一任侯爵，四年以后，便郁郁寡欢而终了。

公元前74年七月，十八岁的武帝嫡长曾孙刘询即位为帝，此即历史上的汉宣帝。汉宣帝刘询又名刘病已，字次卿，又字谋，是武帝卫太子刘据的孙子。当年刘据因“巫蛊”事件被迫自杀时，他的子女都被下令斩杀，刘询因为当时尚在襁褓之中躲过一劫，在监狱里度过了一段漫长的岁月。刘询能登上帝位，与一个叫丙吉的人有很大关系。

丙吉，山东曲阜人，自幼学习律令，曾经担任过鲁国的狱吏，因有功绩，后被提拔为廷尉右监，相当于现在的最高检察院检察官。在朝廷中任职，不仅需要实实在在的办事能力，还需要超高的情商应付复杂的人际关系，不久丙吉因性情耿直，涉案受到株连，被调离长安，到外地去担任州从事。

这一年，长安城内发生了“巫蛊之祸”。为了彻底调查清楚这件事情，朝廷从地方抽调办案人手。丙吉因为曾经担任过廷尉右监，事发之时又被调到外地，所以跟这个案子没有牵连，因此又被调回长安，担任监狱长。在长安的天牢中，丙吉见到了刚满月的刘询。当时的刘询因为吃不饱穿不暖，长期缺奶加上营养不良已经奄奄一息。善良的丙吉于心不忍，就暗自在牢房中找了两个刚生育还有奶水的女犯人轮流喂养刘询。

然而监狱中的条件实在不好，刘询经常生病，有好几次都病危了，都是丙吉及时请来医生，才保住了他的性命。当丙吉在监狱中细心照顾“阶下囚”刘询时，监狱外的“巫蛊之祸”还在继续，连年不绝。这年，刘询五岁了。丙吉觉得将孩子终身养在监狱中终究不是办法，就想让有能力的高官贵族收养他，但由于刘询的身份特殊，没有人愿意收养，丙吉只好在监狱内继续照顾他。

在一次大病痊愈后，丙吉看着体弱多病的刘询，替他起名为“病已”。意即孩子的病已经全好了，以后再也不会得病了。于是，刘询又叫作“刘病已”，一直到登基以后才改名为“刘询”。

公元前 87 年，汉武帝病重，往来于长杨、五柞宫殿之间调养。卜官对汉武帝说，长安的监狱里有天子气，这是上位者最忌讳的。当侍卫来到刘询所在的监狱时，丙吉把侍卫们挡在了门外，并说：“皇曾孙在此，杀无辜的人已经是罪孽了，更何况是皇曾孙呢?”侍卫如实禀告武帝，武帝自知有愧，就没有继续下达杀犯人的圣旨，相反却宣布大赦天下。

“巫蛊之案”完结后，丙吉被调离了监狱主管的职位，此时的刘病已也被大赦。丙吉忙张罗着给刘病已找一个去处。打听到刘病已的祖母史良娣一家人住在长安近郊的杜县，丙吉便把刘病已送到了史家。史良娣这时年纪很大了，但是见到这个曾孙还是惊喜交加，接过了抚养大任。

晚年的汉武帝开始对自己曾经做过的事情感到后悔，尤其是错杀爱子刘据一事。为太子平反后，汉武帝又想起刘据还有一个孙子刘询，也就是自己的皇曾孙，就赶紧下诏把皇曾孙带回掖庭抚养，并让他归于皇室的正宗籍。对于刘病已来说，在恢复皇室身份之前，尽管他是前太子的孙子，但他的身份不被皇室认可，从政治上来看是毫无前途可言的，相反，他还有可能随时让自己受到牵连。但是，归籍之后就不一样了。按照制度，未成年的皇室成员由掖庭令看管抚养。刘病已也告别了舅祖父一家被接到了长安，接受皇家的抚养教育。巧的是，当时的掖庭令张贺曾经是刘据的家臣。刘据生前对张贺非常好，张贺也始终念着前太子的恩德。因此，他对刘病已也格外关照。

张贺不仅利用自己的职权优待刘病已，而且还自己出钱帮助刘病已读书游学。刘病已长大后，张贺还为他迎娶了狱吏许广汉的女儿许平君为妻。依靠妻子许家、张贺和舅祖父史家的关心和资助，刘病已受到了良好的教育。他喜欢读书，也非常用功，向东海澓中翁学习《诗经》，闻名一时。同时，刘病已也喜欢游侠，斗鸡走马，游山玩水。虽然这是有钱人的游戏，但刘病已没有因为这些而玩物丧志，相反却利用机会，观察风土人情，深知人民疾苦，接触到了真实的社会。刘病已虽然在长安居住受教育，但还是经常回杜县史家居住。成年后，刘病已居住在长安的尚冠里。他继续交结官民，名声越来越大。

而丙吉在将刘病已送到史家后，担任了车骑将军军市令，后来升迁为大将军霍光的长史。霍光很器重他，又将他升迁为光禄大夫给事中，因此，丙吉可以算是霍光的得力助手。刘贺被废后，丙吉及时抓住机会，给霍光提建议说："大将军，您是否还记得，武帝临终前曾经让皇曾孙刘病已认祖归宗，由掖庭抚养。这个刘病已就是前太子刘据的孙子。我很多年前见过他，现在应该已经十八九岁了。刘病已这个孩子不错，希望大将军考虑考虑，让他进宫。"

霍光觉得丙吉的建议非常有道理，从皇室血统上来说，刘病已是最适合当皇帝的人选，于是得到其他大臣赞同之后，霍光上奏皇太后说，请求立刘询为皇帝，皇太后同意。于是，十八岁的刘询便登基，成为汉宣帝。他即位后，对张贺、史恭等人大加封赏，加官晋爵，甚至连子孙都当了官。至于丙吉，他并没有跟刘询提起过幼年的监狱往事，因此汉宣帝认为丙吉虽然有拥立的功劳，但并没有特别关照他，只封他为"关内侯"，关内侯不是确切的侯爵，而只是表明受封者有成为侯爵的资格。

许多年后，刘病已排除权臣亲政。一个名叫则的老宫婢离开皇宫后因生活困难，就让人替自己向掖庭令上书请功。则在上书中说自己曾经有养育皇帝的功劳，是自己在当年的艰难困苦下照顾了当今的皇上，要求朝廷照顾自己的晚年生活。接到这份请功书的官员不敢怠慢，立马送到汉宣帝那儿。刘询看到上书后，简直不敢相信自己小时候居然有这样的经历，于是下令掖庭令亲自去询问宫婢则详情。

宫婢则仔细地说明了当时的情况，并说当年那些监狱官、现任御史大夫丙吉都可以证明。掖庭令就把宫婢则带到丙吉的府中，与丙吉当面确认详情。老丙吉认出了这个老宫婢，宫婢则当年是在牢狱之中，丙吉也曾经让她照顾小皇曾孙。但是则并未尽心喂养，有的时候还责打刘询。丙吉说："淮阳人郭征卿、渭城人胡组才是当年照顾皇上的奶妈。"汉宣帝刘询听到后，既震惊又感动，下诏免则为庶人，但念其在自己年幼的时候有过喂养举动，赐钱十万给她养老；下诏地方寻找胡组、郭征卿两位奶妈。地方官回报说这两个人已经死了。刘询再下诏寻找两人的子孙，找到后厚加赏赐。

对于丙吉这位给予他两次大恩的人，汉宣帝感念他的救命之恩，欣赏他的为人品德，封他为博阳侯，食邑一千三百户。使节去丙家授封时，丙吉已经病重，不能起床下地。刘询就让人把封印组佩戴在丙吉身上，表示封爵。

历史就是这么有情有义，丙吉因为自己的善举、谦让和高尚的道德，不仅获得了皇帝的尊崇，也赢得了朝野的敬佩。丙吉死后，朝廷追谥他为“定侯”。

盛极而衰的霍氏家族

霍光服侍汉武帝刘彻二十多年，是武帝时期的重要谋臣，武帝死后，因接受托孤，霍光掌握了汉朝政府的最高权力。到霍光为止，霍氏家族仅在汉武帝时期就出了霍光和霍去病两位极负盛名的人物，而霍光更是成为站在权力顶峰的人物。汉昭帝期间，霍光凭着汉昭帝的信任粉碎了上官桀、燕王刘旦等人的夺权阴谋。此后，不但霍光权倾朝野，其家人纷纷在朝廷担任要职，霍氏势力达到高峰。

在民间时，汉宣帝刘询对霍光的权势和威风就有耳闻。尤其在他一夜之间由一个平民变成了至高无上的皇帝之后，更领教了霍光的权威。他一即位，就明显地感觉到了朝廷内部来自霍光集团咄咄逼人的政治压力，所以在他登基之日谒见“高庙”时，霍光陪同他乘车前往，他觉得浑身上下都不自在，如“芒刺在背”。有着丰富生活阅历的汉宣帝心里明白，自己初即位，力单势薄，仅凭着一个皇帝的称号是不能和羽翼丰满的霍光相抗衡的，只有保持最大的克制，逐渐发展自己的势力，寻求有利时机，才能夺回属于自己的最高统治权。

所以在即位伊始，当霍光表示要还政于他时，汉宣帝回绝了，他明确表示非常信任霍光，欣赏霍光的才能。汉宣帝请霍光继续主持朝政，并当众宣布，事无大小，先报请霍光，然后再奏知他本人。事后他还专门下诏褒奖霍光的援立之功，益封七千户。每次上朝，汉宣帝都给予霍光以极高的礼遇。汉宣帝的这一系列行为对于消除霍光对他的猜忌和提防，缓和朝廷内部潜伏的政治危机，为他的统治创造一个良好政治气氛起到了极其明显的积极作用，最直接的结果就是免于变成“昌邑王第二”。

公元前68年，霍光因病去世。宣帝及皇太后亲自去霍光的灵前祭奠，并下令太中大夫任宣与侍御史五人奉命为霍光护丧；朝中俸禄在两千石以上的官员都要到霍光家中去祭拜。汉宣帝又赐给霍光大批锦缎、葬器，其中还包括做工精美的玉衣，还有梓宫、便房等，以极为奢华的方式安葬了霍光，并追谥他为宣成侯。

在安葬完霍光后，汉宣帝加封霍光的侄子、霍去病的儿子霍山为平乐侯、奉车都尉领尚书事，下诏称赞霍光辅佐汉武帝、汉昭帝两位皇帝共四十多年，率领朝臣励精图治，使国家安定、社稷稳固，从而使天下百姓得以安享太平，并宣布霍光的后世子孙可以永远承袭他的爵位和封地。第二年夏天，宣帝加封岳父许广汉为平恩侯，同时，为了表达对霍光的感激，又加封了霍去病的孙子中郎将霍云为冠阳侯。

汉宣帝的这一系列升官加爵的行为，让霍氏家族主要是霍光的老婆霍显产生了一个幻觉：即使是皇帝也要怕我们霍家三分。这也是导致后来霍家悲剧的最重要原因。《汉书·霍光传》中介绍霍光的老婆时，只提到了她的名字叫“显”，并没有提她的姓，因此也可以叫她霍显。

而霍显与汉宣帝之间的矛盾与隔阂，其实可以追溯到汉宣帝继位之初。汉宣帝即位后，各个大臣都极力推荐立霍光之女霍成君为皇后，可是这时候，汉宣帝却下了一道莫名其妙的诏书——“上乃召求微时故剑”，意思是我在贫微之时曾经有一把旧剑，现在我十分想念它啊，众位爱卿能否为我将其找回来。群臣揣摩上意，开始一个个请立宣帝的发妻许平君为皇后。于是汉宣帝将许平君接进宫，封为皇后。这是中国历史上一道最浪漫的诏书，故剑情深的浪漫典故从此开始流传。

在立许平君为后这件事情上，当时的霍光并没有太多深思，但是他妻子霍显却一直耿耿于怀，认为许平君只是一个狱卒家的女儿，而她的女儿霍成君却贵为千金，汉宣帝一定是跟霍家过不去才故意这样做的。想当年外孙女上官氏六岁进宫，成为汉昭帝的皇后，到汉宣帝这朝已经升级为太皇太后，而自己的女儿却被皇帝拒绝，霍显怎么也没法说服自己，于是她一直在寻找机会。

公元前71年，许皇后在生下刘奭（shì）之后再次怀孕，霍显串通皇家女医生淳于衍，趁许皇后产后身体虚弱给她下毒。于是苦尽甘来的许平君当了三年的皇后，就被阴谋夺去了生命。几年之后，汉宣帝册封许平君所生的儿子刘奭为皇太子，就是后来让王昭君去匈奴搞外交的汉元帝。霍显知道这个消息后暴跳如雷，自己家的女儿好不容易当上了皇后，却封别人的儿子为太子，就去找她的女儿，让霍成君给刘奭下毒。可是刘奭的几个贴身侍卫非常负责任，凡是皇后霍成君给的东西一律不吃，霍成君没有能得手，刘奭才保住一条小命，汉宣帝暂时把这些账都记着。

霍光去世后，霍显嫌给他的坟墓不够大，就私自扩大坟墓的规模。除此之外，霍显还大肆修造宅第，出门则乘坐华丽的舆辇，令奴婢用五彩仪仗服侍她，更过分的是霍显不甘寂寞与外人私通。霍禹、霍山等人也是广置家宅，整天花天酒地。霍云经常请病假不上朝谒见皇帝，不拜见就算了，他还派一名家奴替他上朝。霍氏家族中的女眷则可以自由出入长信宫中……此时的霍显风光无限，外孙女是太皇太后，女儿是皇后，女婿是皇帝，长乐宫这块禁地简直是她霍家的后花园。

此时，宣帝开始亲理朝政。他首先任命御史大夫魏相为给事中，调整了霍氏亲信的职位，暗中削夺了他们的实权。汉宣帝给了霍禹一个荣誉性的大司马，却收了他右将军的兵权；对于霍光女婿范明友，只让他干光禄勋，却收了他度辽将军的印信；霍光第二个女婿赵平的骑都尉的兵权也给收了。总之，凡是以前被霍家把持的军权全都交给许皇后还有他外婆史家的亲信掌握。

历史总是惊人的相似，似乎每一位皇帝都要摆一次“鸿门宴”。眼看着大权旁落，霍家人开始有了危机感，与其让皇上灭掉自己，不如先下手为强。于是他们计划利用上官太后设宴的机会，将丞相魏相、平恩侯许广汉等召来，再让范明友、邓广汉等人假借太后的旨意将他们处斩，然后废掉皇帝，立霍禹为帝。幸运的是，这个计划还没实施就被人告发了。霍山、霍云、范明友等畏罪自杀，霍显、霍禹、邓广汉等被缉拿入狱。最终，霍禹因谋反罪被腰斩，霍显及霍氏家族的其他成员也被斩首弃市。霍氏家族受到牵连被定罪的人数达千人。

霍氏家族当中，只有皇后霍成君没有被杀，而是被废黜，移居昭台宫，十几年后，又被移往云林馆，最终自杀而死。霍氏从此退出汉朝历史舞台。

汉宣帝与昭宣中兴

虽然铲除了霍氏家族的所有势力，但汉宣帝并不否定霍光对大汉朝廷所做出的贡献，称霍光“功如萧何”，并继续执行霍光在任时提出的治国路线。

汉宣帝年轻时曾外出游学，对社会各个阶层的人民的生活比较了解，根据他对当时民情的了解，认为要让百姓安居乐业，最重要的是吏治的好坏。汉代的郡国介于中央与县之间，在中央与地方的关系中，郡国守相起承上启下的作用。郡国守相的好坏，不仅关系到一方的安宁与否，也关系到国家的治乱兴衰。所以，汉宣帝对郡守的选任十分慎重，每一年朝廷任命刺史、郡守时，都要亲自过问。

汉宣帝不仅对吏治的选拔工作很用心，对其工作质量也很在意。他要求这些新任的刺史、郡守写出任期责任状，以便以后对他们的政绩进行考核，这就是史书上所说的“循名责实”。他还制定了一套官吏的考核与奖惩制度，并多次下诏对郡守级官吏实行五日一听事制度，不定期派使者巡行郡国，对官员的工作进行考察。根据考核结果，信赏必罚。他颁布诏令说：“有功不赏，有罪不课，虽唐虞犹不能化天下。”这套政策的实施奖励了一大批政绩突出的官员，有的公开表扬，增秩赐金，有的封爵关内侯，还有的直接升任九卿或三公。对那些不称职或有罪的官吏，则严惩不贷。

随着这些措施的推行，一大批工作认真负责的“吏治”被选拔出来，还有许多官吏是由低级郡吏察廉晋升而来。这些良吏执法公平，恩威并施，一致受到百姓的好评。

在人才选拔方面，宣帝继续推行武帝开创的举孝廉制度，大力推行德化与赏罚引导并举，教化百姓，尤其注重对百姓孝道观念的培养。“霸王道杂之”是宣帝的治国思想的简要概括，意指王道和霸道兼用，礼法并重，绝不单是柔仁好儒，反映了宣帝敢于突破陈规，博采众长，励精图治寻找治国道路的精神。

汉宣帝是一个赏罚分明的人。对于有功劳的官吏，他向来都表现得很大方，一点也不吝啬。有一年，胶东相王成安抚流民有功，宣帝又是奖励财物又是封侯；后来，颍川太守有政绩，也是又奖励财物又封侯，就连身边的其他官员们也跟着沾了光。但是对于犯了事儿的官吏，不论职位高低，他都决不姑息，毕竟汉宣帝从民间长大，深知百姓疾苦。

据说，为了打击官员的贪腐和豪强现象，他提倡严厉执法，大司农田延年在尊立汉宣帝时，“以决疑定策”被封为阳城侯，但因修建昭帝墓圹，趁雇佣牛车运沙之机，贪污账款三千万而被告发。有大臣为他说情，认为“春秋之义，以功覆过”，但汉宣帝没有同意，派使者抓了田延年去受审，准备重罚，结果田延年畏罪自杀。

汉宣帝虽然执法严厉，但为政宽简。由于汉武帝时多用酷法，以致奸吏玩弄法律条文，钻法律空子，操纵百姓生死，使很多人平白遭受了牢狱之灾。汉宣帝首先废除了武帝时的许多酷法，接着平理冤狱，甚至亲自参加了一些案件的审理。

公元前67年，增设四名廷尉平，作为廷尉审理案子的助手，把治狱的好坏作为考核官吏的一项重要内容。

公元前66年，下诏废除了首匿连坐法，并下令赦免因上书触犯他名讳的人。

公元前54年，他派人到全国各地巡查，平理冤狱，检举滥用刑罚的官员。

汉宣帝在位二十五年，先后颁布了十次大赦令……

在任用地方官时，汉宣帝注意选拔一些精明能干的官员对不法豪强实行镇压，同时还任用了一批循吏，说白了就是用好官去治理地方，从而改变了吏治苛严和破坏的现象，大大缓和了社会矛盾，安定了政治局面。

在农业方面，汉宣帝时期设立“常平仓”来调控粮价，即储粮备荒以供应官需民食而设置粮仓，用价值规律来协调粮食的供应，充分发挥稳定粮食的市场价值的作用。“常平”源于战国时李悝在魏所施行的平籴，即政府于丰年购进粮食储存，以免谷贱伤农，歉年卖出所储粮食以稳定粮价。范蠡和《管子》也有类似的思想。武帝时，桑弘羊发展了上述思想，创立平准法，凭借政府掌握的大量资金，贱收贵卖以平抑物价。在市场粮价低的时候，适当提高粮价进行大量收购，既避免了“谷贱伤农”，又防止了“谷贵伤民”，对平抑粮食市场和巩固封建政权起到了积极作用，还对边疆的粮食储备产生了有利影响。

而针对“富者田连阡陌，贫者亡（无）立锥之地”的现象，为制止土地兼并，汉宣帝即位后，先后三次诏令把“赀百万者”的豪强徙往平陵、杜陵等地，而后将其土地或充为公田，或配给无地、少地的贫民。还把国家苑囿或郡国的公田，借给少地或无地的贫民耕种，使他们尽可能地摆脱地主的控制，重新成为国家的编户。

在赋税方面，汉宣帝继续奉行昭帝时期的轻徭薄赋政策：

公元前73年，免除了当年租税。后又对遭受旱灾、地震、病疾的地区免除三年的租赋。

公元前67年，下令降低盐价，为老百姓减轻生活压力。同时宣布，当地政府要帮助返回家乡的逃荒人，要分给他们土地，还要免费发放给他们农作物种子和粮食，让他们开垦荒地。

公元前63年，由于这年风调雨顺，粮食大丰收，一石谷才五吊钱，是汉朝有史以来的最低价。

公元前55年，下令减少天下口钱。

公元前52年，又下令减收全国百姓算赋钱。

公元前51年，再次诏令免除当年田租。

在徭役方面，汉宣帝也尽量减省。当时，漕运所消耗的人力很多，每年从关东向长安运谷需用六万人。汉宣帝采纳大司农中丞耿寿昌的建议，在三辅、弘农、河东、上党、太原等郡买粮，供给长安所用，裁减了关东地区大半的漕卒。

汉宣帝的这些政治、经济措施的实行，使一度国力衰退的大汉王朝又慢慢恢复元气，开始变得繁华起来。由于汉昭帝在位时间比较短，历史上将汉昭帝与汉宣帝在位期间的统治并称为“昭宣中兴”，时间大约为公元前87年至公元前48年，大汉出现了政治清明、社会和谐、经济繁荣的景象。

卷土重来的战斗民族——匈奴

汉宣帝的皇位虽然来之不易，但他却是一个幸运的皇帝，承六世之基业，励精图治，开创了国力强盛、经济繁荣、民生富庶、四夷宾服的局面，史称“孝宣之治”，西汉进入极盛期。《汉书》赞曰：“至孝宣之世，承武帝奋击之威，直匈奴百年之运，因其坏乱几亡之厄，权时施宜，覆以威德，然后单于稽首臣服，遣子入侍，三世称藩，宾于汉庭。是时，边城晏闭，牛马布野，三世无犬吠之警，黎庶亡干戈之役。”由此可见，汉宣帝除了在经济和社会稳定上取得了巨大的成就，在平定边疆的问题上也做出了意义非凡的贡献。

汉宣帝刚即位时，早在武帝时期被狠狠收拾了一番的匈奴又死灰复燃，开始闹事。公元前72年，汉宣帝联合乌孙一起打击匈奴，汉发兵铁骑十六万余，分五路攻打匈奴，这不仅是武帝以来最大规模的一次出征，更是两汉四百年最大规模的一次对外军事活动，这也从侧面反映出当时的大汉政府国库充盈。同时，汉宣帝派遣校尉常惠前往乌孙，节制乌孙骑兵五万余，与汉军东西并进，形成一个巨大的钳形攻势，夹击匈奴。

匈奴之前被汉军打怕了，一听汉军进攻就惊惶逃跑，跑到西边正好又遇到汉军的联盟乌孙大军。一场激战后匈奴大败而归，常惠因此封为长罗侯。匈奴越想越觉得没面子，第二年冬天，再次发动突袭，不过这次不是袭击汉朝，而是选择邻居乌孙作为目标。结果这年下大雪，匈奴军队因为装备不够，光冻死的士兵就有不少，一场大战打下来，生还者还不到十分之一。再加上乌孙、乌桓与丁令乘胜攻击，匈奴此次出击损失惨重，全国损失五分之三的人口，养殖业也遭到重创，损失了一半，国力整体下降。

虽然打走匈奴，但实际问题仍然存在——不知道什么时候匈奴又会起兵侵犯边疆。为了拿下西域这块广袤的土地，汉宣帝想了很多办法。首先，他推行汉武帝时期在西域的屯田策略，即招募士兵前往边塞耕地、生活。屯田的士兵不仅能帮助解决军队的粮食补给问题，还可以成为稳定西域的重要力量。

公元前68年，宣帝派遣侍郎郑吉等人屯田渠犁，备好粮食，准备出兵攻打与匈奴结为联盟的车师国（现新疆吐鲁番一带）。第二年，郑吉成功完成任务，车师国成为汉朝的附属国，郑吉因功升为卫司马，兼任“护鄯善以西南道使者”，也就是西域都护的前身。之后的汉朝担任起了“纠纷调解员”的职责，成为西域各少数民族之间及内部矛盾的调解人。当乌孙内部发生动乱时，他派长期生活在乌孙、有丰富外交经验的冯嫽为使节出使乌孙，帮他们解决内部的矛盾。

公元前64年，匈奴又一次跃跃欲试侵犯汉朝边境。这个匈奴虚闾权渠单于对归附汉朝的车师国一直贼心不死，不顾当时国内民不聊生，数次派兵侵扰车师。汉朝派使者校尉郑吉领兵七千前往车师国救援，没想到居然被匈奴大军围困。消息传到长安，汉宣帝立刻召赵充国进殿商量怎么去救郑吉。

说起赵充国，他原为陇西上邽（今甘肃天水）人，汉武帝时，随贰师将军李广利（李夫人长兄）出击匈奴，率七百壮士突出重围，被武帝拜为中郎，官居车骑将军长史。汉昭帝时，历任大将军（霍光）都尉、中郎将、水衡都尉、后将军，率军击败武都郡氐族的叛乱，并出击匈奴，俘虏西祁王。昭帝死后，赵充国与霍光等尊立汉宣帝，封营平侯。可以说他是老牌大将，非常熟悉匈奴和氐羌的习性。

赵充国认为，守护属国既是大汉作为联盟国的义务，也是既定国策，必须坚决执行。何况车师国土地肥美，又靠近匈奴，一旦被匈奴占领，汉朝也会不得安宁。所以他愿亲自领兵，攻打匈奴右地，这样一来不但可以缓解郑吉被围之急，还能迫使匈奴不再骚扰西域。

可是，本来挺好的计划却遭到了丞相魏相的坚决反对。魏相认为：匈奴已经很久没有侵扰汉朝了，汉朝要是出兵，那就是要对他们赶尽杀绝，是不仁不义。何况车师国只是一个小国，离汉朝又隔了千山万水，一趟出兵没有什么意义，反而会加重老百姓的负担。魏相还表示说，干脆把车师国的屯田兵全都撤回来，把西域全都让给匈奴，让他们在那儿好好过日子，就不会老想着要入侵汉朝了。

赵充国一听简直要气炸了。虽然匈奴最近运气是不太好，天灾人祸让他们的生活过得很艰难，但是汉朝眼下已经有能力负担得起这一战，这是一场只会赢不会输的战争啊。西域是匈奴最后一块奶酪，只要牢牢守住车师国，匈奴就再没有赋税收入，就会失去恢复战斗力的机会。难道经过这么多年艰难的战争后，居然要坐视匈奴恢复元气吗？不该打的仗当然不能打，但必须打的仗怎么可以因为眼前的一点小利益而放弃？最终，宣帝在赵充国与魏相间采取了折中方案：郑吉也要救，西域也要争，但车师国可以不要。就这样，汉朝派光禄大夫常惠率领酒泉、张掖两郡的精锐骑兵出车师北千余里，击退匈奴，然后将郑吉等七千官兵撤往车师以南千里的渠犁基地，接着又将车师政府与国民也尽数迁到了渠犁，把车师故地让给了匈奴。

公元前60年，西域的少数民族内部爆发矛盾，日逐王先贤掸与新任单于握衍朐鞮一直合不来，谁也不待见谁。日逐王先贤掸于是决定借助汉朝的力量来收拾握衍朐鞮，他带着数万人投降大汉，汉宣帝派郑吉带兵五万，前往渠犁、龟兹诸国去迎接他们，一直护送到长安。日逐王先贤掸投降汉朝后被封为归德侯，西域正式并入汉朝的版图，日逐王之前在西域设立的僮仆都尉一职被汉朝设置的西域都护一职代替，郑吉为第一任西域都护。这为匈奴和汉朝之间的关系翻开了新的一页。

平定了西域地区，汉宣帝也为丝绸之路做出了巨大的贡献，从此，天山南北成为中西交通的桥梁，西域各地和汉朝各方面联系日趋密切，丝绸、漆器通过丝绸之路走向了全世界。

当时，汉代去往丝绸之路的商队通常由政府官办，称为使节，实际是官办的贸易队伍。汉宣帝时代，每年都派出大批使团随带大量的牛羊、缯帛和黄金，用骆驼和驴作为运载工具，跋涉于沙漠、碱滩、草原和峡谷之间，和远方的塞人、大月氏人交换商货。这些汉朝商队跨越了阿姆河，进入里海北部、伊朗高原、美索不达米亚、叙利亚和北印度等地，他们中最远的到达了地中海滨的安提阿克，有的甚至还抵达了罗马，充当了汉朝的使者。

汉宣帝时代对丝绸之路的经营仅仅是一个开端，这一举动保护了东西文化交流的桥梁，使丝绸之路成为世界文化交融的大通道。在这条联结欧、亚、非三大洲的大道上，大流士、亚历山大王、汉武帝、汉宣帝、唐太宗和贵霜朝诸王、萨珊朝诸王、伊斯兰教主、蒙古大汗们、帖木儿等都曾活跃一时。可以说，汉宣帝经营的丝绸之路是世界历史展开的主轴，打开了整个人类文化交融的通途大道。

强悍的山地步兵族——西羌

西汉时期，在繁忙的丝绸之路上，除了匈奴还有另一个让汉宣帝头痛的对手——西羌。西羌人当时主要集中在河西走廊一带活动，也是一个作风强悍的战斗民族。由于大漠自然资源贫乏，为了部落的生存，西羌人生性坚刚勇猛，常以战死为吉利，病终为不祥，并且艰忍耐寒，哪怕女人怀孕生孩子也从不避风雪，身体素质非常高。如果说匈奴是当时最强悍的草原骑兵，那么羌族就是当时最强悍的山地步兵。

汉昭帝时，汉朝为了进一步稳固帝国西陲的边防，于公元前81年在西羌河湟故地增设了“金城郡”，金城的意思是希望此地如金铸成，坚不可摧。治所在允吾（今甘肃永靖西北），辖今甘肃省兰州市以西、青海省青海湖以东的广大地区，并迁移了大量汉民过去生活，以壮大其力量。从此，湟水流域二十年太平无事，直到公元前62年，湟水两岸发生一场前所未有的巨乱。

这一年，汉宣帝派光禄大夫义渠安国（为义渠部落后裔）出使西羌，宣导汉朝的民族政策。西羌先零部落的酋豪便趁机向义渠安国提出了一个居心叵测的请求，想渡至湟水北面，那里自然资源丰富，生活更容易些。西羌自从迁徙到青海湖一带后，日子过得很艰苦，始终惦记河湟故地那一块美丽富饶的地方。他们保证，只要能让他们回到故乡，绝不侵扰农田，他们只是想在汉民弃耕的荒地上放羊牧马。义渠安国一听“家乡”这个字眼，立马觉得这是一个多么淳朴的要求啊，简直被感动得不行了。他二话不说，立刻答应了羌人的请求。然后回到长安向宣帝报告了这个情况。

旁边的赵充国一听，立刻感觉大事不妙。因为汉朝的大臣中没有人比赵充国更了解西羌。他原本是陇西上邽人，后响应武帝移民河西的号召，举家迁往金城令居，并在那里度过了自己的青少年时代。令居是汉族和羌族之间的要塞，赵充国一家常年跟羌人打交道，最了解羌人的习性。他们这下回到了魂牵梦绕的家乡，怎么可能老老实实地避开汉人农田去放牧？于是赵充国立刻给汉宣帝上书：义渠安国感情用事，奉使不敬，擅作主张，招寇生事，其心当诛也！

汉宣帝看了赵充国的上书，内心也有一丝慌乱，但他还存着一丝侥幸，也许事情不会糟糕成那样，只要汉朝对羌人善加抚慰，用关爱打动他们，或许就能让他们与汉人和睦相处呢。然而汉宣帝想错了，事情很快就变得无法控制。西羌各部落以汉使有言在先为由，不顾汉军阻拦，强行渡过湟水，如潮水般涌入金城、武威各郡县，汉朝军队拦都拦不住，这下可真是成了“请神容易送神难”了。

汉宣帝没辙，只好吩咐河西各郡县严加监控西羌各部落移民，然后等待下一步指示。然而不久，河西各郡县传来了一个更可怕的消息：本来不共戴天的西羌各零散部落，竟然结成了联盟。原来，西羌在渡过湟水对岸后，先零部落酋豪马上就站出来牵头，召唤周边各羌族部落开了个重要会议，参加此次会议的有大大小小部落首领共两百多人，达成了摒弃前嫌，交换人质，订立盟约，齐心协力为美好生活奋斗的联盟。原本一盘散沙的西羌，其战斗力顶多与西域一小国力量相当，然而团结紧密的西羌联盟，其实力绝不会比匈奴差。

汉宣帝有点蒙，又喊赵充国来商量。赵充国一见面就告诉汉宣帝，事情恐怕比想象的还要严重，因为根据以往的经验来看，这个羌族结盟的背后主使一定是匈奴，估计已经筹划好多年了。赵充国的建议是：如今匈奴力量不如以往，属国尽叛，西羌是他们现在最后的希望了。这会儿肯定已经有匈奴的人秘密潜到了西羌部落中，策划里应外合，准备拿下河西移民区。现在我们要做的就是未雨绸缪，早作防范，把他们的计划扼杀于摇篮之中。

汉宣帝一听很有道理，赶紧吩咐河西各郡县，严密监视匈奴动静，一有风吹草动就立刻报告。一个多月后，河西情报人员传来可靠消息：西羌某部落狼何派人向匈奴借兵，准备攻打楼兰与敦煌，切断汉朝与西域的连接枢纽，拿下郑吉带领的数千西域屯田兵。然而实际上，狼何部落远在阳关（玉门关之南）西南，并没有什么实力，他们居然敢打汉朝屯军的主意，这一定是匈奴人搞的鬼。事实证明，姜还是老的辣，赵充国的判断是对的。汉宣帝让赵充国出主意，赵充国认为：匈奴与西羌某些小国已经统一目标，但他们暂时不会出兵，等到秋天马肥之后才会有所行动。赵充国还建议汉宣帝应立刻派使者巡视边塞，囤积粮草，加强守御；同时区别善恶，严打首犯，采取分化离间的方式，瓦解羌族联盟，应先下手为强，破坏匈奴的阴谋计划，并推荐了当时的酒泉太守辛武贤出使边疆。

汉宣帝接受了赵充国的建议，但在具体实施的时候他不吸取教训，又一次自己拿主意，选择让丞相魏相与御史大夫丙吉来谋划此事。魏、丙二人不同意让辛武贤出使，反而决定让义渠安国戴罪立功。汉宣帝不知道怎么想的，居然同意了，还给了义渠安国调兵的虎符，吩咐他遇到紧急情况可以自己做主。

赵充国又一次气炸，义渠安国这个不靠谱的人，这次出使肯定又会坏事。果然，义渠安国继续发扬“不靠谱”精神，把赵充国的建议抛到脑后，决定跟羌族死磕，把他们全干掉算了。

公元前61年春，义渠安国率领两千骑兵，来到羌人聚居处附近摆了一出“鸿门宴”，假装请先零等三十多个西羌部落首领前来开会，会开到一半，义渠安国忽然翻脸，大开杀戒，把这三十多个羌人部落首领全都砍了。这还不算，他又趁羌人不备，发兵攻打羌人聚居区，一口气斩杀千余无辜羌族百姓。可是，羌族并没有全部跟匈奴勾结，比如以靡当儿、靡忘为首的一部分羌人首领，他们是主张归顺汉朝的和平派，与汉人在河湟地区和平共处，与匈奴勾结的只是小部分羌族人。

义渠安国的鲁莽行为刺激了已经归顺汉朝的先零首领杨玉等人，带着满腔愤怒脱离了汉朝，甚至号召包括靡当儿、靡忘在内的西羌各部首领揭竿而起，向汉朝边塞城邑发动猛烈的攻击。义渠安国这下惨了，他的部队在浩亹（音高门，在今甘肃永登县西南、大通河东岸）这个地方遭到羌军袭击，伤亡惨重，所有的武器和粮草全都丢失。这位安国君一口气逃到令居，闭城拒守，赶紧向长安求援。

接到救援信号的汉宣帝让当时的御史大夫丙吉挑选有能力的人出征。丙吉就找到老将赵充国商量，谁知道赵充国听完之后就推荐了自己，并且强烈建议没有人比自己更适合了。丙吉当场傻眼，当时的赵充国已经古稀之年，是属于国宝级的人物，让“国宝”带兵出征恐怕不太合适。但丙吉还是老老实实地回去把赵充国的话传达给汉宣帝。汉宣帝听了也很惊讶，但他也没说什么，主要是不知道说什么好了，于是让丙吉再跑一趟，去找赵充国确定一个问题：将军能否预测目前羌人的势力，打算带多少兵马去？

丙吉无奈，只好再跑一次腿。赵充国在听完汉宣帝的问题后，书了一句流传至今的名言。这句名言就是——百闻不如一见。汉宣帝听了赵充国的回答后，爽快地答应让他出征。

赵充国到前线后，审时度势，认为当务之急并不是组织军事进攻，而是要从内部逐渐瓦解羌人并不牢固的同盟关系，能不攻自破最好。但是长安的主战派给汉宣帝上书，说最好在七月份水草好的时候进攻，带上三十天口粮就能完成出击，即便不能消灭敌人，也能抢一些农业品回来，打击他们的生产力。若等到冬天，不仅天气不合适，而且战马也发挥不出优势，打赢的概率会减少。汉宣帝把这个建议传达给了赵充国，没想到赵充国立刻提出反对意见——如果每人每马带三十日口粮的话，则每匹马又要驮米又要驮人，还有衣服兵器等，负重太多，跑不快，不仅没法追击敌人，而且还有被关门打狗的风险。

汉宣帝没办法，只好又任命许延寿为强弩将军，主战的辛武贤为破羌将军，参与对羌作战，并再一次督促赵充国出战。为了说服赵充国，汉宣帝甚至搬出了天象大法，说如今五星出东方，是大吉的预兆，太白出高，用兵深入敢战者一定会凯旋，你要是不出战那就凶多吉少。但是老成持重的赵充国吃了秤砣铁了心，不但不接受汉宣帝的洗脑，反而苦口婆心地劝宣帝接受自己的策略。

同年秋天，赵充国生了病，宣帝除了慰问之外，又下令让破羌、强弩将军主动出击羌人。病中的赵充国看到羌人归降的已有一万余人，估计将来归降的会越来越多，此时更不能轻举妄动，于是他上书反对出兵，而且要求大规模屯田，以镇西羌。这个时候汉宣帝耐不住性子了，质问赵充国：如果按照将军的办法，这羌族什么时候才能拿下？战争什么时候才能结束？

就这样来来回回的，赵充国一直劝汉宣帝，汉宣帝每次收到赵充国的上书都拿去给大臣们看，让他们讨论，一开始赞同的只有三成，慢慢地有一半人同意，到最后八成人都赞成赵充国的意见。最终，赵充国的策略慢慢开始发挥作用，羌人内部逐渐分化瓦解，并归附汉朝，赵充国凯旋还朝。

公元前60年，汉宣帝在乌垒城（今新疆轮台东北）设立西域都护府，监护西域诸城郭国，使天山南北这一广袤地区正式归属于西汉中央政权，这一举动具有划时代的重大意义。

第六章 处心积虑，王莽篡取汉室江山

汉宣帝是一个内心柔软的皇帝，然而政治需要的是铁腕而不是柔情。汉宣帝一念之差将皇位传给了并不适合当皇帝的刘奭，本性懦弱的刘奭很快就将汉朝江山的政权拱手让给旁人，太后王政君的临朝称制与王氏家族的掌权，加重了汉朝的腐朽。但是这一时期依然在历史上留下了很多千古佳话，如昭君出塞；也有反面教材，如赵氏姐妹。另外，这时期还出现了一个影响了汉朝历史的人物，他就是王莽。

汉宣帝临终托孤

刘询因童年坎坷，少年时代游学民间，因此即位后躬行节俭，多次下令节省开支，减轻人民负担。历史上记载汉宣帝为人聪明刚毅，高才好学，为政励精图治。他广开言路，任用贤能，平狱缓刑，轻徭薄赋，发展生产；又设置西域都护，使西域正式归属汉帝国版图。公元前72年大败匈奴，造成匈奴南北分裂；公元前50年，南北匈奴均遣使来朝，向汉称臣。

汉宣帝一生有三个皇后、五个儿子：元配皇后许平君，后续娶霍光之女霍成君为皇后，于霍光死后被废，再娶王奉光之女王氏，于公元前64年立为皇后；共生了五个儿子：长子刘奭，立为太子；次子刘钦，封淮阳王；三子刘宇，封东平王；四子刘嚣，封楚王；五子刘竟，封中山王。其中刘奭为元配许皇后所生。

汉宣帝是一个有远见的人，非常善于把握大局，更懂得如何运用“以毒攻毒”的手段。汉宣帝曾任命张敞负责治理长安城的治安问题，由于天子脚下权贵多，所以肯定会得罪不少人。很多人都上书弹劾张敞，可宣帝总是装作不知道。因为他懂得，京城是个是非之地，好人多，坏人更多。张敞练就了一身独门功夫，无人能敌，如果没有像张敞这样自带毒性的人，长安城里的治安问题就得不到改善。

然而每个人都有缺点，汉宣帝也不例外。在治理国家的问题上他能理智而果断，然而在选择继承人的问题上，汉宣帝却被情感左右。汉朝的帝王们都戴有一副“外儒内法”的面具，汉宣帝也有，可太子刘奭却死活不接受这副面具。刘奭曾经给汉宣帝上书，认为他为巩固皇权而杀死重臣，刑罚太过严峻。这简直让汉宣帝风中凌乱，真是温室里长大的“花朵”啊！没有“外儒内法”的面具，怎么能治理好国家呢？

在了解了刘奭的个性与弱点后，汉宣帝担心他难以撑起治理大汉的重担，便产生了另立太子的念头。可是，许皇后死后，就剩下刘奭这点血脉，汉宣帝老觉得自己对不起她，封刘奭为太子很大程度上就是出于这个原因。

公元前 49 年冬，汉宣帝病重，考虑到刘奭在性格上并不适合当帝王，所以必须要找几个有能力的重臣辅佐才行。于是，宣帝在弥留之际，诏命侍中、乐陵侯史高为大司马兼车骑将军，太子太傅萧望之为前将军，少傅周堪为光禄大夫，共同辅佐太子。对于明君来说，知臣者莫若君，宣帝对他们三个人的品德与办事能力都比较了解，更重要的是，这三个人若得到重用，相互之间能形成牵制，这样才不会出现霍氏家族那样的隐患。

汉宣帝托孤的三位大臣之一史高，是鲁国人，是汉宣帝祖母史良娣的兄弟史恭的长子（宣帝表叔）。史高开始为侍中，公元前 66 年，因检举霍禹而封乐陵侯。

萧望之，字长倩，兰陵（山东兰陵县）人，后迁徙到杜陵（西安东南部），是萧何的第七代后人。萧何有三个儿子，分别为萧禄、萧同、萧延，三兄弟中只有萧延的后代人丁兴旺，萧望之就是萧延一脉的后代。萧延在萧何死后，被封为赞定侯。萧延有四个儿子，最小的儿子叫萧彪，萧彪一生只有一个儿子叫萧章，萧章四十岁就去世，也是只有一个儿子，叫萧皓。到了萧皓这一代，萧氏家族已经彻底没落，开始以田为业，成了一方乡绅。萧皓死后也只留下了一个儿子萧仰，而萧望之就是萧仰唯一的儿子。萧望之是萧氏真正的三代单传之子，从小受到了数不尽的关爱。

萧望之从小聪明伶俐还非常好学，萧仰看到萧望之非常好学，就想给他谋一个好的出路。汉宣帝时期，丙吉曾经将萧望之推荐给大将军霍光，但并未得到重用。后萧望之被当时的丞相魏相看中，收为门生。霍光死后，霍家的权势开始衰败，萧望之由于才学出众，被宣帝重用，任命他教导太子（即后来的汉元帝）读书。萧望之在教导太子读书期间，常常拿儒家的经典学说当作教材给太子上课。他也曾多次在当时的皇家图书馆召集诸多大儒，共同研究注解儒家的经典学说。

公元前49年，宣帝因病崩于未央宫，在位二十五年，享年四十三岁，谥号孝宣皇帝，庙号中宗，葬于今天西安市东郊的杜陵，太子刘奭即位。

刘奭即位后，第一件事情是尊王皇后为皇太后，然而这个王皇后实际上并不是刘奭的亲生母亲。历史上许多皇后都是因为没生下儿子而被废黜的，而王皇后却是个例外，她是因为没有儿子而做上了皇后。

王皇后在为婕妤时并不招汉宣帝喜欢，宣帝封她为皇后的目的不是因为夫妻感情，而是为了给太子找个照顾他的人。因此，虽然当上了皇后，身份、地位、待遇有了极大的改善，但汉宣帝并没有改变对王皇后的看法。

王皇后确实是一个厚道、善良而有情的女人，虽然丈夫对自己没有什么感情，但她却把自己所有的母爱和情感都倾注在了刘奭身上，全心全意地呵护养育刘奭，吃饭都是她自己先尝过，冷热合适之后才让刘奭吃，简直是“不是亲妈，胜似亲妈”。以情换情，王皇后的付出，得到了刘奭的温情回应，这对母子在常年的生活中结下了深切的母子亲情。王皇后在刘奭即位后升为皇太后，因此又称为邛成太后。

元帝懦弱，大权旁落

刘奭是一个多才多艺的人。他能写一手漂亮的篆书，会弹琴鼓瑟、吹箫吹笛，对于辨音协律、作曲弹唱更是样样精通。而且，他在经学上也很有造诣，不仅比汉宣帝厉害，即使与西汉的其他帝王相比，他也是数一数二的。

元帝刘奭与汉宣帝不同，受老师萧望之的影响，他尊崇儒术，所以登基后重用萧望之，实行了一系列奠定儒家地位的措施。元帝具有深厚的经学修养，曾以自己的名义下诏奉祀孔子，并封孔子的第十二世孙孔霸为侯。孔霸去世时，元帝竟然不顾自己的帝王之尊，两次穿着素服前去吊祭。

元帝的信任与支持，让萧望之等一众儒臣看到改弦更张、推行仁政的曙光。然而，这只是昙花一现的美好时光。汉元帝重用萧望之后，儒臣的影响力在朝廷内部与日俱增，致使汉宣帝托孤三位大臣之一的史高受到冷落，与萧望之产生嫌隙，一场权力的斗争随即在汉元帝的朝堂中展开。

石显，字君房，济南人。与普通宦官不一样，石显出身高贵，其家族在当时属于名望比较高的一族。和许多纨绔子弟一样，石显从小衣来伸手饭来张口，吃喝玩乐无所不为，虽然称不上作恶多端，但也好不到哪里去。终于，石显某一天因为嚣张过头犯了法，按刑律，应被判死刑。但由于他的家族势力庞大，所以免了死罪，但活罪难逃，被处以宫刑，进入宫中当了太监。

当时还是汉宣帝时期，因治国有方，全国上下一片清平，就连后宫也井然有序，所以石显这个纨绔宦官在进宫后，并没有合适的土壤供他成长，反而养成了谦虚谨慎的性格。渐渐地，他发现，皇宫里充满竞争，而且斗争相当激烈，如果想活得更好，就必须爬到最顶层，而爬到最顶层最先要做的就是找一个梯子。

石显的梯子是一个叫弘恭的宦官，他早年进宫，对宫中事物比较熟悉，当然也要比石显圆滑。更重要的是，弘恭是一个有文化的宦官，他深谙文史与法律。石显自从跟了弘恭后，简直是脱胎换骨，在宫中开始崭露头角。不过由于汉宣帝刻意打压宦官，这二人始终没有机会登堂入室。到汉元帝执政，这个缺乏安全感的皇帝认为宦官没有骨肉之亲，也没有姻族之累，所以可以全身心地为国家尽心尽力。

石显就是在这个时候跃入元帝眼帘的，善于揣摩他人心理和喜好的石显受到了汉元帝的重视，慢慢地从普通的宦官成为可以接近皇帝的中黄门，后又升为中尚书，掌管文书奏章，不离皇帝的左右。后来弘恭晋升为中书令（尚书长官），石显做了中书仆射。

萧望之一开始并没有在意石显，谈不上喜欢和讨厌他，而且对石显做的一些事情还比较满意，可没过多久，萧望之就感觉到了危机。石显开始发展自己的势力，并且作为皇帝身边最亲近的人，拉拢了不少朝廷官员。不久后，凭借多人的举荐，石显进入权力中枢，与萧望之平起平坐了。此时的元帝对石显已经非常信任，有时甚至还会将朝政托付给石显。石显表面对满朝文武都很恭敬，其实内心却非常狠毒，谁要敢反驳他的意见，他必定要伺机报复。此时史高正因为受到汉元帝的冷落而郁郁寡欢，就选择站到萧望之的对立面，与石显勾结在一起。

这时，有个叫郑朋的人想投靠萧望之，就写了一封信给他，说史高派手下的人到处为非作歹，谋取私利，并提出了解决的办法。萧望之看完信就召见了郑朋，认为他是一个有才能的人，让他待诏金马门，但没过多久又发现他是一个行为不正的人，就没再提拔他。郑朋转身投向史高，并在史高举荐下，受到元帝的召见。

萧望之这时候已经发现石显的居心叵测了，于是向元帝上书，说管理朝廷机要的职务是相当重要的，祖宗成法，这一职务该由贤明的人来担任，那些受过刑的太监并不能插手这些事情，这也是我们汉帝国一贯的制度。目前的情况应该立即改变。元帝看完萧望之的上书后，转手就把这奏章给石显看了。不知道石显看完奏折是什么心情，反正他从此下定决心要干掉萧望之。

如果光靠拍马屁，石显是不可能一路顺利成为皇帝身边的红人的，他的搭档弘恭发挥了很大作用。因为萧望之这个人比较正直，想要正面找到拉他下马的证据很难，于是石显和弘恭决定让萧望之背个黑锅。他们告诉元帝，萧望之私底下结党营私，想专擅权势，为臣不忠，又污蔑皇上没有才华，请皇上将他治罪。

萧望之给刘奭当了八年的老师，而石显一句话就把他给变成了阶下囚。过了一段时间，汉元帝想找萧望之问点事情，结果一问才知道他早就被抓进了监狱。元帝很吃惊地问：“什么人敢抓我老师？”弘恭、石显回答："不是您批准的要抓他吗?"汉元帝说："你们只是说交廷尉查办，没说要抓进监狱啊!"原来石显和弘恭跟元帝玩了一个文字游戏，并没有说清楚"谒者招致廷尉"就是逮捕下狱的意思，以为是交廷尉查办呢。搞清楚之后元帝立即下令把师傅放出来，石显接到命令后就跑到史高那里去商量，然后回来跟元帝建议，陛下刚继位，您的老师就进了监狱，这刚抓进去没多久就放回来，就等于向大臣承认错误。您的威信恐怕会受到影响。元帝想了想，同意了。

萧望之虽然被放了出来，可也被免职。不久后，陇西发生地震，死伤很多百姓，汉元帝认为这是老天爷在责备他黜逐了自己的老师，于是又让萧望之官复原职，赐关内侯，食六百户，加官给事中，后又想师傅博通经术，打算让他为相。萧望之毫无怨言地又去上班了，可他的儿子散骑中郎萧伋很生气，自己父亲无缘无故被免了职还进了一趟监狱，现在又不明不白地给放回来，这算怎么回事。想来想去咽不下这口气，萧伋就给汉元帝上书要求解释一下怎么回事。

石显本来在萧望之恢复职位后内心很忐忑，怕被报复，结果一看到他儿子的申诉书，忍住内心的狂喜跑去报告元帝，萧望之心怀不满指使儿子上书，他这可是大不敬啊！因为石显了解汉元帝的心思，他不忍心杀了自己的老师，所以就告诉元帝，暂时把萧望之关进监狱，只要他有悔改之心，可以放了他，让他回家养老。元帝这才勉强同意，然后亲自下令抓捕萧望之。石显领了汉元帝的命令把诏书给萧望之看，萧望之看后仰天长叹："我曾身为太子的老师，如今已年过六十，难道还要再入狱受辱，不如一死了之!"说完就服毒自杀而死。

据说当时元帝正在吃午饭，听到老师死了，顿时泪流满面，饭也不吃了，就把石显找来责问。石显巧舌如簧为自己开脱。元帝明知道老师的死跟石显脱不了干系，也只是口头责问弘恭、石显等人，使其"免冠谢"，也就是脱掉帽子谢罪而已。干掉了萧望之，一时朝廷内外的大臣和外戚没有人敢再惹石显，后汉元帝将石显加升中书令，群臣无不战栗，一时朝野人人自危。

一个既传奇又失败的女人——王政君

一说起传奇女人，人们一定以为这是一个像武则天一样的女人，不仅吸引着自己的男人，还能霸占王权，掌管天下的男人和女人。然而王政君完全不是这样，她一生只有过一个男人，这个男人还不喜欢她；她只生有一个儿子，这个儿子也没教育好，最后还稀里糊涂地死去。总之，作为一个女人，她很失败，既没相好夫，也没教好子。但是她唯一的传奇，是寿命特别长，她活了八十四岁，比西汉末年几个皇帝寿命的总和还要长。

皇帝走马灯似的换，只有她这个太后稳如泰山。在她半个多世纪的庇护下，她的娘家弟侄们盘根错节，吸干了西汉王朝最后的一点水分。

王政君，魏郡元城（今河北大名县东）人，阳平侯王禁次女，母亲李氏，汉元帝刘奭皇后，汉成帝刘骜生母。她是中国历史上寿命最长的皇后之一，其身居后位（包含皇后、皇太后、太皇太后）时间六十一年（公元前 49 年～公元 13 年）。

王政君的故事要从她父亲说起。王政君的父亲名叫王禁，曾在长安学习法律，做过廷尉史。王禁是一个有梦想的人，并不满足于廷尉史这个不起眼的职位，干了一段时间之后，颇有一种千里马遇不上伯乐的感觉，于是把注意力从工作转移到酒色上，娶了一群姬妾，并生了十二个孩子，而王政君就是其中之一。王政君的母亲魏郡李氏在生下三个孩子后，因嫉妒丈夫娶妾太多，一气之下改嫁给河内郡的苟宾为妻。

王政君小小年纪没了母亲的照顾，靠二娘、三娘、四娘的照顾小心翼翼地生活着。好在她长得还不错，五官端正，性情温和，学会了妇人之道。到十四五岁时貌美聪慧，父亲王禁将她许给一个许姓的人家，可是刚刚订完婚，男方突然死了。无奈之下，又将她许给了东平王，但东平王还是死了，他的父亲觉得很奇怪，便派人为女儿占卜，占卜者说："因她是梦月入怀的，所以此女贵不可言。"于是王禁让女儿学习各种才艺，在她十八岁时将她献入宫中为家人子。

王政君入宫后过了一年多，皇太子刘奭宠爱的司马良娣病故，良娣临死前说是有其他姬妾咒她于死，从此太子郁郁寡欢，又迁怒其他姬妾，不与她们接近。汉宣帝刘询知道太子怨恨姬妾，便让皇后在后宫挑选适合的女子送给太子。皇后挑了五个女子，其中包括王政君。当太子到皇宫时，对这五个女子兴致不高，但又不想违逆皇后的心意，便说："其中有一个人可以。"这时因为王政君坐得最靠近太子，且打扮素雅，所以众人都以为太子就是属意王政君，于是将她送到太子宫，刘奭与王政君成了夫妻。

太子原本已有姬妾十多人，但长年以来一直都没有人怀孕，而王政君成为太子妃后，竟然怀孕了，这使宣帝刘询非常高兴。甘露三年（公元前51年），王政君分娩生下一个儿子，那年她二十一岁。

因为太子刘奭性格太懦弱，宣帝不是很喜欢他，但他又是许平君唯一的儿子，宣帝又不忍心废他，心里很矛盾。有了孙子，宣帝觉得有了希望，儿子虽然不像自己，可以把希望寄托在孙子身上。宣帝给孙子取名为刘骜，骜者，千里马也，封为皇太孙，字太孙，王政君也立刻得以册封为太子妃。皇太孙刘骜三岁时，汉宣帝刘询驾崩，刘奭继位，王政君母子也水涨船高，升为皇后和皇太子。

奔袭三千里，一朝灭匈奴

汉朝从汉高祖刘邦即位以来，可以说是生命不息战争不止，到汉元帝时期已经是基本上没什么仗要打了，那些曾经驰骋疆场熠熠生辉的大军事家如卫青、霍去病、赵充国等早已星光黯淡。儒家学说在汉元帝时期大放光彩，减刑宽政、不与民争利等宽松政策开始实行，此时内无叛乱、外无边患，百姓安居乐业。

公元前49年，就在这一片祥和的气氛中，一个不和谐的消息让大汉王朝的内部炸开了锅：朝廷派到西域护送匈奴质子驹于利的卫司马（即卫尉手下司马）谷吉等人完成任务后，被质子的父亲郅支单干给杀了！郅支单于的过河拆桥是有原因的。

汉宣帝晚期，公元前60年，匈奴爆发了“五单于相攻”，冒顿单于的后代子孙们为了抢地盘爆发了内乱，打得不可开交。六年后，匈奴的两支主力部队呼韩邪单于和郅支单于两败俱伤。双方为了打赢这场仗，同时想到了借用汉朝的力量，呼韩邪单于和郅支单于先后向汉朝遣使朝献，甚至把自己的儿子送到汉朝作为人质。汉朝对于这两个同时抛出橄榄枝的匈奴单于均采取了“待之优厚”，被郅支单于打败的呼韩邪求援心切，先后两次只身入汉朝见，汉庭对他不但赏赐颇丰，而且还派兵送他回匈奴，并帮助他讨伐不服者。历史上称之为“南匈奴附汉”。南匈奴呼韩邪单于降汉，北匈奴郅支单于便趁机离开老地方，向西边杀过去，到乌孙国的时候，郅支单于想与其结盟，但是乌孙早已亲汉，不答应，双方大打出手。由于此时乌孙内部也在闹内乱，最后被郅支单于打得很惨。

至此，匈奴的“南北朝”变成了“东西朝”。东匈奴呼韩邪部在五原郡外光禄塞下定居，西匈奴郅支部则成了漠西流氓，经常骚扰西域各小国。汉朝也不是不知道郅支单于的嚣张，但是因为隔得远，而且郅支单于本身是厉害角色，因此汉朝对待他的态度是能忍就忍。这样一来就给郅支单于造成了一种错觉，认为汉朝没有人敢对他下手，于是郅支单于连败乌孙，进而挥师向北，将西伯利亚一带的乌揭（今阿尔泰山脉以西）、坚昆、丁零等三国接连迫降、吞灭，并在坚昆设立了新的单于庭。这样一来，在坚昆以西七千里外的漠北传统单于庭便逐渐荒废。

由于呼韩邪单于亲汉，郅支单于统一匈奴的梦想破碎，他把这笔账算在了汉朝的头上。公元前45年，郅支单于遣使来长安进贡，顺便接回十年前送来当人质的儿子，并表示要归附汉朝，当然这是假的。

汉元帝收到消息后与群臣商议，决定派遣卫司马（即卫尉手下司马）谷吉为使臣，把郅支的儿子送回国。谷吉顺利完成任务，本以为借此机会能与郅支单于搞好关系，谁知道郅支这个奇葩认为，汉朝支持呼韩邪跟自己作对，还送了他那么多东西，却对自己这么小气，自己儿子在汉朝待了十年怎么的也得送份大礼过来，可你们却只送了这么点东西，这简直实是侮辱自己！于是就把谷吉砍了！

杀了谷吉之后，郅支想了想，好像有点不妥，当年汉匈关系最恶劣的时候也没有过斩杀使者的习惯，而当年大宛曾经杀了汉朝使者，最后隔着万里之遥也遭了灭顶之灾，越想越后怕，就一路向西逃跑了。

郅支跑到康居这个地方（位于今中亚哈萨克斯坦与乌兹别克斯坦一带，巴尔喀什湖和咸海之间，为半耕半牧民族），康居是中亚仅次于安息（今伊朗）与大月氏（今阿富汗）的强国。康居王由于想借助郅支的力量征服乌孙，于是热烈迎接了郅支，并且把女儿许配给他做妻子。郅支果然厉害，带着康居王的士兵把乌孙打得退出了几千里。可是康居王还没来得及高兴，郅支就露出了邪恶的一面，杀死了康居王和他的女儿、家人等数百人，并强迫康居的百姓在都赖水（今恒逻斯河，在哈萨克斯坦境内）畔兴建了一座郅支城（今江布尔，在哈萨克斯坦南部），作为自己进一步扩张势力的基地。同时他还要求阖苏、大宛等国给他进贡，这几个小国不敢反抗。

另一边，汉朝见谷吉等人去了好几年都没回来，心想一定是出事了，这时又有消息传来说是东匈奴杀了谷吉，于是汉朝就派使臣去问呼韩邪，后来才发现这是一场误会，双方重归于好。因为郅支单于此时已经远离漠北，呼韩邪跟汉使商量，说自己想回老家去重建家园。汉使者爽快答应，与呼韩邪歃血为盟，约定世世代代和平共处。呼韩邪回到漠北王庭后，开始慢慢地恢复元气。

汉朝使者后查清原来是郅支杀了使者，于是问题来了：打还是不打？大多数大臣认为还是保守一些好，不能打，康居离长安太远了，而且眼下也没有卫青、霍去病那样的绝世名将，万一输了岂不是更丢脸。这时，时任为郎的陈汤出来表态了：一定要打，不然过两年郅支实力强大了岂不是要骑到汉朝头上撒野。然而会议还没讨论出结果来，就发生了一系列天灾事件，而且西羌又趁机起哄。在条件有限的情况下，汉政府只有再次使出外交手段，三年内派出了好几拨使者去跟郅支打嘴仗。后因郅支态度骄横，汉元帝终于决定开战。

公元前36年，西域都护韩宣退休回国，当时的大司马、车骑将军许嘉（许广汉之侄，元帝之舅）向汉元帝推荐了原辽东太守甘延寿接替西域都护之职，同时让多次请求外派的郎官陈汤做他的副手（副校尉），随同前往。陈汤与甘延寿来到西域边关，都护府首长甘延寿的建议是守株待兔，不要主动出击。但是陈汤不同意他的意见，提倡主动出击，他认为：敌人就摆在那里，你不去消灭他，他早晚要来，守是守不住的，最好的防守是进攻。统帅甘延寿还是犹豫不决，由于压力太大不久生了一场病。陈汤于是自作主张，趁甘延寿生病不能开会，来了一招假传号令，调发汉屯田卒及西域诸国兵共四万余开始西征。

无奈之下，甘延寿也只好任凭陈汤调遣了，随军出征。此次汉军共分为六个编队，兵分两路。甘延寿率三个编队由北道，向赤谷城进军（今吉尔吉斯斯坦伊什提克），陈汤率三个编队出南道，翻越帕米尔地区，向郅支城进军。陈汤沿路捕获康居副王的亲属及一些贵族，他们答应做向导，并将郅支的情况做了大致介绍。而后大军便直抵郅支城都赖水边，在距城三里远的地方安营布阵。只见城头上彩旗飘展，数百名披甲兵士登高守备，有的向汉军招手挑逗，甘延寿与陈汤观察之后便令军士四面包围其城，以箭杀伤守城兵士，于是展开了一场对射。

郅支单于得到汉军进攻的消息时，先打算逃跑，他害怕康居人对他怀恨在心，有做汉军内应的人。可是又听说乌孙等国也发兵参战，顿时感到一阵绝望。带了一些人走出去又返回来，说：“不如坚守这里，汉兵远道而来，肯定不会停留太久。”汉兵猛烈攻城时，郅支单于身穿甲衣带领他的妻妾数十人一齐登上城楼，这些美女们用现在的话来说都是一个个的“女汉子”，齐刷刷拉弓射箭，干掉不少汉兵，甚至一箭差点射中正在城下指挥作战的陈汤。陈汤顿时大怒，下令所有强弩全部朝郅支单于射去，擒贼先擒王，射中者重重有赏。听到这个命令，士兵们顿时很激动，一顿乱箭射死了郅支的几个妻妾，又射中了他的鼻子。郅支顾不上指挥立马跑回去包扎。

第二天，陈汤命令将士四面齐用火攻，又击鼓助威，汉军冒着烟火突破外围的木栅，并且趁机冲进土城。郅支单于身边只有男女数百人及一些吏士，毫无抵御能力。汉兵勇猛击杀，将郅支刺死。军侯杜勋割下郅支单于的首级，又从狱中解救出两名汉朝的使者，诛杀了郅支单于的妻妾、太子以及得封的王公等共一千五百一十八人，生擒官吏一百四十五人，另外俘虏敌兵一千余人。陈汤将这些战利品，包括战俘都交给了参与打击郅支的小国军队。

在郅支之战中，汉军虽然是攻城方，但伤亡比例比匈奴小得多，陈汤认为：汉兵可“以一当五”。一个汉兵的战斗力相当于五个匈奴兵。

通过这场大捷，汉军彻底歼灭了反汉的匈奴郅支部落，一举确立了汉朝在西域的宗主国地位。接下来就是报告好消息，陈汤和甘延寿很开心地等着封赏，但是赏没等来，还差点被抓进死牢。因为陈汤系假传圣旨，这是死罪。眼看要遭遇杀身之祸，陈汤赶紧跟甘延寿商量上书汉元帝，有理有据说了一堆好话，其实最主要是打了胜仗，汉元帝也并没有计较。在这次的上书中，陈汤留下了一句流传千古的名言：“明犯强汉者，虽远必诛！”

汉元帝虽然性格温和软弱，但他并不是昏君，因此宣布赦免陈汤矫诏之罪，封关内侯。后来，陈汤逝世，又被追封为“破胡壮侯”。

陈汤令匈奴分裂势力一蹶不振，匈奴对大汉的温顺史无前例，大汉朝与匈奴打了一百多年的战争由陈汤画上了一个圆满的句号。而后，形式上统一匈奴的呼韩邪单于，诚惶诚恐地做了两件事：一是对汉称臣；二是迎娶汉女王昭君，并将昭君奉为皇后（宁胡阏氏）。之后，汉匈之间六十年无战事，和平时代到来。

昭君和亲，元帝一生的遗憾

公元前36年，陈汤与甘延寿对郅支发动攻击并取得胜利，在此后将近四十年的时间里，西域维持着和平状态，中西交通也畅通无阻。郅支被杀之后，呼韩邪单于既为自己的敌人被消灭而高兴，又畏惧汉朝的威力。公元前33年正月，呼韩邪单于第三次来到长安朝见汉元帝，并表示愿娶汉女为阏氏。元帝也愿意用婚姻的形式巩固汉、匈之间的友好关系，就把宫女王嫱赐给他为妻。

王嫱，字昭君，乳名皓月，汉族人，中国古代四大美女之一的落雁。西晋时因避司马昭讳，改称明君，南郡秭归（今湖北省宜昌市兴山县昭君村）人。王昭君的事迹在正史记载中仅几十个字，但在稗官野史中的记载却非常多，而且更富于传奇色彩。

王昭君出生在一个农民家庭，父亲王襄以耕种为业，老来得女的他对昭君倍加呵护、爱如珍宝，虽然生在普通人家，但是王昭君也享受到了父母对她无微不至的呵护和家庭的温馨。汉元帝建昭元年（公元前38年），王昭君被选入宫，成为宫女。然而王昭君入宫后并没有机会见到元帝，貌美如花的昭君只能任由时光流逝，等待自己的苍老。

据说，由于后宫的美女太多，汉元帝没办法做到每个都临幸，也不可能每天去后宫挑选临幸的人，那么就只有一个办法——请画师们把她们画下来。画师每天送画来给汉元帝过目，汉元帝感觉画上的美女看着顺眼，晚上就翻她的牌子。而这个任务就交给了宫廷画师毛延寿。

宫女们为了能够见到皇帝，就纷纷贿赂毛延寿，希望他能将自己画得美一点，这样就能够得到皇帝的临幸。因此，这个毛延寿在后宫很吃香，因为谁给的钱多，就把谁画得好看。后宫庞大的美女团队都依赖毛延寿给自己带来好运，唯独王昭君比较有骨气，宁愿被画得丑也不贿赂画师。不过也有可能是，王昭君家里条件不怎么好，加上刚进宫，不懂这些规矩，所以没有准备这笔贿款；再者她对自己的美貌还是比较有自信的，天生丽质难自弃，不怕皇上看不见自己。

民间还流传另一种说法，毛延寿给王昭君画像时，曾经暗示她："一幅肖像画得好不好关键在于眼睛，和画龙一样，神来之笔在于点睛，是所谓明眸皓齿也，一点值千金啊！"王昭君是个聪明人，毛延寿的意思她怎么会听不出来。但她对自己的美貌比较有自信，不但没有买账，还讽刺了毛画师几句。毛延寿见王昭君人虽长得漂亮，却不太懂规矩，于是他恶作剧地将本该点在眼睛上的丹青点在了脸上。王昭君的一张俏脸变成了麻子脸，一对顾盼多情的眸子变得黯淡无光。

当然，无论是什么原因，反正王昭君始终没有得到汉元帝的临幸，在幽深寂寥的后宫中度过了三年的漫长时光，直到呼韩邪单于来到长安，提出和亲的要求。据史书记载，王昭君是自愿远嫁匈奴的。呼韩邪单于向元帝说想娶一个汉家女子为阏氏（皇后），元帝舍不得将汉室公主远嫁，就向后宫宣布：谁愿意远嫁匈奴，就封谁为公主。虽然公主的头衔听着很清贵，可是一想到要嫁到荒凉的大漠，没有人愿意去。王昭君此时自告奋勇地站了出来，说她愿意去。

这回，轮到汉元帝郁闷了，他无论如何也想不到身边竟有如此倾国倾城的绝色佳人。《后汉书·南匈奴列传》里绘声绘色地写道："（昭君）丰容靓饰，光明汉宫，顾影徘徊，竦动左右。帝见大惊，意欲留之，而难于失信，遂与匈奴。"

汉元帝哑巴吃黄连，呼韩邪单于则睁大了惊喜的双眼。这位草原长大的匈奴首领，从没见过这样光彩照人的中原女子。据说，在返回匈奴的途中，王昭君一想到自己从此就要远离家乡和亲人，心中便觉得伤感，但又不能说出口，只好通过琵琶来表达。王昭君一边走，一边弹奏着琵琶，乐曲哀婉凄切，连正在南飞的大雁听到她的琵琶声都被感动了，全都落在了王昭君的四周。

《后汉书·南匈奴传》记载，王昭君远嫁匈奴的大本营漠北草原后，与呼韩邪恩爱非常，被封为“宁胡阏氏”，也就是单于正妻。二人感情非常好，生了一儿一女，儿子伊屠智牙师后来被封匈奴右日逐王。然而幸福的日子总是稍纵即逝，昭君嫁到匈奴三年后，呼韩邪单于因病去世，呼韩邪的匈奴族长妻阏氏所生的儿子即位，称为复株累单于，原名雕陶莫皋。

匈奴人在风俗上与汉人有极大差异。其中之一是：继承父位的儿子，必须将除了自己生母以外的父亲妻妾悉数归为己有。这对汉族来说是匪夷所思的事情。《史记》作者司马迁也对匈奴的这个风习感到震惊，他这样写道：壮者食肥美，老者食其余。贵壮健，贱老弱。父死，妻其后母；兄弟死，皆取其妻妻之。

昭君于是成为复株累单于的妻子，后来又生了两个女儿。在匈奴国的王昭君，似乎成了对汉外交事宜的顾问。汉每次派遣使节团至匈奴时，依例准予王昭君的家人参与其中。汉甚至一度以王昭君的弟弟为使节团长，奉派前往。从此，汉匈长期战争状态宣告结束，双方一直保持着友好的关系。长达一百五十年的汉匈冲突，犹如一曲雄壮的交响乐，而昭君出塞则好似一个完美的“休止符”。

王昭君的一生都在思念着故土，连她的坟墓都朝向故土。在弥留之际，王昭君一再嘱托子女，一定要把她的坟墓设计成坐北朝南的方位，这样她就可以永远望着自己的故土了。

王氏家族崭露头角

王昭君出塞不久，不惑之年的汉元帝就病入膏肓。

而王政君虽然稀里糊涂地当上了皇后，却始终不得宠，被元帝冷落一边。好在王政君比较温柔，对争宠不怎么上心。也许是因为比较听话，汉元帝对王政君的家人都给予恩典，王氏家庭有十多人被封为王。但是刘奭对皇太子刘骜越来越不满。刘骜曾是个恭谨有礼爱学习的皇太子。有一次，元帝召他，他闻诏忙前去。但刘骜不敢横穿皇帝专用的驰道，而是绕了一个大弯。元帝见太子来迟，就问他为什么来这么晚，刘骜只得说实话，元帝听了很高兴。但好景不长，刘骜没什么耐心，每天读书又比较枯燥，于是就烦了，整日游手好闲，喜欢喝酒、游玩。汉元帝教育了几次，但太子屡教不改。于是元帝渐渐产生了废掉太子刘骜的想法，想另立傅妃之子刘康为太子。

公元前33年，元帝病重，傅昭仪、刘康在病床前伺候，皇后、太子刘骜反而被拒之门外。一天，元帝向一位大臣透露他要废黜太子的想法。这个消息被王皇后和太子知道后，惶恐不知所措。这时，元帝侍中史丹激动地来到元帝跟前，声泪俱下地说："皇太子名闻天下，臣民归心。如今臣听说陛下想要废了太子。如果真的是这样，那我也不想活了，请陛下先赐我死吧！"史丹是大司马史高的儿子，史高是宣帝祖母史良娣的侄子。作为外戚，史丹很得元帝倚重，凡元帝出入乘辇，史丹常陪坐在左右。加上元帝本身性格比较温和，看到史丹这么为太子说话，就长叹一声，说："没有这回事。皇后有德，先帝又疼爱太子，我怎么会违背先帝的意愿。"

就这样，刘骜皇太子的地位得以保全，王政君的皇后之位也坐得更稳了。公元前33年五月，元帝死于未央宫，终年四十三岁。刘骜继位为汉成帝，尊王氏为皇太后，移居长乐宫。

汉成帝一即位，就大刀阔斧地清理门户。刘骜以石显拥立有功，迁升他为长信中太仆，这一招看似升官，但实际上是失去了皇帝身边职务，也就失去了皇宠。石显得宠时，很多大臣都依附于他，其中就有一个叫匡衡的。这个人表面上是一个刚直的儒生，但实际上是一个两面派。石显专权时，匡衡便往石显那边靠拢，配合着石显干了不少亏心事；等到元帝死了，石显失去了靠山，作为皇帝的新宠，匡衡便开始过河拆桥、落井下石了，想方设法要把石显一党扳倒，于是上奏揭发石显的罪状。汉成帝本来也不喜欢石显，于是下令把石显及其一众党羽免职。石显本人也带着妻子、儿女准备回老家养老，最后病死途中。虽然石显被除，但是由于他迫害异己专权达十六年之久，致使西汉王朝日益衰弱，为后来的王莽篡权创造了机会。

汉成帝在位时，出现了五侯当朝的政治局势。王政君还是皇后时，就封了自己的老爹为阳平侯。后来，王政君的父亲去世，长子王凤便承袭了父亲的爵位，并以长舅的身份担任其他一些官职。汉成帝登基后突然放了一个大招，将其母王政君五个兄弟（王凤诸弟谭、商、立、根、逢时）在同一天全部封侯，世称五侯。一时之间，大汉朝廷里除了姓王的简直就没有其他人了。大舅父王凤被封为大司马，霍光当年也是担任这个职位，还领尚书事秉政，可谓身居要位，王音被封为车骑将军，其余的五人也都位高权重。王政君一共有八个弟弟，除了二弟王曼（王莽的父亲）早逝，没有封侯，其他的全都封侯。

汉成帝长得英俊潇洒，举止稳重，看上去很威猛，但骨子里却是一个贪图享受的纨绔子弟。在他登位的当年，曾经广泛征选良家女子以充后宫，但是他又不好意思让大家觉得他荒淫无度，就借太后的名义下诏，盖上太后的印玺。皇太后王政君也不管他，她深居长信宫，只管享清福，对政事从不过问。在太后的庇护下，她的亲弟弟王凤得到汉成帝的重用，渐渐独揽朝政，事无大小，都由王凤处理，以致到后来，汉成帝连委任一个小小的侍中的权利都没有。

王政君的几个兄弟因为有皇太后撑腰变得飞扬跋扈起来，甚至都不把皇帝放在眼里。一次，成帝在宫内宴请太后的五弟（成都侯王商）。席间，王商竟大胆向成帝提出了一个非常过分的要求，说自己体肥怕热，皇上的明光宫三面临水，十分凉快，想借住一夏避暑。在武帝时代，这恐怕连想都没有人敢想，但汉成帝因为纵容王家，居然答应了舅舅的这个要求。过了一段日子，汉成帝到王商家做客，见他的后苑内有一个巨大的水池，池中水波滔滔，水上还能行船。成帝觉得奇怪，这附近哪里来的这么多水？一问，才知道王商竟然将长安城墙凿穿，引城外河水注入府内。汉成帝内心很震惊，但是他并没有责怪王商。

又有一次，成帝微服出访，去太后七弟曲阳侯王根家里做客。一进门

发现王根家的后花园假山上有一个楼台，跟未央宫内白虎殿一模一样，这在当时是要杀头的。成帝脾气再好也忍不住了，立刻派人追查车骑将军王音（王凤的堂弟）。王商和王根这才感觉到事情的严重性，给汉成帝写了一封奏折，自请割鼻，向太后谢罪。成帝没有批准，主要是觉得这样做太不好看了，他们毕竟是太后的亲弟弟。他下诏给丞相薛宣，要他去查查汉文帝时外戚薄昭自杀的事情。王家兄弟知道后惊呆了，感觉一向温顺的汉成帝认真起来也蛮可怕的，于是一个个自负斧钺跪在宫门外准备自裁。结果王太后一哭二闹三上吊，最后这事不了了之。

王氏家族崛起之后，势力日见膨胀，不仅朝廷里满是王氏一族的人，连各郡国的地方长官也大多出自王氏门下。由于王凤是汉成帝的长舅，成帝对长舅自是宠信有加。为了巩固王家的地位，王凤不断在朝堂上排除异己，甚至逼死了当时的丞相王商（与王凤的五弟同名）。

有一年秋天，长安城外洪水泛滥，城内百姓纷纷逃命，王凤赶紧劝成帝和皇太后也收拾东西去避灾，大臣们也都见风使舵，纷纷附和。只有丞相王商说洪水不可能来得那么快，叫大家不要惊慌。没过多久，洪水真的退了。成帝就当着满朝文武的面责备王凤大惊小怪，同时又夸奖了王商。王凤觉得丢了颜面，自此便恨上了王商。后来王凤的亲戚犯了罪，正好落到王商手里，王凤就去说情，结果王商不买账，坚持要按规矩来。王凤被逼急了，就去跟史丹勾结，一起诬陷王商。迫于王凤的压力，成帝罢免了王商的相位，还把他和家人都赶出了长安城。三天后，王商吐血身亡。

王莽——高智商的“官二代”

王莽，字巨君，魏郡元城人（河北大名县东），是王政君的侄子，其父王曼早死，不久哥哥也因病去世，刘骜即位后王氏一门唯有他家没有封侯，因此家里条件也不怎么好。王太后也常惦记着王莽这个小侄子，当年自己没能力帮助他们，如今自己尊为皇太后，所有的族人都跟着自己沾了光，唯独二哥家的孩子，孤儿寡嫂无依无靠。王太后总是在成帝面前提起这件事，要成帝怜念王莽一家。同样是晚辈，那些跟着自己沾光的兄弟家的孩子个个都是一副得意扬扬、不可一世的姿态，相比之下，既没封侯也没封爵的王莽一家依旧清贫。每次想到这里，皇太后都觉得内心焦急不安。

事实上，王莽虽然成长条件比不上其他兄弟，但是在皇太后众多外甥当中，他却是资质最佳的一个。王莽孝母尊嫂，生活俭朴，饱读诗书，结交贤士，声名远播。由于哥哥王永出仕后不久就病死，王莽将哥哥的儿子王光视同己出般地养育。由于未领食邑，王莽家的生活品质不如堂兄弟们那样宽裕，虽然如此，他却出钱让哥哥的儿子去读书，还时常让王光带些礼物馈赠给他的老师和同学。

在王氏家族的势力如日中天的时期，顶着皇太后外戚的身份，却过着平民生活的王莽备受关注，更何况他为人处世德才兼备，受到了当时百姓的一致好评。

公元前 22 年，大司马王凤病倒，病情很严重，王莽整天在跟前悉心照料，让王凤很感动。成帝听说母舅病了，亲自到病床之前探视，一边安慰母舅道：你死后，我会让你的弟弟平阿侯王谭继任大司马大将军这个国家最高之职。然而王凤却很出人意料地黑了自己弟弟一把，反而向汉成帝推荐了王莽，而且还自愿把自己的封地分给他一部分。

没多久，王凤去世，王莽升为黄门郎，后晋升为射声校尉。六年后，公元前 16 年，王莽终于被封为新都侯，这一年他三十岁。

公元前 15 年，大司马王音因病去世。按正常的升级顺序来说，接任大司马之位的应该是成都侯王商，继任的应该是平阿侯王谭，但是这两个人都不太幸运，于两年前已经去世。接下来应该轮到王立接任为大司马一职，但王立此时因行为不检点被人告发，所以大司马这个机会跳到再下面的弟弟王根头上。王根由于身体不好，多次向汉成帝请求辞职，回家养老，汉成帝挽留几次最后也同意了。当时，居九卿之位的外戚当中，以淳于长的地位最高。淳于长与王莽是表兄弟关系，太后王政君是他的亲姨妈，而王政君又是王莽的亲姑妈，并且，与王莽一样，淳于长是通过王凤的推荐，走上了仕途。然而，淳于长这个人比较贪心，在这个时候他做了一件事情，最终使自己失去了竞选的资格，并且丢了性命。

汉成帝最初的皇后是许广汉侄子许嘉的女儿，后因赵氏姐妹得宠而被废，许皇后被迁往长定宫。淳于长私通许后的姐姐，想从许后这儿捞一把，于是向许后承诺：我能帮你重回皇宫。许后的想法是，自己已经被废过一次了，要是能够回宫做个婕妤之类的妃子也不错，于是欣喜若狂，给了淳于长很多好处费，前后送了马车、金钱、名贵衣服等，累计资金上千万。然而淳于长只是逗许后玩儿，信口开河就这么随便一说，目标是许后的钱财。不仅如此，他还大占许后便宜，真是坏到掉渣。

事情很快被揭穿，许后姐姐被砍头，许氏本来已经搬回长定宫了，这一下彻底废了，又回到昭台宫。然而等待她的是更悲催的命运。

淳于长这件事做得很不厚道，他给一个绝望中的女人许下一个美好的未来，而目的却是她拥有的钱财，这个看似美好的未来不过是个丝毫没有分量的肥皂泡。养精蓄锐的王莽抓到机会开始揭发淳于长的恶劣行径，不是王莽不顾血缘之情，而是淳于长实在太坏了。终于，淳于长失去太后的信任，汉成帝也觉得这个亲戚留在身边很丢脸，以此免职，遣回其封地。

淳于长是个意志力很坚定的人，虽然被汉成帝嫌弃，但他还是想抓住点什么机会回到朝廷。于是，他选择跟自己的仇家——红阳侯王立合作。怎么合作呢？这淳于长因为要被遣送回封地，之前用的马车什么的就不带走了，淳于长想把这些送给王立，请他在皇上面前美言几句。汉成帝虽然贪图美色，可是他又不傻，这事马上引起了他的怀疑，于是将王立和淳于长都送到司法机关武力伺候。这一回，戏侮许皇后的事情也给抖搂出来了。这一下没退路了，淳于长必须死，许皇后也必须死。其后，王莽把表哥淳于长的家属也全都杀了。

公元前 8 年，王莽与姑表兄弟淳子长竞争大司马一职，并胜出登上大将军宝座。此时的王莽三十八岁。

赵飞燕姐妹淫乱后宫

汉成帝的元配许皇后因失宠而闹出一系列的事情，最后被下令处死，结局很是凄惨，但是，她曾经也是汉成帝的宠妃，享受过集千万宠爱于一身的美好时光。

许皇后是昌邑（今山东巨野）人，是恭哀皇后许平君堂兄弟许嘉之女，是汉元帝刘奭的表妹，汉成帝刘骜第一任皇后。汉成帝一表人才、相貌堂堂，许氏也是才貌双全，他们两个年龄又相仿，称得上是天造地设的一对佳人。两人是在一次宫廷的大宴上认识的，当时是一见钟情。汉元帝知道儿子与许氏两情相悦后，十分高兴，很快就给他们赐了婚。许皇后出身名门，色艺俱佳，当时的汉成帝还比较专一，十数年专宠许皇后。许皇后为成帝生了一儿一女，可是两个孩子都夭折在了襁褓之中。然而，再美的容颜也禁不住岁月这把杀猪刀的蹉跎，年近三十的许皇后不复往日光彩，成帝也开始转移注意力了。

许皇后得宠的时候，正是太后的哥哥王凤掌权的时期，王氏外戚如日中天。太后和王氏一族担心许皇后不能给皇帝留下香火，恰好这时接连几年出现了“异象”（月食），刘向、谷永等人认为，这是老天爷给的暗示，意思是后宫荣宠太盛，皇后独宠的行为让老天爷都看不下去了。刘向、谷永都是依附王氏外戚一族的，许皇后这才意识到王家盯上了自己。公元前28年，汉成帝决定减省椒房、掖廷的开支用度。许皇后写了一道上疏交给成帝，陈述己见，希望他体察实情。结果汉成帝把刘向、谷永上书的内容拿出来对许皇后说了一遍，皇后很受伤，但是也没有办法。

这时，一个以文采著称的女人进入了汉成帝的生活，她就是班婕妤。

班婕妤，西汉楼烦（今山西宁武）人，班况之女，出身功勋之家，父亲班况在汉武帝时曾抗击匈奴，驰骋疆场，立下汗马功劳。她本人也是个才华横溢的女文学家，少年即有才学，善于诗赋。公元前32年，汉成帝刘骜即位，班氏被选入皇宫，刚开始为“少使”（下等女官），不久，汉成帝被她的气质吸引，封她为“婕妤”，住在后宫第三区增成舍宫，班婕妤也曾为汉成帝生下一皇子，但是数月即夭折，之后班婕妤再也没有生育。

班婕妤文采很好，尤其熟悉史事，常常引经据典、出口成章，靠人格魅力得到汉成帝的宠爱。她经常给汉成帝上心理课，为他排忧解难，汉成帝既开心，又接受文化熏陶，没事就爱召见她。班婕妤还擅长音律，既写词又谱曲，她的词曲有感而发，常使汉成帝陶醉进入忘我的境界。对汉成帝而言，班婕妤不只是她的侍妾，也是他的良师益友。汉成帝到底有多喜欢她呢？为了能够与班婕妤形影不离，他下令制作了一辆很大的辇车，以便跟她一起坐车出游。但这番殷勤却遭到班婕妤的拒绝，她说：从古代留下的图画中可以看到，以往的圣贤之君出行，都有大臣陪在一边，那些昏庸的君王才跟妃子坐在一起出行，我如果和你同车出进，那就跟他们很相似了，为了陛下的名誉我不能这样做。汉成帝听了觉得很有道理，再也不提同辇出游的事情。

王太后因这件事夸班婕妤“古有樊姬，今有班婕妤”。这一声赞叹，使得班婕妤的地位更加不一般，但是她是一个有大胸怀的女人，即使受宠也并没有变得骄横，反而希望用自己的言行影响汉成帝，使他成为一个明君。然而，很快，汉成帝便对班婕妤失去了兴趣，因为赵飞燕出现了。

赵飞燕其原名未被正史记载，通常认定为赵宜主，后来因为她的舞姿轻盈，称呼她“飞燕”，而忘却了她的真实姓名。汉元帝初元四年（公元前45年），赵飞燕出生于出身平民之家，家境贫穷。年纪稍长后，赵飞燕以良家女子的身份进宫为宫女（并非勾栏或者奴婢），属于阳阿公主家，学习歌舞，因其舞姿轻盈如燕飞凤舞而得名“飞燕”。

鸿嘉三年（公元前18年），汉成帝即位十多年，年已三十岁，后宫却没有一个存活的皇子。一次微服外出游乐，汉成帝来到阳阿公主府，阳阿公主把养在府中的良家女都叫出来，取悦汉成帝。赵飞燕勾人魂魄的眼神、清丽动人的歌喉、婀娜曼妙的舞姿，一下子就倾倒了成帝，汉成帝将她带回宫。赵飞燕使个欲擒故纵之计，一连拒绝成帝三夜召幸，激起成帝征服之心，夜夜临幸，再也离不开她。

汉成帝还没从初见赵飞燕的惊喜中缓过来，又听说赵飞燕有个妹妹叫赵合德，比她姐姐更漂亮，就派人去请。可赵合德深谙“得不到的才是最好的”的道理，说只有姐姐答应让她去，她才去。于是，成帝赏赐给赵飞燕大量的财物，才求得赵飞燕开金口把妹妹引荐给成帝。

赵飞燕体态轻盈，传说能在人的手掌上跳舞。汉成帝非常喜欢赵飞燕的舞姿，为此还特意在皇宫中建了一座高台，专门供赵飞燕跳舞用。一次，赵飞燕在高台上表演跳舞给汉成帝看，突然一阵风吹来，赵飞燕的裙袖顿时随风飞舞，好像要随风飘走一样。成帝急忙上前抓住赵飞燕的衣裙。

赵飞燕姐妹进宫以后，原先受宠的班婕妤就失宠了。赵飞燕是厉害角色，为了爬上皇后的宝座，想尽一切办法争宠，把后宫搞得一片乌烟瘴气。许皇后想来想去没招，就在寝宫中设置了神坛，早晚诵经礼拜，祈求皇帝多福多寿。赵氏姐妹知道这事后，就跑到皇帝那儿说，许皇后搞巫术，天天早晚诅咒自己，也咒骂皇帝。汉成帝一怒之下把许皇后废居昭台宫。

赵飞燕姐妹阴谋得逞，但是还不满足，想趁机把班婕妤一块打压下去。汉成帝对赵飞燕唯命是从，然而班婕妤却化知识为力量，淡定地跟汉成帝说：“古语有云，死生有命，富贵在天。我时时注意修身正心，尚且得不到福分，走歪门邪道难道就会有什么指望吗？假如鬼神有知的话，决不会接受不忠于皇上的诅咒；假如鬼神无知，诅咒又有什么用处呢？所以我不屑于干这种勾当。”汉成帝觉得她说得有理，又觉得班婕妤文采太好，不但没追究，还厚加赏赐，以弥补心中的愧疚。躲过一劫的班婕妤觉得后宫是非太多，就写了一篇奏章，请求去长信宫侍奉王太后，汉成帝批准。从此深宫寂寂，岁月悠悠，留下了脍炙人口的《团扇诗》，又称《怨歌行》。

不久，赵飞燕被册封为皇后，赵合德也成了昭仪，但遗憾的是赵氏姐妹虽得专宠，但总是不能怀孕。她们害怕别的嫔妃怀孕生子，威胁后位，开始疯狂地摧残一切有可能被汉成帝临幸的人。当时，一个姓曹的宫女被汉成帝临幸后生下一个男孩，结果赵氏姐妹又哭又闹，最后把母子俩都逼死。许美人生下一个儿子，赵合德又哭闹不已，逼迫成帝赐死母子。色迷心窍的汉成帝为了不惹怒赵氏姐妹，竟两次下令杀子，置江山社稷于不顾，彻底沦为“爱美人不爱江山”的昏君。

生不出儿子，后宫的地位就不稳，赵飞燕姐妹为了弥补自身缺陷，就想了个招——给汉元帝吃春药。于是汉元帝的身体一天不如一天。公元前7年，一天半夜，汉成帝想起来上个厕所，起到一半就中风了，还没等太医赶过来救，就一口气没上来，倒在赵合德身上过去了。王太后下令追究赵合德的责任，结果赵合德畏罪自杀了，临死的时候说：“刘骜这辈子就被我牢牢捏在手里，当婴儿一样玩弄，我是死而无憾的！”

赵合德死后，赵飞燕没有受到牵连，可也不敢再要威风了。因为帮助成帝的侄儿刘欣即位，新帝感恩，仍旧尊她为皇太后。其间，有大臣说赵昭仪罪甚大，家属要连坐，矛头直指赵飞燕，哀帝没有处理。六年后，哀帝崩逝，汉平帝即位。与哀帝不睦的王氏外戚集团东山再起，独尊王政君。赵飞燕以“失妇道，淫乱后宫，不生育，断了皇室的后代”等罪名被贬为庶人，赶去看守自己丈夫的陵园。赵飞燕当天自杀，只比妹妹赵合德多活了六年。

三年韬光养晦，伺机东山再起

汉成帝虽然贪图女色，但在位期间也有一些成就。比如农学家氾胜之被举荐到长安，担任议郎，又被任命为“劝农使者”，负责“教田三辅”。

氾胜之亲自到关中各个农业区考察，熟悉了当地的各种生产条件，总结了一套农业生产经验和技术知识，经过长期实验，形成了自己的农业生产体系，成为当时有名的农业家。在他的指导下，关中地区的农业生产经常取得大丰收。氾胜之因发展农业为朝廷做了不少贡献，被提升为御史。经过实地考察，他还将自己的生产经验推广到黄河中、下游广大地区，写成中国历史上关于农业的第一本专著——《氾胜之书》。

公元前26年，汉成帝还下令建造了中国历史上第一座国家图书馆——天禄阁。最早的分类法和目录《别录》《七略》就在汉成帝时问世，开创了世界上最早的图书分类、编目工作的实践。

由于汉成帝没有儿子，他在位时期曾与王太后商量，从兄弟中选择继承人。当时有三个具有继承资格的候选人：一个是傅昭仪生的刘康，就是早年汉宣帝想要立他为太子的那位。但是刘康早死，王位由儿子刘欣继承。另外一个是冯昭仪生的刘兴。成帝跟太后考察后，觉得皇侄刘欣比较适合当继承人。

汉成帝去世，对外戚王家来说是个巨大的打击。汉哀帝刘欣像挑刺一样，把王氏家族的成员一个接着一个从皇宫里挑出去，在当朝身居要职的王根、王莽都被驱逐了。此时王莽任大司马刚一年，屁股还没坐热，就被赶回家种田去了，这一走就是三年。哀帝在位一共六年，对他母亲娘家傅氏和妻子娘家丁氏一族的族人纷纷封侯拜相，势头比当年的汉成帝刘骜还要猛烈，一口气封了六个侯爵。

除了丁、傅两族掌握势力以外，汉哀帝的男宠董贤也在朝中占有一席之地。

董贤刚开始只是太子宫中的一个小随从，在宫中管报时辰。当了两年的人工闹铃后，董贤凭着一张俊美无比的脸蛋吸引了汉哀帝的注意力，主动与董贤搭腔，他就这么走了大运，开始飞黄腾达起来。很快董贤就被任命为黄门郎，黄门郎是侍从皇帝、传达诏命的官员，能当这个官的人都是皇帝的亲信心腹。做了黄门郎，董贤每天都在汉哀帝跟前晃来晃去，汉哀帝每天看着董贤也觉得心情很好。董贤从汉哀帝的眼神里知道自己发达的机会到了，很快从黄门郎被提拔为驸马都尉侍中。汉哀帝与董贤之间的恋情发展得轰轰烈烈，还留下了“断袖之癖”的千古佳话。一次，哀帝与董贤在一张床上睡觉，醒来后准备起床，发现自己的袖子被董贤压在了身下。哀帝不忍心喊醒董贤，就用佩刀割断了自己的衣袖。

一人得道，鸡犬升天，董贤受宠后，他的父亲董恭被任命为霸陵令，不久又升任光禄大夫，后来又升为少府，赐爵关内侯。董贤的妹妹也被封为昭仪，地位仅次于皇后，为了显示她的尊贵，连她住的地方也改称“椒风”，以与皇后所居的“椒房”相配。董贤的小舅子被任命为执金吾，执金吾是掌握禁兵保卫京城和宫城的官员。

汉哀帝荒淫不理朝政，致使社会矛盾激化。琅琊东武（今山东诸城）人师丹接任了王莽的大司马一职，他向皇帝提出限田、限奴的建议，企图振兴汉朝，并制定了具体规定：诸侯王、列侯、公主、吏民占田不得超过三十顷；诸侯王的奴婢以二百人为限，列侯、公主一百人，吏民三十人；商人不得占有土地，不许做官。超过以上限量的，田蓄奴婢一律没收入官。然而这个限田、限奴令制定后，首先打破规矩的却是汉哀帝，他曾经一次性赏赐董贤两千顷土地，是限田最高额的近七十倍，于是，限田、限奴婢令成了一纸空文。太皇太后很无奈，就下令让自己娘家人带头节俭，除了祖坟茔地，其余都分给平民百姓。王政君也因此得了个“慈善国母”的美誉。

再说王莽，回家这三年也没真的种地，而是在努力积攒政治声望。王莽担任大司马时，能做到礼贤下士、谦卑节俭，常常把自己的俸禄分给门客和穷人，所以在民间深受爱戴。在回家的三年期间，他的二儿子犯法，王莽严厉责罚了儿子，并逼儿子自杀，更是获得了百姓的一致好评。因此，许多官吏和平民都为王莽打抱不平，纷纷提议要求让他恢复职位。公元前 2 年正月里发生了一次日食，哀帝诏令公卿大夫尽心陈述过失，贤良周护、宋崇等上书称颂王莽的功德。由于众情难违，汉哀帝不得不以侍奉王太后的名义将王莽召回长安。

公元前 1 年六月，二十五岁的汉哀帝忽然死去。这时，傅太后、丁太后已经相继去世，各自的势力集团也相继瓦解。长寿的王政君听说汉哀帝驾崩，立刻赶到未央宫接管了皇帝的玉玺，并立即传召王莽入宫，接着任命王莽为统领禁军并主持政事。

没有了保护伞，董贤很快走到了生命的尽头，并且死了也不得安生，还被挖坟验尸。董贤自杀后，家人也不敢声张，连夜将他埋了。王莽眼线众多，很快就知道了，他担心这是董贤耍的诈死的把戏，立马派人挖坟看看是真是假，最后确认坟墓里埋的确实是董贤才罢休。

董贤一死，大司马的位置就空出来了，王政君下诏让大臣们自己选举。大司徒孔光、大司空彭宣等说话有点分量的大臣都推举王莽，因为他本来就是大司马，又是王太后近亲，而且声誉卓著，所以都推荐他。于是，王莽又一次当上了大司马。

汉哀帝由于没有子女，由王政君做主，把汉哀帝的堂兄弟中山王刘衎立为皇帝，是为汉平帝。汉平帝当时年纪很小，才九岁，由王政君临朝称制主持政事。王莽再次出任大司马之后，对政君更为恭顺小心，无微不至。他看到王政君久居深宫，生活过得比较单调，就老劝她出去散散心，出巡四郊，到处给一些孤儿寡妇一些赏赐，长安境内的穷苦百姓因此也没少歌颂王政君，于是王政君放心大胆地把大权都交给了王莽。

公元1年，王政君赐王莽为安汉公，这不是爵位，只是一个类似周公受封的封号，王莽受封后，把俸禄转给二万八千人的封赏，民间都称赞王莽是个好人。王莽嫌汉平帝的外戚碍事，也担心汉哀帝的历史重演，于是将汉平帝母卫姬封为中山孝王后，封其兄弟卫宝、卫玄为关内侯，但是他们只能留居中山，不得入京。大臣申屠刚上奏，申请迎接汉平帝的母亲卫姬入京，王莽一怒之下将他罢官。

王莽长子王宇没有继承父亲的优点，胆小怕事，害怕成帝将来亲政，因父亲的专权而迁怒王氏一族，就想办法让王莽就范。王宇派他妻子的兄弟吕宽半夜三更到王莽府门口洒了一地狗血，还装鬼吓人。谁知看门的大爷发现吕宽鬼鬼祟祟就盯上了他。最后王莽一查，原来是自己儿子搞的鬼，于是逼死王宇，将吕宽下狱，借机还把汉平帝母亲卫氏一族牵连进来。除卫姬外，其余卫氏族人全被砍头，王莽还把叔父王立，堂弟王仁、王安都赐死。汉王朝的大堂里终于没有碍眼的人了，再也没有人能阻止王莽实现自己的理想了。

理想主义的王莽

公元2年，汉朝遭遇了一场大蝗灾，王莽抓住这个机会，大秀了一把自己的人品。他不仅派官吏去民间走访收集灾情，而且还下令大臣减衣节食，戒除荤腥，不杀生灵，接着又自掏腰包上百万，良田三十顷，作为救灾费用。公侯们见老大以身作则，也先后为老百姓捐款捐物。不久，一场连绵不绝的阴雨逼退了蝗灾，庄稼开始复生，经过这件事以后，王莽又一次赢得了百姓的赞誉之声。

公元3年，汉平帝十二岁，王莽想把自己的大女儿许配给皇帝，想让她当上皇后。但是，当时参加选拔的女人很多，王莽为了表现自己的谦虚，就上书给王政君，说自己的女儿无才无德，不是当皇后的料。王政君不知道是故意的还是真的太天真，就答应了王莽的要求，没让他的女儿参与选拔。当然，这不是王莽想要的结果，于是他私底下指使很多人上书，要求让他的女儿当皇后。王政君就找王莽来商量，要迎娶他女儿进宫。王莽自然先是推让一番，然后才答应下来。当皇室来送彩礼的时候，王莽又谦让了一番，本来皇后的聘礼是黄金两万斤，可王莽只接受四千斤，然后把剩余的都分给同时入选的各家嫔妃。这一下很快有人站出来反对，大家认为皇后的聘礼如果和嫔妃一样多，皇室就丢面子了，所以立即追加，王莽又把这些追加的份额分给了其他人。所有这些沾了王莽的光的人，都坚决拥护他，此时的王莽不仅在朝廷，在百姓中也是神一般的存在了。

公元4年，这一年王莽四十九岁，被封为宰衡，地位在诸侯王公之上。此后，王莽开始大力宣扬礼乐教化，增加了博士的名额，由原来的一人增至五人；新建了很多学校，全国各地大批才干之士纷纷来到长安，一时间京师文教昌盛，王莽也因此得到汉廷儒生的拥戴。群臣上书说，周公设礼作乐需七年，而王莽只用了四年时间就把天下治理得一派升平，王莽因而加封九锡（古代帝王赐予诸侯大臣的最高礼遇）。

平帝渐渐长大，慢慢地也懂事了。自从他知道是王莽不让他母亲进京之后，内心就产生了怨恨，加上王莽专横跋扈，总是把小皇帝当摆设，所以汉平帝时常流露出对王莽不满意的神色，有时候爱理不理的。王莽一看，这小皇帝是要反啊，于是在向汉平帝进献的椒酒中下毒，致使汉平帝中毒而死，时年十四岁，谥号孝平皇帝，葬于康陵（今陕西咸阳西二十五里处），王莽篡位后，追加庙号为元宗。

由于平帝没有儿子，王莽力压群臣，主张让汉宣帝的玄孙刘婴继位为皇帝，刘婴这时才两岁。太皇太后向群臣征求了下意见，最后结果是王莽代天子朝政，称为摄皇帝，王莽自称“予”，改年号“摄政”。

就在王莽几乎要站到权力的顶峰时，刘氏宗室为主的反对派不乐意了，王莽这是要夺取刘氏家族的天下啊！于是安众侯刘崇率先起义，公元6年，刘崇领着一百多号人进攻宛城，但是出师不利，连城门都没攻下来就失败了。第二年九月，东郡太守翟义起兵，拥立严乡侯刘信为皇帝，通告各地，长安以西二十三个县的“盗贼”赵明等也起来造反。王莽有点担心了，模仿《大诰》下了一篇诏书，说自己这“摄皇帝”的位置只是临时坐坐，等将来皇帝长大一定要将皇位归还刘婴。一边安抚的同时，王莽一边调动大军镇压起义，最后王莽终于打败了义军。

成功镇压起义后，王莽开始让地方官员放出消息，说在很多地方发现了符瑞，暗示应该由他称帝。王政君听闻后说：“众人所见者略同，我虽是一妇人，也知道王莽这样做必定会给自己招来灾祸，这种行为万万不可。”但王莽又以各种祥瑞之兆作为天命，自立为帝，并将这些符瑞告诉王政君，王政君大惊，但无力阻止。

始建国元年（公元9 年），王莽篡汉建立新朝，便让安阳侯王舜去向太后索取玉玺。王政君怒骂："你们父子一家承蒙汉家之力，才能世世代代都得到富贵，你们既没有报答他们，又在他人托孤之时，趁机夺取国家，完全不顾恩义之道。为人如此，真是猪狗不如，天子怎么会有你们这种兄弟！如果你们自以为得到天命而成为新皇帝，想要改变正朔服制，就应该自己做新的玉玺，流传万世，为何想要得到这个亡国的不祥玉玺？我不过是个汉家的老寡妇，随时都可能会死去，所以想要拿这颗玉玺陪葬，你们终究是得不到的！"王政君随即痛哭流涕起来，旁人也跟着垂泣。

王舜虽感到悲哀，但过了许久还是说："臣等已经无话可说了，但王莽仍然一定要拿到传国玉玺，太皇太后您能到死都不拿出来吗？"王政君知道王莽是要威胁她，便将传国玉玺取出，砸到地上给王舜，为此传国玉玺还崩碎了一角，并说道："我已经老死了，有你们这样的兄弟，我们王家今天是要灭族了！"王莽得到玉玺后非常高兴，在未央宫为王政君置酒设宴，大肆庆祝。此后，王政君在公元 13 年（新朝始建国五年）去世，享年八十四岁。王政君死后，被王莽葬于汉元帝的渭陵，但中间用一道沟，把她同元帝隔开。

新朝建立的第二年，王莽根据古书《周礼》《乐语》上的记载，实施了一系列改革。王莽的改革与汉朝其他皇帝的改革不一样，他进行的是一个全面深刻的改革，而不是在制度上打打擦边球，王莽的改革具有超前的眼光。

首先，王莽实行土地国有化，禁止私人买卖，而且将土地重新洗牌，人均土地一百亩，多占土地的人家，不管是皇亲国戚还是普通百姓，立刻无条件交出土地，并且不许买卖抵押土地。这是典型的社会主义思想，从这里可看出王莽是一个很有政治思想的人物，但是这条法令得罪了地主，侵犯了地主阶层的利益，为以后的新朝政权埋下了隐患。

王莽还鼓励开展科学试验和发明创造。王莽的新朝政权时期是目前史学家公认的，我国古代科技发展史上不可忽视的一个时期。王莽重视新科技，并实验了很多在儒家眼里看来是奇技淫巧的新生事物，并且还发展了人体解剖事业。公元18年，王莽得知有位匠人能制作可以飞的东西，用鸟的羽毛做成翅膀状，然后装在人身上，可滑行数百步。王莽听说后立即召见该匠人，亲自观看了他操作这个奇怪的飞行器，并表示很支持他的飞行实验。王莽还是个发明家，他发明的游标卡尺，意图统一全国的度量，从原理、性能、用途看，这种游标卡尺同现代的游标卡尺十分相似，这一发明比西方早了一千七百年。

王莽还废除了奴隶制度，禁止买卖奴婢。汉朝当时其实实行半农奴制，王莽认为买卖奴婢有违于“天地之性人为贵”的大义，规定奴婢为“私属”，不准买卖。试图以“没有买卖就没有杀害”的方式限制买卖奴隶的范围和数目的扩大，使其自然消失。

王莽还是个经济思想家，他首先提出了具有超前思维的“计划经济理论”，在长安、洛阳、邯郸、临淄、宛、成都六个城市间设“五均司市使”，即“五均官”，由原来的令、长兼任，主管评定物价、调节市场、办理赊贷、征收税款等事宜。五均司市使的职责是及时对市场上的主要商品进行价格评定，控制市场供应，一旦发生货物滞销，就以合理的价格收购，货物涨价时，以平价出售，以维护市场秩序。

百姓因祭祀或丧葬无钱时，可向钱府借贷，不收利息，但分别应在十天或三个月内归还。做生意没资金也可以向政府贷款，年利不超过十分之一。所谓六管，是由国家对盐、铁、酒、铸钱、五均赊贷实行管制，不许私人经营；控制名山大泽，对采集者征税。这与现在的经济调控政策十分相似。

王莽推翻了原来的币制制度，在世界铸币史上开创了主、辅币相结合的“宝货制”，这也是现代社会使用的币制。王莽用一些做工精美但不足值的货币代替传统的金银块，这也与近代币制的改革类似。但是，王莽的

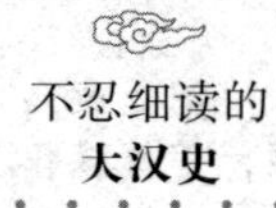

币值改革也产生了一系列的矛盾，新币制与老货币之间的流通和信用受到了严重的削弱，国家财政经济几乎瘫痪。王莽的币制改革本意是削弱豪强大族的经济实力，但由于币制复杂混乱，导致民间交易很不顺畅，造成了民间物价的不稳定。

王莽实施的这些改革从长远来看是先进的，如果执行到位可以收到良好的社会效果，但当时的社会环境并不适合进行这样的大改革，而且王莽的操之过急增加了当时的社会矛盾。但是，我们不能否认的是，在千年之前，身为封建社会的皇帝，能有这般科学的、接近现代的头脑，着实难能可贵。我们至少可以说，王莽是一位疯狂的理想主义者。

第七章 光武中兴，大汉的回光返照

王莽与他的理想主义在历史上留下了浓重的一笔，不合时宜的改制点燃了人们的怒火，将新朝政权付之一炬，赤眉与绿林左右江湖，汉朝变得四分五裂。最后，汉朝在刘秀的手中重新焕发生机，出现了国家富庶强盛、百姓安居乐业的景象，历史上将刘秀统治的这段时期称为“光武中兴”。这时候的东汉不仅有贤明的君主，也有尽忠职守的臣子，比如“马革裹尸”战死沙场的马援，投笔从戎的班超等。

赤眉军与绿林军

王莽是一个意识超前的人，他思想远大，理想崇高，但是能力非常有限。他篡位后所实施的一系列改革，原本是想缓解当时日益尖锐的社会矛盾，企图通过这些改革改变农民奴隶化的发展，使封建关系得到调整，进而起到巩固新朝政权的效果。但由于他大刀阔斧的改制触及了地主和贵族的利益，遭到他们的一致反对，导致王莽只能中途放弃。同时，由于用人不当，贪官污吏趁机利用改革剥削百姓。再加上这些制度本身存在一些不足，造成了政治、经济秩序的混乱，破坏了与周边各族的友好关系，加重了国内人民的负担，进一步激发了西汉后期日益严峻的社会矛盾。西汉王朝自汉宣帝之后一直在走下坡路，本就积压了很多问题，王莽的新政权不仅没有为汉朝带来新气象，反而使局面越发混乱。

在这种民不聊生的情况下，王莽所建立的新王朝非常不走运地遭遇了百年难得一遇的大旱灾，一连串的天灾逼得农民走投无路，纷纷起义，甚至闹出了“野菜战役”。公元 17 年，南方荆州地区闹饥荒，老百姓们没有粮食，无法填饱肚子，就开始漫山遍野挖野菜吃，结果野菜很快也被挖光了，于是老百姓们为了野菜自相残杀起来。

荆州附近有一座绿林山（今湖北大洪山），这里一个叫王匡的人看到村民们为了野菜时常大打出手，就自发地组织了一帮人去调解，渐渐地受到了农民的拥护，大家就提议干脆让他当首领，一起造反。为首的王匡、王凤刚开始的时候也没想要做出一番大成就，只是觉得与其被饿死，不如拼一把，于是就把这批饥民组织起来起义，一下子就聚集了好几百人，还有一些逃亡的犯人也来投奔他们。王匡带领这帮饥民占领了绿林山作为根据地，攻占附近的乡村。不到几个月工夫，这支起义军队伍壮大到了七八千人。王莽接到绿林军造反的消息后，派了两万官兵去围剿，却被绿林军打得大败而逃。绿林军趁势攻下了周围的几个县城，他们每攻占一个地方，就打开监狱，放出囚犯，把官家粮仓里的粮食分一些给当地穷人，留一些搬到绿林山。

放出来的囚犯和饥民发现跟着绿林军有饭吃，于是投奔绿林山的穷人越来越多，没多久绿林军的人数增加到五万多。这时的王匡开始有想法了，当年陈胜吴广起义也才不过几千人，可是他运气不太好，第二年准备杀到长安拿下王莽自己当皇帝的时候，绿林山爆发了瘟疫，死了一半多士兵，剩下的人有一半不敢留在山上，只好下山做了流寇。后来绿林山的这拨起义军分成了三部分，这三路人马各自占领一块地盘，流窜到各个城市附近烧杀抢掠，把整个南方搅得天翻地覆。

当绿林军在南方造反的时候，东边也有一支起义军逐渐壮大，号称“赤眉军”，为首的是一个财产俱丰的富户吕氏。她是新莽时期最早反抗王莽统治的农民起义领袖之一，也是中国历史上第一个农民起义的女领袖。

吕氏是琅琊海曲（今山东日照县）人，以经营酒坊和酒楼为生，她有个独生儿子吕育因没按县宰吩咐惩罚那些交纳不起捐税的百姓，而被定罪处死。失去儿子的吕母悲愤万分，决意暗中联络勇士，谋划为儿子报仇。她把数百万家产拿出来，开设酒店，购买刀剑，救济贫穷的百姓。有些青年来买酒，手头没钱，吕母便经常赊给他们，如果有困难，吕母就借衣服、粮食给他们。

贫苦农民于心不忍，便成帮结队到吕母面前，问她有什么事情需要大家帮助。吕母说：“既然你们闲不住，就把奎山脚下的那条小河沟开挖一下吧！记住，要把挖的土堆积到一块儿！”人们听了吕母的话，拿锹扛镢，抬筐运土，把河道挖深加宽。他们把河挖的泥堆到一块，筑成一个大土台，称为崮子，这就是后来吕母起义的点将台。旁边的小河也叫作崮河。

没过几年，吕母的家产用尽。这些受惠的贫穷农民，中秋佳节相聚议论，凑起钱财衣物要偿还吕母。吕母不收，哭诉道："多次救助你们，并非为了求利发财。只为县宰不公道，枉杀我儿性命。我想报仇雪恨！诸位壮士，你们能助我一臂之力吗?"本来就被王莽的残暴统治激怒的农民，更加火上浇油，异口同声地答应，坚决跟官府拼个死活，为她的儿子报仇雪恨。经过一番周密策划，吕母很快拉起一支数百人的起义队伍。起义军在崮河两岸，大海之上，神出鬼没地打击官兵，抗捐抗税。有时则避入海岛，四处招兵，扩大实力。当时，连年发生水、旱、蝗灾，再加上捐税沉重，大量农民破产，一些流亡的农民纷纷前来参加起义军。不久，起义军人数发展到数千之众。

经过三年准备，天凤四年（公元 17 年），吕母登上奎山西麓的土台祭天，自称将军，点兵遣将，亲率勇士三千，浩浩荡荡地杀奔海曲城。经过一场激战，起义军一举攻破海曲城，活捉县宰。县里的一些官吏跪在地上向吕母连连叩头，为县宰请求饶命。吕母义正词严地斥责道："我的儿子犯了小罪，本不该处死，但是却被县宰所杀。杀人者应该偿命，又何必求情呢?"于是立即将县宰当众问斩，并拿他的首级到吕育坟前祭奠，然后再回到海中。

其后，吕母率部转战于崮河两岸、琅琊附近，声东击西，多次与官军激战，取得了多次胜利，给王莽制造了很大的麻烦。这时候，另一拨起义军带领几百人在泰山周边活动，为首的叫樊崇。吕母由于年纪太大，起义后没多久去世了，她手下的人于是都投奔到樊崇队伍中。

樊崇的起义军很讲纪律，规定谁杀死老百姓就要被处死，谁伤害老百姓就要受罚，实力比较接近于正规军，作战能力比绿林军要强，人数也多。

樊崇率领的赤眉军在打击王莽政府军的时候占领了泰山附近一个叫式的地方。式原是汉皇族之领地，式侯之远祖为高祖（刘邦）之子齐悼惠王。这个地位后来由哀王襄继承，其弟刘章则受封城阳。刘章六世子孙荒王之子刘宪在初元元年（公元前48年）被封为式侯。式侯刘宪死后，其地位由其子刘霸继承。但由于刘霸无子嗣，其弟刘萌则成为第三代式侯。刘萌有三个儿子，分别为恭、茂和盆子。樊崇打过来的时候，刘萌已经去世，三个儿子中只有刘恭比较有文化，茂和盆子由于出生比较晚，正好赶上王莽当了皇帝因而没有受皇族待遇。占领式给樊崇的造反军注入了新鲜动力，他趁势以其大军占领了整个现在的山东省地区。

赤眉军的“赤眉”是有来历的。

公元22年，王莽派太师王匡（和绿林军中的王匡是两个人）和将军廉丹率领十万大军去镇压樊崇起义军。樊崇准备跟官兵大战一场，由于农民军的文化水平普遍比较低，大字不识一个，为了避免战斗的时候杀错人，樊崇下令，让部下都把自己的眉毛上涂成红色，作为识别的记号。这样，樊崇的起义军得了一个别名，叫“赤眉军”。

王匡大军和赤眉军打了一仗，结果打了个败仗，人也逃散了一大半。太师王匡的大腿被樊崇扎了一枪，逃了回去；将军廉丹在乱军之中被杀了。赤眉军越战越勇，最后发展到了十多万人。

绿林、赤眉两支起义大军分别打败了王莽的政府军的消息一传开，推翻王莽的起义军如雨后春笋般出现，黄河两岸大平原上大大小小起义军有几十路。一些没落的贵族和地主也乘机起兵，其中就有刘縯和刘秀兄弟俩。

昙花一现的新朝政权

王莽称帝后，为了防止刘氏家族的复辟，下令禁止所有刘家的人做官。但王莽这个人又比较讲究，他也是受了刘家的恩惠才走到了权力的顶峰，因此觉得这样做良心上有些过不去，所以让刘氏家族的人拥有很多的土地和财富。刘家的人不能做官但是很有钱，所以当赤眉军和绿林军起义的时候，南阳郡的刘縯和刘秀兄弟也在蠢蠢欲动。

刘秀，字文叔，祖籍南阳郡蔡阳县人（今湖北省枣阳市吴店镇白水村人），是汉高祖刘邦的九世孙。刘秀自幼丧父，孤儿寡母在叔叔刘良的照顾下生活，直到他长大。年轻时的刘秀，身材高大，一表人才。他为人讲究诚信，处世谨慎，性情温和善良。

刘秀和刘縯兄弟俩一开始并没有起义的想法，确切地说，刘秀是绝对没有这个心思的。他的理想就是当一个“土豪”，将来让他的儿子能有几亩地种，也就心满意足了。

然而生逢乱世，过安稳日子的打算比较不靠谱，当新朝军队主力被击溃后，刘縯与刘秀抓住机会乘势而起，竖起反旗。公元22年，刘秀随兄长在南阳起义，从此走上了一条波澜起伏的人生之路。刘秀兄弟俩虽然有皇族的身份，但实际上社会地位并不高，在当地也没有什么权力，只是家庭条件比较好。于是他们选择了加入当时名气比较大的下江、平林起义军。史书记载，刘縯集智、勇、力于一身，很快屡立战功，在庞大的起义军队伍中脱颖而出。

与此同时，刘氏一族的另一个人——刘玄也开始受到关注。刘玄也是西汉皇族后裔，祖父为苍梧太守刘利，父为刘子张，母为何氏，与刘秀是族兄关系。刘玄资质平庸，年轻时也比较讲义气，他的弟弟被别人杀害，他广宴朋友，要为弟弟报仇，并把地方治安官也请来陪酒。不料他的朋友酒醉后杀人，刘玄大仇未报，却先惹了祸。刘玄被迫从舂陵逃到平林（今湖北随县东北）。公元22年七月，平林人陈牧率千余人起义，响应绿林军，号称“平林军”。正在这里避难的刘玄参加了平林兵，担任安集掾的职务，后平林军与绿林军合并。

当时，队伍迅速壮大的绿林军最大的困难在于缺少粮食和军费，正好一些地方豪族产生了借助造反军的力量推翻王莽，建立新政权的想法。于是，两方面形成了合作关系，地方豪族为绿林军提供资金上的帮助，代价是绿林军要听从地方豪族的指挥。不久，这些为了填饱肚子而到处破坏的绿林军态势骤然一变，齐声喊起兴汉口号。

既然打出了复兴汉王室的口号，那就需要找一位跟皇族沾边的人物来做代表，万一打赢了好名正言顺地推举他为皇帝。赤眉军中有七十多名与王室有血缘关系的人。同样，绿林军内也为数不少。如果要拥戴某人为皇帝，最理想的候选人不是那些敢作敢当的人物，而是胆小怯懦为好，这样的人将来做傀儡，背后的利益集团也比较放心。于是，绿林系平林军中的刘玄引起了“土豪”们的关注。

公元 23 年，刘玄被绿林军立为皇帝，年号“更始”，成为历史上著名的更始帝。其实“更始帝”这个位置本该由勇毅善谋、治军有方的刘縯来坐，但他在起义军中比较有威望，且治军严明、不讲情面，背后的利益集团担心他上位后不受自己控制，于是才将平庸听话的刘玄抬上了皇位。刘玄成为皇帝后，封智勇双全的刘縯为大司马，刘秀也被封为偏将军。此时，低调的刘秀完全没有散发出半点帝王气质，反而被认为资质平平而且胆怯怕事，完全笼罩在哥哥刘縯的气场下。

同年，绿林军进攻长安，王莽派司空王邑、司徒王寻率兵 42 万，准备与起义军一决胜负。首先他们在昆阳城北与守城的绿林军代表刘秀相遇，当时昆阳城中只有八九千人，刘秀安排好守城部将后，自己带领另外十二人骑马乘夜闯出城南门，召集在外的军队全部集合起来救援昆阳，又亲自率领千余步骑兵火速回援。

此时守城的部将王凤已经快要扛不住，差点就要接受王邑、王寻的投降意见，只是害怕投降后会被屠城而没有答应。刘秀率军赶到，以一敌百，杀敌千人，士气大振。接着，刘秀又率三千兵马，从城西直冲敌军的中军地带。由于王邑、王寻轻敌，只派一万余人迎战，结果大败，王邑被杀。刘秀军队合力夹攻，王莽军队慌忙溃逃，伏尸百里，近几千人逃回了洛阳。昆阳一战，是刘秀的投名状，也是终结王莽新朝的重要一战。

而此时的绿林军将领们看到刘縯、刘秀兄弟风头太盛，于是撺掇更始帝刘玄除掉刘縯及其部下。刘秀怕自己遭到不测，韬光养晦、隐忍负重，赶紧跑到宛城向刘玄假意请罪。史料记载，刘秀在刘縯遇害后，不为哥哥服丧，行为举止也跟平常没什么差别，表现得若无其事。刘秀的淡定反而让刘玄有些愧疚，心怀鬼胎的他封刘秀为武信侯，官拜破虏大将军以示安慰。

在昆阳决战中，新莽政权的军队主力几乎被全部歼灭。就在起义军进攻长安的危急时刻，王莽病急乱投医，选择向老天爷求救。他率群臣至长安南郊，号哭祭天，凡哭得哀痛者都授以官职，官吏和平民因哭得动情而封官的有上千人之多。但这也没能挽救他和他的新朝政权的悲惨命运。

公元 23 年十月初一，长安城中的百姓倒戈，火烧宫殿，逼王莽出城投降。两天后，王莽从白虎门潜逃，来到人工建造的浙台。起义军攻入长安时，在混乱中，王莽被一个叫杜吴的商人杀死，新朝政权灭亡。同月，刘玄定都洛阳。公元 24 年，二月，刘玄迁都长安，恢复刘氏汉家天下。

这里要提一下王莽的女儿，汉平帝刘衎的皇后——孝平皇后王氏。王莽的女儿非常有骨气。公元 6 年 2 月 4 日，汉平帝去世，后王莽立刘婴为太子，号为孺子，王莽代摄帝位，尊王氏为皇太后。公元 8 年，王莽篡位称帝，建立新朝，降封刘婴为定安公，王氏改称定安公太后。刘氏被废以后，王氏经常称病不参加朝会，王莽对女儿敬惮伤哀，打算将她改嫁，于是又改王氏称号为黄皇室主，派立国将军、成新公孙建世子孙豫扮成医生假装给她看病，实际上去跟她调情。王氏知道后大怒，当着孙豫的面，将身边的人挨个鞭笞，惨叫声中，孙豫只好灰溜溜告辞。

公元 23 年，起义军诛杀王莽，焚烧未央宫。王氏投火自焚，临死前叹息：“我有何面目见汉家！”时年二十七岁。

低调内敛的刘秀笑到最后

在更始元年（公元23年）刘玄迁都洛阳时，曾遣使前去招降赤眉军。樊崇亲率二十余名赤眉军首领随使者前来归附。刘玄仅将樊崇及所率二十多名将领封为没有实际国邑的列侯，根本没有对三十万赤眉军作任何安置。樊崇等大失所望，于是乘刘玄迁都长安之机，潜回濮阳，率大军兵分两路：一路由樊崇、逄安率领攻占长社（今河南长葛东北）、南下宛县（今河南南阳市）；另一路由徐宣、谢禄等率领，攻拔阳翟（今河南禹州），西至梁县（今河南临汝西南），击杀了更始河南太守，正式与绿林更始政权分裂，双方成为敌对关系。

另一方面，新莽王朝虽然覆灭，但是河北（黄河以北）各州郡并未归附更始政权，还有“河北三王”、铜马、尤来、隗嚣、公孙述等割据势力存在。刘玄听从手下大臣的建议，安排刘秀去河北招抚，并且说河北一带派刘秀去是最合适的。由于河北的稳定对更始政权的命运起着决定性作用，当时南方流行一个童谣：“得不得，在河北。”可是以大司马朱鲔为代表的一方强烈反对刘秀出巡河北。当初就是朱鲔建议刘玄杀了刘縯，这次不让刘秀去的原因很简单，不是他没有能力，而是他的能力太强了。刘玄很为难，朱鲔的反对意见也是很有道理的，让刘秀去，他势力壮大，太危险；不让他去，河北的招抚工作做不好，更危险。

就在刘玄犹豫不决的时候，好友冯异给刘秀出了一条锦囊妙计，冯异劝刘秀，一定要想办法巴结左丞相曹竟，刘秀听从了冯异的建议。果然，公元23年十月，更始帝刘玄遣刘秀行大司马事北渡黄河，镇慰河北州郡。路上，刘秀的挚交邓禹追上刘秀，并建议他趁乱自己当皇帝算了。邓禹的话正合刘秀的心意，刘秀到河北后不久，前西汉赵缪王之子刘林即拥戴一个叫作王郎的人在邯郸称帝，而前西汉在河北的另一王室、广阳王之子刘接也起兵响应刘林。刘秀虽然刚来河北不久，但是也得到了上谷、渔阳两郡的支持，尤其是上谷太守耿况的儿子耿弇，他很爽快地对刘秀说："渔阳、上谷的突骑足有万骑，把这两个郡的兵马集中起来，邯郸根本不足虑。"不久更始帝派尚书令谢躬和真定王刘杨一起协助刘秀攻破了邯郸，击杀了王郎等人。

虽然远离了政治中心，但这正好给了刘秀一个锻炼的机会。他在河北认真考察官吏，按其能力的高低分配财富的多少；平反冤狱，释放囚徒；废除王莽苛政，恢复汉朝的官衔。刘秀深受官民欢迎，甚至竟相持酒慰劳。在河北期间，刘秀还粉碎了一起假冒汉成帝之子另立朝廷的反叛事件，其中就有在邯郸称帝的王郎。刘秀在清理缴获的资料时，发现了很多官吏与王郎勾结一起诋毁自己的材料。要是按这些材料提供的线索加以追究，必然会有一大批人受牵连。于是刘秀把王郎的部属召集起来，当着他们的面一把大火将这些材料烧掉。并说，这样做是为了"令心怀不安的人放心"。

刘秀在河北逐渐发展起了自己的势力集团，更始帝见刘秀的影响越来越大，便派使节赶到河北，封刘秀为萧王，并命令刘秀放下手里的任务，与那些有功的将领一起到长安去，同时派尚书令谢躬接管了幽州的兵马，并监视刘秀的动向。刘秀明白更始帝的意图，于是他便以"河北未平"为理由，拒绝应诏去长安。不久，刘秀派吴汉斩杀谢躬，其兵马也收为己用，而更始帝派到河北的幽州牧（官名）苗曾与上谷等地的太守韦顺、蔡允等也被刘秀手下的吴汉、耿弇等人所收斩。自此，刘秀与更始政权决裂。

公元 24 年秋天，刘秀集中兵力，先后在馆陶等地击败并收编了铜马、高湖、重连等地的农民起义军，大大加强了自己的军事实力。至此，河北一带大致平定。

再说这刘玄，迁都长安之后，虽然对如何治理国家并没有经验，可享受生活很拿手。史书记载，刘玄在长安整日不理朝政，沉湎女色，每天与众多妇人在后宫中奢宴淫乐。更夸张的是，刘玄因为经常喝得烂醉如泥，居然让一个侍中冒充自己坐在帷帐内与文武大臣议事，一来二去底下的大臣觉得有点不对劲，对刘玄便更加不满。这还不算，刘玄下令残杀那些当年扶持他坐上王位的人，不仅不虚心听取大臣的进言，还滥授官爵，所用非人。于是，绿林军内部开始出现分裂。刘玄又纵容绿林军在长安烧杀抢劫，很快便大失民心。

刘玄这个“更始帝”的位置本来就坐得不稳，加上他上台后只顾享乐，并没有为百姓谋福利，为稳定社会做出贡献，因此更始政权很快便摇摇欲坠。就在这时，赤眉军卷土重来，于公元25年六月另立汉皇族后裔刘盆子为帝，改年号为“建世元年”，徐宣任丞相，樊崇因为文化水平稍微高点，出任御史大夫。同时更始军内部产生内争，将领王匡投奔赤眉军，随即赤眉军攻入长安，杀死刘玄。但是，干掉了刘玄并没有改善赤眉军的处境。

推翻更始政权后，樊崇本该一鼓作气消灭剩余绿林军，但是他却急于论功行赏以至于贻误战机，没有占领战略要地，这给刘秀的后来居上创造了机会。

刘秀听说更始帝被杀，立即派将军邓禹率精兵两万向关中一带进发，选定北据太行山、南临黄河、地势险要、财物富实的河内郡作为大本营。他任命文武兼备的寇恂为河内太守，冠以“行大将军事”的御号。他向寇恂交代任务说：“从前汉高祖与项羽争天下，把萧何留在关中，现在我让你留在河内。你的任务，是像当年的萧何那样做好后勤工作，训练士兵和战马，阻挡其他军队到这块地盘上来。”

处理好前线，刘秀又在孟津部署重兵，准备拿下洛阳。一切准备好之后，刘秀打道回府。一路上，将领们纷纷给刘秀建议，要他称皇帝，刘秀拒绝几次后，将军耿纯强烈建议他称帝，但低调的刘秀始终只是答应“会考虑”。到了高县，刘秀召回在洛阳前线作战的将军冯异，向他询问天下形势。冯异是当时刘秀最亲密的伙伴，陪同刘秀度过了很多艰难的时刻，他经常劝刘秀做争夺天下的思想准备。冯异不争功名，但他对刘秀忠心耿耿，因此刘秀才召他来询问。冯异回来后告诉刘秀，更始皇帝的败局已定，宗庙社稷的问题就看大王你了。于是，公元25年，刘秀在鄗城（今河北省柏乡县北）筑起坛台于六月初六登台祭告天地众神，当了皇帝，改元建武。

此时的汉朝四分五裂，出现了“帝王满天下”的情形。除了被杀死的更始皇帝刘玄之外，还有赤眉军所立的刘盆子皇帝、东方皇帝刘永、蜀中皇帝公孙述、舒城皇帝李宪、匈奴立的皇帝卢芳、燕王彭宠、齐王张步、海西王董宪、楚黎王秦丰等。这些人各据一方，自立为王，互相攻城略地，战争频繁，连年战火令老百姓苦不堪言。

这边赤眉军进攻长安后，遭到了关中地区地主豪强的反抗，使长安粮食供应出现了短缺，赤眉军没有采取严厉措施打击豪强获取军粮，无奈转移甘肃一带，后遭遇大雪，许多士兵冻死，又遭到西州大将军隗嚣的袭击，无奈返回长安。当时长安又发生了大饥荒，二十万赤眉军继续向东进发，在河南渑池遭遇刘秀军，随即展开了一场大战。大将冯异为了迷惑赤眉军，让手下的将领们也把眉毛都染红，然后埋伏下来，这招果然有效，赤眉军被杀了个措手不及。随后，赤眉军与冯异在“崤底”这个地方打了一战，最终战败投降。

打败赤眉军就等于消灭了主要竞争对手，刘秀把目标转向其他的零散势力。首先是东边的刘永，更始帝刘玄上台后，刘永被立为梁王，后来他自封为帝，以睢阳作为京城，占据着青州、徐州一带二十八个城，封山东的张步、苏北的董宪、庐江的李宪等人为大将军。刘秀于公元26年夏，命盖延率军征讨。一年后，刘永大败，后被刘秀手下将领所杀。

接下来是北方的渔阳太守彭宠，此人原为刘秀部下，后反叛，自立为燕王，占据着蓟城、右北平的上谷等县，北边联络匈奴，南边联络张步，势力范围不断扩大。刘秀决定亲自征讨，后经劝说，改为派朱祐、耿龛等率兵北进，于公元29年平息了彭宠的叛乱，北方局势安定下来。

接着，各个大大小小的“皇帝”们也相继被灭，只剩下“三大势力”——蜀中皇帝公孙述、五郡大将军窦融、西州大将军隗嚣。他们与刘秀势均力敌，有平分天下之势。

公孙述占据益州（今四川、贵州、云南等），资源丰富，地势险恶，加上他经营多年，势力最为强大。为了孤立公孙述，光武帝决定拉拢窦融、隗嚣。他先派人去联络隗嚣，可隗嚣早有打算，他想自己做皇帝，不仅没有听从刘秀的建议，而且还派人去跟窦融联络，劝他也自立为王，他们还同公孙述联合起来，共同对付刘秀。刘秀得知后，立即派人给窦融送了一封信，信中说：“将军日前的地位举足轻重，有人主张分割天下，像战国时期那样，各自为王。要知道，汉朝的土地即使可以分的话，汉朝的老百姓也是不能分的。将军如果能从大局出发，上为国家出力，下为百姓着想，我将非常感激！”这封情真意切的信打动了窦融，不久，窦融率部投降，刘秀随即派兵征伐隗嚣。隗嚣大败，于公元31年春病饿而死。汉军乘机收复了陇右（今甘肃六盘山以西）地区。

收复陇右地区以后，刘秀集中优势兵力，全力与蜀中皇帝公孙述死磕。刘秀本人亲自带兵征讨，大将军岑彭指挥军队，连连击败公孙述的军队，夺下不少城池，公孙述很快处于孤立无援的境地。刘秀又命广平侯吴汉进攻成都，结果公孙述惨败，受重伤而死，蜀中势力被消灭。

此时的刘秀已经四十三岁，从二十八岁起兵，经历十五年戎马征战，终于结束了自新朝政权被灭后豪强割据的局面，使汉朝再一次走向了统一。

云台二十八将

刘秀是开国皇帝里善于用人也善于打仗的代表人物，他才兼文武，豁达大度，知人善任，审时度势，迎难而上，在中国历史创造了“光武中兴”的盛世。在刘秀重建汉室的过程中，首先得到了来自家庭的支持，他的本家、舅家和姻亲全家齐动员，除此之外还有一大批文人墨客、草根豪杰、基层官吏、同窗好友蜂拥而至。他们为刘秀统一汉朝立下了汗马功劳，对这些跟随自己出生入死的开国功臣，刘秀在登基之前就不断地对他们赐爵封侯。只是刚开始是零星地进行，一个一个加封。史书记载，在刘秀成帝后的第二年，也就是公元26年才进行了第一次大批量的封侯。这一次，他大规模地“封功臣皆为列侯，大国四县，余各有差”。《东观汉记校注·世祖光武皇帝》明确记载：光武功臣邓禹等二十八人皆为侯，封余功臣一百八十九人。

云台二十八将，指的是汉光武帝刘秀一统天下、重兴汉室江山的二十八名功劳最大、能力最强的将领。汉光武帝去世后，汉明帝刘庄于公元60年，在南宫云台阁命人画了二十八位将领的画像，史称“云台二十八将”。范晔《后汉书》为二十八将立传，称“咸能感会风云，奋其智勇，称为佐命，亦各志能之士也”。后世民间传说，云台二十八将对应上天二十八星宿，是天上的二十八星宿下凡转世辅佐刘秀，又为他们每人安了一个二十八宿的名称。

云台二十八将名单

官爵	姓名	星宿	兵器	官爵	姓名	星宿	兵器
太傅高密侯	邓禹	角木蛟	刀	大司马广平侯	吴汉	亢金龙	枪
左将军胶东侯	贾复	氐土貉	戟	建威大将军好畤侯	耿弇	房日兔	戟
执金吾雍奴侯	寇恂	心月狐	枪	征南大将军舞阳侯	岑彭	尾火虎	刀
征西大将军夏阳侯	冯异	箕水豹		建义大将军鬲侯	朱祐	斗木獬	锏
征虏将军颍阳侯	祭遵	牛金牛		骠骑大将军栎阳侯	景丹	女土蝠	枪
虎牙大将军安平侯	盖延	虚日鼠	斧	卫尉安成侯	铫期	井木犴	枪
东郡太守东光侯	耿纯	室火猪	刀	捕虏将军扬虚侯	马武	奎木狼	刀
中山太守全椒侯	马成	胃土雉	斧	河南尹阜成侯	王梁	昴日鸡	枪
琅琊太守祝阿侯	陈俊	毕月乌	刀	骠骑大将军参蘧侯	杜茂	参水猿	叉
积弩将军昆阳侯	傅俊	觜火猴	枪	左曹合肥侯	坚镡	危月燕	刀
上谷太守淮陵侯	王霸	鬼金羊	枪	信都太守阿陵侯	任光	柳土獐	刀
豫章太守中水侯	李忠	星日马	箭	右将军槐里侯	万修	张月鹿	鞭
太常灵寿侯	邳彤	翼火蛇	戟	骁骑将军昌成侯	刘植	轸水蚓	
城门校尉朗陵侯	臧宫	壁水貐	戟、鞭	骠骑将军慎侯	刘隆	娄金狗	剑

“云台二十八将”之中，论武艺当属贾复第一，《后汉演义》中称其为“银戟太岁雪天王”，论功劳最大的当属冯异、岑彭，《后汉书·卷十七》论曰：“中兴将帅立功名者众矣，惟岑彭、冯异建方面之号，自函谷以西，方城以南，两将之功实为大矣。若冯、贾之不伐，岑公之义信，乃足以感三军而怀敌人，故能克成远业，终其全庆也。”然而为什么排在第一位的是邓禹呢？

邓禹，字仲华，南阳新野（今属河南）人，自幼聪明、机敏、好学，十三岁时即能诵诗。邓禹与刘秀是老相识，两人在长安学习期间互相结识。邓禹比刘秀年纪要小，刘秀二十多岁的时候，他才十三岁，还是个小孩，加上远离家乡，身边没有亲人，两人又都来自农村，性格也很投机，所以邓禹总是跟在刘秀的身边。

刘秀出巡河北期间，所做的决定大部分都与邓禹商量过。当时邓禹的角色相当于刘秀军中的首席参谋，给了刘秀很多鼓励。有一次，刘秀觉得自己的地盘太小，没什么势力，就喊邓禹过来一起看着地图说："天下这么大的一块地方，而我如今只有其中之一，我怎么才能安定天下呢?"邓禹说："现在天下这么混乱，人们都渴望有一个明君来统治，古人讲以德服天下，而不是以土地的厚薄来评价人的能力大小。"于是刘秀豁然开朗。

云台二十八将中，一半以上的将领来自河南。这是因为刘秀当年在河北被王郎追击的时候，他的大本营在信都，后来又获得渔阳和上谷两个地方的支持，于是这三个地方成了刘秀的主要根据地。吴汉、耿弇、寇恂、耿纯、王梁、景丹、盖延、任光、李忠、万修、邳肜、刘植等主要将领都是在这个根据地跟随刘秀的。不过，虽然归附了刘秀，但这些将领们都有各自的部下和地盘，刘秀却没有一支真正自己的嫡系部队，是邓禹去召集兵马，得几千人，刘秀才算有了真正的第一支嫡系部队。

邓禹对刘秀的帮助有很多，其中最重要的是对天下大势的判断。邓禹的建议主要分两个方面：

第一，对当时形势的判断。邓禹认为，推翻了王莽的新朝之后，称王称帝的有十多个，但是配做刘秀对手的，主要有两个：一个是刘玄的绿林军，另一个则是赤眉军。此时王莽已经被打败，现在正是群龙无首的大乱斗局面，虽然绿林军和赤眉军整体力量最强大，但是需要很长一段时间，才能逐个吞并这些割据一方的诸侯。而这段时间，刘秀就可以系统地壮大自己，在没有竞争的环境下培养自己的势力。刘秀正是依靠这段时间，联合真定王刘杨，统一河北全境。

第二，得民心者得天下。当时各个地方的起义军，比如最大的绿林军和赤眉军，他们的问题就是军纪差，没有约束。绿林军中主要是强盗，赤眉军则是一群土匪，他们每到一个地方就会杀人放火。

刘秀称帝后，邓禹主动上交了兵权，辞去了朝中的职务，回家养老，与一些居功自傲的功臣相比，邓禹的人品还是要高尚一些，读书人的出身使他养成淡泊名利、待人敦厚的性格。邓禹一共有十三个子女，但他都没有鼓励他们享受高官厚禄，而是让他们各自学一门手艺养活自己，后来，他的子孙皆称名天下，邓禹曾说："吾将百万之众，未尝妄杀一人，其后世必有兴者。"

因此，邓禹排在首位也算是实至名归，德才兼备。再者，二十八宿的排名并不是刘秀自己排的，而是他儿子刘庄当皇帝后排的。刘秀统一全国后，邓禹成为光武朝仅有的几个继续受任用的功臣，当时二十八宿中很多人已经不在人世了，而邓禹恢复了大司徒职务，还曾任太傅，成为太子刘庄的老师，排在首位并不奇怪。

另外，云台二十八将中的耿弇就是明帝时与班超、窦固齐名的民族英雄耿秉、耿恭的叔叔；祭遵的胞弟是民族英雄祭肜；还有伏波将军马援有大功，但因为女儿为明帝皇后，为避嫌未将其列入，而且，只要是和皇室有亲戚关系的都没被列入云台二十八将，如光武帝的表兄来歙也有大功，但也未被列入。

至于为什么要在"南宫云台"画二十八将图呢？从光武帝刘秀定都洛阳开始时，其宫城就是南宫（北宫后于公元60年至公元65年期间陆续修建）。南宫中，有不少宫殿是既有的（如南宫却非殿、云台殿等），也有一些是陆陆续续修建的（如南宫前殿），这些宫殿除了刘秀居住外，就是用于国务事务、文化活动、外事往来等。

云台，其实是云台殿的简称。从历史记载看，云台应该只是殿基较高的宫殿而已，但是叫法有很多，比如"南宫云台""云台之下"（《后汉书·范升传·列传七十三》）"云台广室""云台广德殿"等。云台的用途主要是召见、集会、辩论国事，也是一座皇家图书博物馆。所以，汉明帝追感前世功臣，自然是要选择南宫云台这样与国事国运相连的政坛之地。

当然，自从汉明帝图画功臣、列将后，云台又成了开国名臣的纪念馆。从此，云台名声远扬。

“马革裹尸”的由来

马革裹尸是我们熟悉的一个成语，它的意思是，用马皮把尸体包裹起来，多指军人为国捐躯、战死于沙场。马革裹尸形容一种牺牲精神和坚强的意志，为褒义词。《三国演义》里，司马懿曾为张郃马革裹尸。史书记载，“马革裹尸”出自南朝·宋·范晔《后汉书·马援传》：“男儿当死于边野，以马革裹尸还葬耳。”

马援，字文渊，汉族，扶风茂陵（今陕西省兴平市窦马村）人，著名军事家，东汉开国功臣之一。马援的祖先原本不姓马，其先祖赵奢是战国时代赵国将领，赵惠文王因其功绩卓著及善于驾驭马匹，特赐爵号“马服君”。于是，赵奢的子孙便以“马”为姓。《东观汉记》中记载，马援还是一个美男子，身高约七尺五寸（一米七七），并且“容貌如画”，是一位身材挺拔、英俊潇洒的大帅哥。

马援的曾祖父马通在汉武帝时被封为重合侯，后因巫蛊之乱受牵连，最后被杀。马通之子马实在汉宣帝时为郎持节，号使君，马实生马仲，官至玄武司马。马仲一共有四个儿子，最小的就是马援。

马援“少有大志，诸兄奇之”。马援十二岁时父母双亡，此时三个哥哥都有所成就，大哥是河南太守，二哥、三哥都在京城为吏，马援由大哥马况照顾。马况为他请了老师，教他读《齐诗》，但马援却不愿拘守于章句之间，就想告别大哥回家乡去种田放羊。谁知没等马援起身，大哥马况就不幸去世了，马援只得留下来为哥哥守孝一年。在此期间，他没有离开过马况的墓地，对守寡的嫂嫂非常敬重，不整肃衣冠，从不踏进家门。

后来，马援担任郡督邮。一次，他奉命押送囚犯到司命府，可是走到半路上见囚犯可怜，就自作主张放掉了这名囚犯，然后官也不做了，一路逃到了北地郡。后天下大赦，马援就在当地以放马养牛为生。因为马援为人热情又讲义气，不断有人从四方赶来依附他，渐渐地也有了几百户人家供他役使。马援带着这些人在陇汉之间放牧，但他并不满足这种小打小闹的生活，他常对追随他的人说："大丈夫的志气，应当在穷困时更加坚定，年老时更加壮烈。"

马援不仅人长得帅，种田放牧也是一把好手。在他的经营下，这个几百人的游牧团队共有马、牛、羊几千头，谷物数万斛。然而他对着这些田牧所得长叹："凡是从农牧商业中所获得的财产，贵在能施救济于人，否则就不过是守财奴罢了！"于是，他把所有的财产都分给那些需要救济的人，自己则只过着清简的生活。

新朝时期，王莽的堂弟王林任卫将军，广招天下豪杰，并将马援推荐给王莽。王莽于是任命马援为新城大尹。公元24年，新朝灭亡，马援和哥哥增山连率（官名）马员一起离开了各自的任所，跑到凉州避难。公元25年，刘秀即位后，马员到洛阳投奔光武帝。马援则羁留在西州，受到隗嚣的器重，被任命为绥德将军。

同年，隗嚣派马援去跟公孙述拉近关系。马援跟公孙述原本是同乡，私下里也有一些交情，本以为这次老友见面会把酒言欢，没想到自立为王的公孙述却摆起了架子，于是返回陇右后建议隗嚣不要跟公孙述合伙。公元28年，马援携带隗嚣的书信到洛阳，在宣德殿面见刘秀，两人一见之下互相都很欣赏，后马援要回西州时，光武帝派太中大夫来歙持节相送。马援回来后向隗嚣报告了这次出行的情况，隗嚣同意跟刘秀合伙，并且派长子隗恂到洛阳去做人质。马援带着隗恂来到洛阳后，刘秀一直没有安排他职务。于是马援便上书刘秀，请求率领宾客到上林苑去屯田。刘秀答应了他的请求。此时，隗嚣听信部下挑拨意图反叛，马援再三劝阻无效后领兵出战，打败了隗嚣。此后，马援深受刘秀赏识。

公元35年，刘秀任命马援为陇西太守，派步骑三千在临洮击败先零羌，后挥师追击其他零散羌族部落，并取得胜利。

公元41年，马援被征为虎贲中郎将。

公元43年，马援斩杀征侧、征贰，传首洛阳；受封为新息侯，任伏波将军，食邑三千户；同年，出征岭南，并取得胜利。此战之后刘秀赐马援兵车，朝见时位次九卿。

公元45年，马援率领三千骑兵出高柳，先后巡行雁门、代郡、上谷等地，北击乌桓，由于乌桓不战而逃，马援无所得而还师。

公元48年，武陵五溪（今湖南、贵州交界地区）蛮夷要造反，六十二岁的马援不顾体弱多病，主动向刘秀请战。

由于马援的名气比较大，南边的蛮夷听到马援带兵前来镇压的消息，顾不上组织力量反击而是逃跑了。马援乘胜追击，不料，在壶头山遭蛮夷伏击，进攻受挫。偏偏这时又出了个叛徒——耿舒，他偷偷写密信给在朝廷的哥哥耿龛告黑状，说汉军平叛失利是因马援年老体弱指挥失误，而且自从南下以来整天吃喝嫖赌不问战事。耿龛将此信上交给刘秀，刘秀看后大怒，立即下令骑马中郎将梁松到马援军中任监军。

之前马援生病，梁松去探望，结果因为感觉自己驸马的身份不被重视，与马援结下梁子。梁松早就想好好收拾一下马援，以出昔日怨气。不料，马援由于长期南征北战，身体本来就有点不好，加上耿舒在军中制造流言蜚语，急火攻心，猝死在壶头山军中。可是，就这样马援也没能躲过梁松的报复，他仍然向刘秀上书，说马援不仅指挥不当、吃喝嫖赌，还贪得无厌，一路上抢掠大量的金银珠宝，用马车拉着走。其实，这所谓的“金银珠宝”是马援常吃的用来治疗筋骨风湿、避除邪风瘴气的一种野果。

但是刘秀看后，恼怒万分，下令夺了马援的封爵。马援的家人不知哪里得罪了皇帝，惶恐不安。马援的尸体运回，不敢埋在原来准备好的坟地，而是在城西买了几亩地草草埋葬。马援的同事朋友也不敢到马家去吊唁，场景十分凄凉。葬完马援后，马援的侄儿马严和马援的妻子儿女们到朝廷请罪。刘秀拿出梁松的奏章给他们看，马援夫人知道事情原委后，先后六次向皇帝上书，申诉冤情。刘秀这才命令安葬马援。

公元57年，刘秀去世后，明帝即位，他为马援进行了“平反”：一是严惩梁松；二是为马援建庙修墓；三是亲自题写金匾“马革裹尸”派人送到马家；四是将“马革裹尸”谱上曲子，作为军歌，规定汉军出征前，要高唱三遍，以鼓舞士气。

公元60年，马援的女儿被立为皇后。汉明帝在云台图画建武年间的名臣列将，为了避椒房之嫌，没画马援。

公元74年，马援夫人去世，朝廷才为马援聚土为坟，植树为标记，建筑祠堂。公元78年，汉章帝派五官中郎将持节追加册封，谥马援为忠成侯。

光武改革，柔术治国得民心

公元36年，刘秀统一天下建立东汉后，着手准备重建被打乱的社会秩序。

与所有的开国皇帝一样，刘秀在成功坐上王位之后，首先要做的就是对有功之臣进行赏封。刘秀的皇位是用无数将士的生命换来的，这浴血奋战夺取而来的政权如果不抓牢固一点，是很容易出现裂痕的。俗话说“时势造英雄”，建立东汉的过程中，常年征战造就了一批武力英雄，刘秀深知他们带兵打仗很有一套，但是治理国家更需要的是政治手段，并且当时很多武将自恃功高，根本不理会上司的命令。因此，为了巩固皇权，避免胜利果实落入旁人手中，刘秀选择了“退功臣而进文臣”的方法，即赐予功臣们优厚的爵禄，但禁止他们干预政事。

分封的具体规则由郎中冯勤负责，他按照每个人的功劳大小，决定其封地范围、远近和土地肥沃程度，并制定了一系列的详细规则。“无规矩不成方圆”，有了规矩就好办事，刘秀根据这个方案一次性封了几百位功臣为列侯。受封的人数虽然多，但被封列侯的食封数量却并不大，封地最多的只有四个县，最少的只有几百户。此外，除了邓禹、李通、贾复三位大将可以参议国家大事之外，其余列侯大多数均无权参议国事。封完功臣之后，刘秀还特地下了一道诏书说：“希望大家不要恃宠而骄，对自己要求要严格一些，最好能节制自己的行为，这样才能顺利地把爵位传给子孙。”刘秀在退功臣的同时重用大批文吏。他认为文吏们熟悉封建典章制度，懂得治理国家且情操高尚。

公元30年，刘秀下诏命令各地官吏推举贤良，到京城参加选官考试。朝廷实行“征辟”制度，即下诏特征用某人为官，公卿和各地郡守也可自行选择人才做幕僚，这样方便各地的人才得到良好的利用。虽然当官看起来变得容易了，但也不是人人都能“毛遂自荐”的，选官有条件限制：第一，品德高尚，身世清白；第二，要有知识，是通经的博士；第三，熟悉各种法令，能熟练地依法办事；第四，具有魄力才干，遇事不惑，能独当一面。各地官吏在选择人才时，必须严格按照这四条标准，如有违者，必将依法治罪。

刘秀为人宽厚仁慈，他在治国方面恩威并施，实行以柔术治国，宽民众，而对官吏严。除了控制武将的力量，刘秀对诸侯王和外戚的权势也多方限制。在行政体制上，刘秀一方面进一步限制三公职权，使全国政务都经尚书台，最后总揽于皇帝；另一方面，又加强监察制度，提高刺举之吏，如御史中丞、司隶校尉和部刺史的权限和地位。并在全国范围内减少了合并了四百多个县，这样一来行政人员也减少到了原来的十分之一。

东汉初年，刘秀恢复了西汉时曾设置过的三套监察机构，还进一步予以加强。这三套监察机构是：御史台——有侍御史十五人，负责察举官吏违法事件，接收公卿、郡史奏事和解释法律条文；司隶校尉——有从事史十二人，主管察举中央百官犯法者和各部各郡违法官吏，他们既是京官，又是地方官，监察权力很大，“无所不纠，唯三公不察”；州刺史——全国分十二州，每州设刺史一人，他们遵照皇帝命令，代表中央，乘坐驿车，巡行全国各地，他们每年八月出巡，调查各地有无冤狱，同时考察各郡县官吏政绩，并在年底或翌年初回到京城向中央汇报，并根据政绩好坏，决定升迁或罢免。刘秀对巡察制度非常重视，授予他们很大的权力，正是由于刘秀加强了监察制度，对违法官从严处置，从而保证了皇帝的权力和意志能够得以实现，这对中央集权制的巩固起到了非常重要的作用。

光武帝为了吸引人才，曾多次亲自访求名贤。在刘秀的同学中，有一位叫严光的人，此人很有才学。刘秀做了皇帝后一直对严光念念不忘，非常希望能和他共谋国事，于是命人画了严光的画像，到家乡去找他。找到之后，刘秀立即将严光接到京城。可是严光这个人特别倔，说不干就是不干。刘秀为了请动他，好几次跑到他家去跟他聊天，有时天色太晚干脆就留宿，俩人睡在一张床上。据说，严光睡觉不老实，还曾把两只脚放在刘秀的肚子上，刘秀也任他如此，并不挪开。

还有南阳宛城有一个叫卓茂的人，是当时著名的儒生，精通《诗》《书》《历法》等，待人宽厚，深受众人敬仰。刘秀即帝位不久就派人访求这位大名鼎鼎的儒士，并且任命七十多岁的卓茂作为太傅，封褒德侯。几年之后，卓茂老死，光武帝驾车素服，亲自送葬。

还有陈留人董宣，为官清正，执法严明。有一次，刘秀的姐姐湖阳公主刘黄的家奴仗势杀人，董宣带领士兵，当着湖阳公主的面将这个家奴打死。湖阳公主跑去向刘秀哭诉。刘秀要杀董宣，董宣说："陛下一边说要中兴汉朝，一边纵容自家姐姐杀害平民百姓，这样怎么能让人信服。如果陛下要杀我，不必派人动手，请让我自杀！"说着就向旁边的柱子撞去。刘秀被正直的董宣感动，不再治其罪，但为了安抚姐姐，要求董宣给湖阳公主叩头谢罪。董宣硬是不从，刘秀命人按董宣的头，董宣两手按地，就是不肯俯首。刘秀非常感动，任命他为"强项令"，赐钱三十万。

在农业时期，劳动力是决定一个国家强盛程度的核心因素，解决奴婢问题是其中的重之又重，刘秀实行了解放奴婢的政策。

西汉中后期，由于地主、官吏无限制地兼并土地，使大量农民丧失了自己的土地，他们本人也被卖给官僚、贵族、商人家为奴。奴婢们通常都过着非常悲惨的生活，因此也成为影响国家稳定的重要因素。汉哀帝和王莽新政都曾经尝试过解决奴婢问题，但都没能够收到效果。刘秀对这个问题也非常重视，在公元26年到公元38年之间，曾先后多次下诏解放奴婢，并且严禁虐杀奴婢。

公元26年五月的诏令宣布：如果一个家庭要出卖妻子，但是其妻子想回自己娘家，就要尊重妻子的意见，如果主人刁难，就要按律令接受惩罚。

公元31年下诏：在战乱中因饥饿而沦为奴婢、妻妾的，留去自便，强制不让走的，以卖人罪处置。

公元35年二月下诏：天地之间人为贵，杀奴婢者罪不赦。同年六月诏令：炙灼处罚奴婢的，按律治罪，被伤害者免为平民。

公元36年诏令：陇、蜀两地的人民被劫为奴的，如要离去，一律免为平民。

刘秀在位十二年内，连续不断地发布解放奴婢的诏令，使大批奴婢获得了自由，农业劳动力的问题得到了基本解决。

公元31年，光武帝又大量地裁减军队。大批的士兵得以还乡，从事农耕。这样既减少了军费开支，又为农业生产提供了相当数量的劳动力。

刘秀还解决了土地问题。东汉初期，土地兼并严重，很多农民没有自己的地种。公元39年六月，刘秀下令各州、郡清查田地的数目和人口实数，称为“度田”。这样做的目的有两个：一是核查田赋收入，防止大地主隐瞒田产，逃避纳税；二是可以从大土地占有者手中没收一些多余土地，分给无地的贫民。

当时，许多大地主拥有武装力量，号称“大姓”“兵长”，他们与当地官吏勾结，隐瞒田地数量，谎报人口。刘秀得知此事，以“度田不实罪”诛杀了十余个郡太守，并加紧“度田”，于是一些大姓、兵长们就开始组织武装反抗。许多农民由于分不到土地，或分到的土地实际数量比政府应允的数量要少，也开始反对度田，参加武装反抗，这就是史称的“度田事件”。刘秀大怒，一再发兵镇压。但这些造反力量用“打游击战”的方式与朝廷官兵对抗，镇压效果不明显。为了平息暴乱，刘秀采取了分化与镇压相结合的手段，宣布大户之间可以相互揭发，均可免罪，并可分到土地，原先因与大户勾结而治罪的官吏，现在只要能够使乱民遣散，政府就

可以不再治罪。这样，反抗很快就被平息下去了

刘秀在两汉之间纷乱的战争年代，顺应历史潮流，采用军事手段，平息群雄，使分崩离析的汉朝再度走向统一，并且采取柔术治国的方针，在政治、经济等方面进行了一系列有实际意义的改革，推进了社会的发展。到汉光武帝后期，全国已出现了“天下安平，人无徭役，岁比登稔，百姓殷富，粟斛三十，牛羊被野”的盛景。这也是东汉王朝最富庶和最安定的时期，史称“光武中兴”。

南阳第一美女——阴丽华

在中国的历代帝王中，汉光武帝刘秀是唯一一个同时拥有“中兴之君”与“定鼎帝王”两项头衔的皇帝。刘秀雄才大略，恢宏大度，开明谦和，以文治武功赢得了天下，并开创了“光武中兴”的大好局面。他对皇后阴丽华的一往情深更是为后世人所传诵，是皇帝和后妃中少有的恩爱典范，更有“仕宦当作执金吾，娶妻当娶阴丽华”的名句流传后世。那么，这句话到底是怎么来的呢？

阴丽华，南阳郡新野县（今属河南）人，春秋时期名相管仲后裔。阴丽华出生在中原之地南阳，家族显赫。原本是辅佐齐桓公“九合诸侯，一匡天下”的管仲一脉，到第七代管修，以医术名世，从齐国迁居楚国，为阴国大夫，便以“阴”为姓。秦汉之际，阴氏子孙又来到南阳新野。

刘秀姐夫邓晨与阴家有亲缘关系，因此刘秀情窦初开的时候见到貌美如花的阴丽华，自然就产生了爱慕之情，并且立下一个心愿——娶妻当娶阴丽华。当然，这时候的刘秀并不知道自己将来有一天能梦想成真。因为刘秀虽然是刘氏子孙，可实际上家庭条件并不好，虽然是景帝之子长沙定王刘发的后代，但到刘秀这一代的时候，封爵的传承已经结束，他的父亲

刘钦只是南顿令而已。何况后来王莽篡位，刘氏子孙更受到打压。因此在财富与声望上，刘家比阴家还要差一点。

刘秀当时还有一个志愿。当年他在长安求学，路过一个市集的时候看到执金吾出巡，前呼后拥，车骑很盛，于是发出“仕宦当作执金吾”的感慨。“执金吾”是官职名称，是秦汉时率禁兵保卫京城和宫城的官员，汉武帝时期改名为执金吾，王莽时改名奋武，东汉时复称执金吾。刘秀当时人生最大的愿望也就如此而已。

随后，在推翻新朝政权的过程中，刘秀领兵在昆阳之战中取得胜利，就在此时，随刘秀作战的阴氏兄弟说服家人，把妹妹阴丽华嫁给了刘秀。此时刘秀已经二十九岁，阴丽华十九岁。少年时的愿望得以实现，刘秀自然心花怒放。但是，娶回阴丽华之后没过多久，因为政治上的需要，刘秀又娶了西汉末真定王刘杨的外甥女郭圣通为妻。

郭圣通的父族是郡中大姓，她的父亲郭昌英年早逝，曾经将数百万田宅财产让给异母弟弟，因此受到郡国人的赞誉，在郡中担任功曹。郭圣通的母族是真定王室，她的母亲是真定恭王刘普之女，因嫁于郭氏而称为郭主，生郭圣通和儿子郭况。郭主虽然是王家女子，却待人温和，有母仪之德。

郭圣通出身高贵，长得也很漂亮，而且受母亲的影响很有才学。刘秀虽然当初娶她的时候多少有些不情愿，但是看见这样的美人，也不禁动心。虽然不久之前才娶了阴丽华，却也身不由己地又掉进了温柔乡。刘秀称帝后，封郭圣通为贵人，同年，刘秀和郭圣通的长子刘强出生，郭圣通的弟弟郭况封为绵蛮侯。刘秀同时派人前往南阳接回姐姐湖阳公主刘黄，妹妹宁平公主刘伯姬，以及原配妻子阴丽华，并将阴氏封为贵人。因为阴丽华是刘秀的原配，并且又是少年时代的梦中情人，刘秀曾一度想立她为皇后，但阴丽华非常坚决地拒绝了刘秀的好意，她认为郭氏跟随刘秀南征北战，并已育有一子，因此不接受皇后的称号。

两年后，阴丽华随刘秀征讨燕王彭宠，在河北生下一子，就是后来的汉明帝刘庄。阴丽华的另一个兄弟阴兴当时为黄门侍郎，指挥武骑，随军征伐，算是刘秀的贴身侍卫长。后刘秀升迁他为侍中，赐爵关内侯，但阴兴坚决辞让说："臣并没有为皇上打天下立下什么功劳，而且选择我们一家人全都封赏受爵，传出去恐怕会令天下百姓对皇上失望，我不愿意这么做。"此后十年，刘秀统一汉朝，阴丽华也陆续为刘秀生下了五名子女。

公元26年，郭圣通的舅舅真定王刘杨意图造反，事情败露后刘秀并没有因此而迁怒郭贵人，并且复封刘杨之子刘得为真定王，刘让之子为临邑侯。真定王谋反后不久，光武帝正式册封贵人郭圣通为皇后，其子刘疆被立为太子，并大赦天下。

公元38年，郭圣通因逐渐失宠，心怀怨恨，估计是惹毛了刘秀，最终皇后之位被废，阴丽华被封为皇后。然而，郭圣通是幸运的，她是历史上唯一一个被废但没有打入冷宫的皇后。就在郭圣通惶恐不安的时候，刘秀下了一道诏书给她，她原以为自己难逃贬居冷宫的厄运，可事情完全出乎她的意料之外。刘疆继续当他的太子，郭氏所生的次子刘辅升为中山王，封地额外增加一郡——这一郡的收入全都作为郭圣通的养老费用，她由皇后改称"中山王太后"和儿子一起生活。

皇后阴丽华不仅漂亮，心肠也很好，大概是不忍心郭圣通再遭受被废之外的打击，她向刘秀提出了一些建议。于是，诏令一道接一道地送到郭圣通眼前：哥哥郭况，得到了比当初郭氏为皇后时更多的封地，成为阳安侯；侄子郭璜不但成为驸马，而且迎娶了阴丽华的女儿淯阳公主刘礼留；堂哥郭竟，封为新郪侯；堂弟郭匡，封为发干侯；郭圣通的叔父郭梁早逝无子，于是女婿陈茂也被封侯。

虽然刘秀在废了郭圣通之后给了郭家丰厚的封赏，太子刘疆仍然忐忑不安。于是在心腹郅郢的劝说下，刘疆向父亲刘秀上书，表示要退出太子位，让给阴皇后的长子刘庄。但刘秀认为刘疆并没有过失，拒绝了太子的请求，但刘疆仍然不放心，他屡屡传达出甘愿去做外藩亲王的想法。公元43年，刘秀做出了决定：改封刘疆为东海王，原来的东海王刘庄成为新任太子。随后，刘秀又将刘疆迁到更富饶的沛地为王，改封郭圣通为沛太后，同时升郭况为大鸿胪。

即使这样，刘秀仍然觉得对长子刘疆感到愧疚，虽然如今夫妻离异，他不再见郭圣通，但是为了表示自己的心意，他经常到郭圣通的哥哥郭况家去做客，并且赠送大量的财物给郭况，以至于郭况后来富得流油，整个洛阳城都称他家做“金穴”。

公元50年，郭圣通被废九年后，她的母亲“郭主”去世。刘秀用最高规格的礼仪为郭主举行葬礼，并且亲自以女婿的身份，带着所有的文武百官一起出席。公元52年六月，郭圣通去世，刘秀以封国太后的礼仪将她葬于北芒。

公元56年春天，刘秀召长子刘疆与各诸侯回洛阳，并与他们一起登泰山封禅。封禅结束后，刘秀让刘疆陪同自己返回洛阳，父子重聚了一段时间。

公元57年春天，六十二岁的刘秀病逝于洛阳南宫前殿。临终前，结发妻子阴丽华与废太子刘疆和太子刘庄一同为刘秀送终。

刘秀死后，太子刘庄即位，即汉明帝，阴丽华升为皇太后。七年后，阴丽华去世，享年六十岁，与刘秀合葬在原陵。

历史上皇帝的婚姻少有幸福美满的结局，而刘秀、阴丽华却令人羡慕地相濡以沫走完了一生。这固然与刘秀宽仁厚德，惜念旧情有关，而阴丽华的安分守己、温柔体贴也是重要的因素。

第一座佛教寺院——白马寺

刘秀去世后，太子刘庄即位，史称汉明帝。刘庄受父亲刘秀的影响，爱好儒学，崇尚仁爱，并且从小就表现出过人的资质。汉光武帝时期的度田事件期间，刘秀看到陈留吏送上来的奏文里写有“颍川、弘农可问，河南、南阳不可问”的字眼，觉得有点奇怪，就问底下的大臣，可是大家也都支支吾吾，说不出个所以然来。这时，刘庄插话说：“河南是首都所在，中央高级官吏都住在这里；南阳是父皇的故乡，很多亲戚还住在这里。因此对这两个地方的田亩数字，负责检查的官员们当然不敢多问。”刘秀恍然大悟，不由得对这个只有十二岁的儿子另眼相看。

虽然也崇尚儒学，但刘庄与父亲刘秀在处理国家大事的风格上却有所不同，他改变了刘秀执政时代的“柔”道治国，对西汉以来外戚专权的流弊采取大刀阔斧的方式进行革除。

西汉后期，因大权旁落于外戚手中，最终导致王莽篡汉，随之而来的社会动乱使国家的礼仪制度遭到破坏。到光武帝刘秀去世时，那些前来奔丧的诸王及大臣们依然毫无法度，现场一片混乱，而刘庄的兄弟们在宫殿中与他并肩同坐，一点也不把刚登基的汉明帝看在眼里。为了给这些皇亲国戚和大臣们一个下马威，刘庄命令秉性刚直、执法严厉的太尉赵熹主持丧事。赵熹不负重托，仗剑入朝，将那些闹哄哄的诸王请下殿阶，回归到大臣的行列里，以辨明君臣之别，并且整顿宫卫制度，王国官吏不得随便出入宫禁。朝廷的秩序这才逐步安定下来。此外，明帝不论对身边的下级官员还是对三公九卿这些重臣，都监督很严，每有过错，就当面训斥。

由于刘庄是以汉光武帝第四子的身份继承皇位，在他上面还有几个同父异母的兄弟，这些皇子们对刘庄继位的事情有些恼火，其中他的同母弟山阳王刘荆反应最为激烈。刘荆在刘庄登基不久就密谋造反，他伪造了大鸿胪郭况（郭皇后的弟弟）的手笔，写信给东海王刘疆，准备撺掇他起兵谋反。刘疆行事谨慎，接到信后没吭声，连人带信一块给押送到京城洛阳，交给刘庄查办。刘庄查明造反信的背后主谋后，为免激起更大的骚动，暂时将这个案子压了下来，并对前太子刘疆更加关怀备至，其待遇远高于一般的王侯。

但是明帝也并非一味容忍退让，公元 70 年发生的“楚王刘英案”就是明帝给诸侯王势力的一次沉重打击。楚王刘英，由光武帝刘秀与许美人所生。因许美人不得宠，所以刘英也备受冷落，不仅封地僻远，而且面积也很小。当时，佛教渐渐地传入汉朝，刘英对佛教产生了浓厚的兴趣，曾数次访求佛法，希望仗佛氏灵光保佑自己。

这一年，有一个叫燕广的人上书朝廷，弹劾刘英与渔阳人王平、颜忠等借信奉佛教为名，造作图书准备造反。明帝收到文书后，马上命令宗正（管理皇族事务的中央官员）派员查证。没多久，派出去的官员报告说楚王刘英确实有篡位的计划，并且罪证确凿。此后，楚王刘英的爵位被剥夺，并被迁往丹阳泾县。刘英到了丹阳后自杀而死。同案犯颜忠、王平在洛阳狱中由于受不住狱吏的严刑拷打，胡乱招供，导致朝廷上下多人受到牵连。这些人中，有隧乡侯耿建、郎陵侯臧信、护泽侯邓悝、曲成侯刘建等。四人与颜忠、王平素昧平生，互不认识，但明帝这时抱着新仇旧恨一起算的打算，对颜忠、王平所招的人，不分青红皂白一律治罪，加上当时有些官员阿谀奉承，造成了众多的冤狱。后经侍御史寒朗的谏阻，明帝才恢复理智，下令停止责罚并亲自到洛阳监狱核实案情，释放了一千多人。

虽然因楚王刘英的事件打击了佛教在汉朝的传播，但刘庄并没有对佛教采取赶尽杀绝的手段，而是采取兼收并蓄的方针。公元 64 年的某天晚上，汉明帝做了个梦，梦见一个金人，浑身笼罩着一圈金光，降临在宫殿的中央。明帝正要开口询问，那金人突然凌空腾起，一直向西方飞去。梦醒后，刘庄百思不得其解。第二天朝会时，他跟群臣讲了自己做的这个梦。博士傅毅发表意见说：“臣听说西方有神，传名为佛，佛有佛经，亦有佛都。在武帝时期，骠骑将军霍去病出击匈奴，曾缴获休屠王供奉的金人十二座，安置在甘泉宫中，后因战乱，那十二座金人不知去向。陛下所梦见的，也许就是佛呢！”一席话打开了明帝的脑洞，于是派郎中蔡愔西往天竺，求取佛经。这是中国历史上第一次“西天取经”。

蔡愔一行接到命令就踏上西行之路。史书记载，他们历经三十六国，终到大月氏（今中亚阿姆河流域）。这天，他们路过一个市集，见一群人簇拥着两个僧人顶礼膜拜，这僧人身披袈裟，面善目慈，口里念着阿弥陀佛。他们打听后才知道，这两名僧人原本是天竺人，一路东行至此，其中一个叫摄摩腾，另一个叫竺法兰。蔡愔上前对两位僧人施礼说明来意，并邀请他们前往中土传教。摄摩腾与竺法兰听完蔡愔的介绍后，当下收拾行装，以白马驮载佛经、佛像，跟蔡愔一行班师回朝。

公元67年，摄摩腾、竺法兰和蔡愔返回洛阳。汉明帝欣喜不已，亲自接待。他先传旨将两位天竺僧人安排在负责外交的鸿胪寺住下，又传旨请高僧在自己避暑读书的清凉台翻译佛经，还传旨命宫中画工摹画释迦牟尼佛像，供奉宫中多处，并仿造天竺佛教寺院的样子，在洛阳城西雍门外三里御道之北修建僧院。僧院最开始叫招提寺，后来为了纪念白马驮经的功劳，改名为白马寺。

公元68年，洛阳白马寺落成。这时白马寺的规模并不大，寺内既没有塑像，也没有很多僧人，摄摩腾、竺法兰是白马寺仅有的代言人。因此，当时的白马寺更像是接待西域高僧来中国传教译经的官府机构。尽管如此，白马寺在中国佛教界被公认为是佛教传入中国的第一座寺院，被誉为“释源”“祖庭”。

窦固伐匈奴

窦固，字孟孙，扶风郡平陵县（今陕西咸阳西北）人，光武帝时大司空窦融的侄子。窦固从小喜欢读书，喜好兵法。公元56年，其父窦友去世，窦固世袭父亲显亲侯爵位，任中郎将，后娶光武帝的女儿涅阳公主为妻，并被任命为黄门侍郎。

当时洛阳有一个叫杜季良的人，此人性情豪爽且乐于助人，马援在给他的侄子马严、马敦写信的时候还提到过杜季良，说：我有两个好朋友，一个叫龙伯高，一个叫杜季良。龙伯高为人敦厚谨慎，谦和节俭，我尊重他，并且希望你们也学他；杜季良比较讲义气，三教九流各种朋友都很多，我钦佩他，但我不愿意你们向他学习。当时马援出使交趾（郡治今越南河内），这封信兜兜转转不知道被谁传到刘秀手上了，偏偏这时候有人向刘秀举报，说这个杜季良“为行浮薄”，而窦固和他有来往。刘秀把这封书信给窦固看，窦固心惊胆战，赶忙向刘秀认错叩头认错，最后头都磕破了才逃过一劫。

刘庄继位后，窦固升任为中郎将，监羽林军，公元57年曾领兵平定烧当羌叛乱。后来窦固因为堂兄窦穆犯法受到牵连，此后一直不受重用。自从宣帝刘询时期匈奴归附后，边疆一直比较稳定，汉明帝即位后基本已无内忧，他开始寻思效仿武帝，重新恢复与西域各国之间的往来。公元72年，谒者仆射耿秉多次上书请求进攻北匈奴，而窦固因为曾在河西跟随过伯父窦融，熟悉边疆事务，汉明帝便让窦固和耿秉、太仆祭肜、虎贲中郎将马廖、下博侯刘张、好畤侯耿忠等人一起商量。窦固提意见说，当下塞外水草丰美，这次出征可以不用带太多粮草。同年十二月，明帝任命耿秉为驸马都尉，窦固为奉车都尉，骑都尉秦彭为耿秉的副手，耿忠为窦固的副手，出京屯驻凉州酒泉郡，准备对匈奴实施进攻。

第二年春天，汉军兵分四路同时出击，各自向目的地出发。耿秉、秦彭率军追寻匈奴句林王部，深入沙漠六百余里，至三木楼山，并没有遇见匈奴踪影，只得勒兵而回。另外两路，或抵达匈奴河畔，却由于北匈奴军打探到汉军出击的消息，早就逃跑；或因为内部原因率军返回，都没有收获任何战果。只有窦固、耿忠率军进入天山地区，袭击了呼衍王部，斩首千余人。呼衍王败逃，汉军追至蒲类海（今新疆巴里坤湖），攻占了伊吾卢城，设置宜禾都尉，留吏士屯田于伊吾卢城。同时，窦固派遣假司马（汉官名凡加“假”者，均副贰之意）班超率“三十六吏士”出使西域，从外交上争取西域诸国，破坏北匈奴与西域诸国的联合，以配合军事进攻。

公元74年夏天，窦固和驸马都尉耿秉、骑都尉刘张率领一万四千骑兵向西域进发去攻打车师（今新疆吐鲁番西北）。车师国有两个王：前王和后王，前王是后王的儿子，两个王庭之间相隔五百多里。窦固认为，汉军距后王比较远，路又不好走，一路走过去士兵的身体会吃不消，因而打算先进攻前王。但耿秉认为应当先去打后王，集中力量打击主要目标，那么前王肯定会不战自降。窦固还没有做好决定，耿秉翻身上马打前锋，率领所属部队向北挺入，其他部队不得已而一同进军，斩杀敌人数千。车师后王听说汉军打过来了，想都没想就走到城门外面，摘下王冠，迎接耿秉，宣布投降。耿秉带着后王拜见窦固，车师前王随后也投降。

公元 75 年二月，朝廷下诏命窦固罢兵返回洛阳。回到朝廷后，窦固上书明帝，建议重新设置西域都护及戊己校尉。明帝于是任命陈睦为西域都护，又命耿恭、关宠为戊己校尉，各自统领数百人，分别驻军车师后王部金蒲城及前王部柳中城。

至此，汉朝与西域的交通在中断六十多年后又重新恢复。窦固在边疆期间，尊重当地少数民族的风俗习惯，与周边各民族关系融洽，多次军事行动都取得了西域各国的帮助。据史书记载，窦固曾经有一次去羌人部落联络感情，羌人以贵客之礼招待他，准备了一些五分熟烤肉，用刀切开后还一边淌血水。跟窦固一块去的汉人看着带血水的烤肉，不知道如何下嘴，窦固却不拒绝，拿过来就吃。窦固入乡随俗，尊重了羌人的文化。以尊重换尊重，羌人也很尊敬他。羌人在王莽时期迁入河西走廊，之后和东汉摩擦不断，但在窦固治理的这段时间，羌人却对他非常敬服。

汉章帝刘炟即位以后，给涅阳公主加号为长公主，让窦固接替魏应继任大鸿胪。每次遇到涉及边疆事务的问题，汉章帝都要征求窦固的意见。公元 78 年，汉章帝追录窦固以前的功劳，又给他增加了食邑一千三百户。窦固出征西域的时间虽然不长，却良好地促进了当地的开发。伊吾卢、柳中城（今新疆艾丁湖东北）等地都成为汉军屯田的据点。在伊吾卢地区驻扎期间，窦固积极组织士兵开垦荒地，种粮栽树。

据说窦固的妻子涅阳公主从中原地区带去了不少农作物品种，其中就包括红枣。中原的红枣到了西域，长得又大又甜，比原先的品质好很多，经过大力推广，成为当地的特色产品。到唐朝时，西域的大枣被列为贡品，就是流传到现在的哈密大枣。

窦固位高权重，而且又娶了光武帝的女儿，汉章帝因此特别看重他，对他的各种赏赐加起来数以亿计。不过窦固因有过教训，并没有变得飞扬跋扈，反而保持了谦虚谨慎的性格和节俭的生活作风，民众的口碑非常好。

公元 88 年，窦固去世，谥为“文侯”。

班超——投笔从戎安西域

班超，字仲升，史学家班彪的幼子，扶风郡平陵县（今陕西咸阳东北）人，与窦固是同乡。班超家里三兄妹，长兄班固、妹妹班昭都是著名的史学家。

班超的哥哥班固继承了父亲的基因，从小就展露出学习的天分，九岁能诵读诗赋，十三岁时已经小有名气，十五岁进入洛阳太学学习，博览群书。二十二岁，父亲班彪去世后，班固便成为接班人，继续从事历史著作的撰写。但是枪打出头鸟，才华横溢的班固因遭人嫉妒，被举报“私改作国史”。当时这类政治敏感事件是朝廷的大忌，因此汉明帝刘庄立即下诏收捕，班固入狱，甚至连他所写的书籍都遭到了查抄。

这时候，还没什么名气的班超站了出来。和天资聪颖的哥哥不一样，班超从小就被认为是一个平庸的孩子，而且他的不拘小节在当时也不太被大众认可。班固入狱后，班超上书汉明帝，言辞恳切地为哥哥进行了辩解，这引起了汉明帝的注意，当即下令地方官将书稿送往朝廷，并亲自阅读。公元 62 年，汉明帝读了班固的著作后，觉得他是一个非常有才华的青年，于是下令将班固召到校书部工作，而班超和妹妹以及母亲则跟着哥哥一同来到了洛阳。

东汉时期，洛阳是当时全国政治和经济的中心，然而这个地方的繁华却与班超无关，因为家里条件并不富裕，班超找了个替官家抄书的差事挣钱养家。但是，班超是个有远大志向的人，时间一长就有些受不了，他曾经在工作的时候叹息道："身为大丈夫，虽没有什么过人的计谋才略，也应该学学傅介子（西汉勇士和著名外交家）和张骞，为国家建功立业以封侯晋爵才是，怎么能以这笔墨营生呢?"周围的邻居们听了这话都笑话他。班超便说："小子安知壮士志哉?"后来汉明帝曾任命班超为兰台令史，但是好景不长，他又稀里糊涂地被免官。

公元73年，窦固出击匈奴，班超投笔从戎参了军，并在军中任假司马（代理司马）一职。假司马的官很小，但它是班超文墨生涯转向军旅生活的第一步。班超在军旅之中显示了自己与众不同的才能。他率兵进击伊吾（今新疆哈密西四堡），战于蒲类海（今新疆巴里昆湖），小试牛刀，斩俘很多敌人。这为他赢得了窦固的赏识，窦固派他和从事郭恂一起出使西域。

班超带着随从一行三十六人先到了鄯善（在今新疆境内）。鄯善这个名字听起来有些陌生，但是它还有另一个名——楼兰。公元前77年，傅介子刺杀了与匈奴联盟的楼兰国王安归，改立其弟尉屠耆为王，国名由楼兰改为鄯善。鄯善原本是归附汉朝的，由于连年战乱汉朝丢失了对西域各国的控制才归附匈奴。这次看到汉朝派了使者来，鄯善国王热情款待了班超一行。但是过了几天，班超忽然发现鄯善王对他们的态度忽然冷淡起来。他起了疑心，猜测是匈奴的使者到了。为了证实自己的猜测，班超问负责鄯善王饮食的仆人，匈奴的使者已经来了几天？住在什么地方？

鄯善王接待匈奴使者本来是瞒着班超的，仆人不知有诈，以为班超已知道这件事，便老实回答说，来了三天了，他们住的地方离这儿大概三十里地。班超听后立刻召集三十六名随从，对他们说："大家跟我一起来到西域，无非是想立功报国。现在匈奴使者才到几天，鄯善王的态度就变了。要是他把我们抓起来送给匈奴人，我们恐怕要客死异乡。你们说怎么办?"大家都说："现在情况危急，是死是活就听你的吧！"就在此时，班超留下了那句流传千古的名言：不入虎穴，焉得虎子！他说："现在只有一个办法，趁着天黑，我们杀到匈奴的驻地，一面放火，一面进攻。他们不知道我们的底细，一定不敢乱来。只要杀了匈奴的使者，事情就好办了。”大家都同意班超的意见。

到了半夜里，班超率领着三十六个随从偷袭匈奴的帐篷。那天晚上正好刮大风。班超吩咐十名随从拿着鼓躲在匈奴的帐篷后面，二十名随从埋伏在帐篷前面，自己跟其余六个人顺风放火。火一烧起来，十个人同时擂鼓、呐喊。匈奴人从梦里惊醒，到处乱窜，班超带着其余二十个人大喊大叫地杀进帐篷，杀了匈奴使者，把所有帐篷都烧了。鄯善王听说班超把匈奴的使者杀了，便亲自来到班超的帐篷里，表示愿意听从汉天子的命令。班超安慰了他一番，鄯善王为了表示诚意，派他的儿子到洛阳去学习汉朝的文化。

班超回到洛阳，窦固向汉明帝说明了班超的功劳。汉明帝派班超再去结交于阗，出发前，明帝叮嘱班超多带点人马，班超说：“于阗国家大，路程又远，就是多带几百人去，也不顶事。如果遇到什么意外，人多反而添麻烦。”结果，班超还是带了原来的三十六个人出发了。

于阗王见班超带的人少，接见的时候并不怎么热情。班超劝他脱离匈奴，跟汉朝交好。于阗王犹豫不决，决定找巫师向神请示。但是巫师原本就不同意跟汉朝友好，于是他装神弄鬼告诉于阗王说：“汉朝使者那匹浅黑色的马还不错，可以拿来给我。”于阗王派国相向班超转达了巫师的意见。班超说：“没问题，让巫师自己来拿吧。”当巫师屁颠屁颠地跑到班超那儿取马时，班超二话不说拔出刀就把他斩了。接着，他提了巫师的头去见于阗王说：“勾结匈奴的下场不会比巫师好。”于阗王其实早就知道汉朝的厉害，看到这个场面，便表示同意跟汉朝和好。

鄯善、于阗是西域的主要国家，他们结交了汉朝，其他西域国如龟兹（今新疆库车县一带）、疏勒（今新疆喀什噶尔一带）等也都表示愿意归附汉朝。

公元75年，刘庄去世，时年四十八岁。庙号显宗，谥号孝明皇帝，葬于显节陵（今河南洛阳市东南）。

公元78年，班超上书汉章帝刘炟，请兵平定西域，得到章帝的支持。在之后的数年里，班超降服了莎车、月氏、龟兹、姑墨和温宿（今新疆乌

什县），继而被任命为都护，此时西域诸国已多半归降汉朝。

公元94年，班超讨平焉耆、危须（新疆焉耆回族自治县东北）和尉犁（今新疆库尔勒市城南），至此西域五十余国都已归附于汉。

公元95年，班超被封为定远侯。

公元100年，班超上书汉和帝刘肇，请求准许其卸任并回到中原，但是朝廷迟迟没有给出答复，就这样不知不觉间又过去了两年。眼看回到故乡的愿望就要落空，班超给皇帝写了一封信，信中称“不敢望到酒泉郡，但愿生入玉门关”。后在妹妹班昭的帮助下，班超收到回京的圣旨，于公元102年回到洛阳，拜官射声校尉，一个月后病逝。长子班雄嗣位。

班超在西域的三十一年里，不仅善用武力镇抚各国，更善于用外交手段去联络较远的国家。在班超的努力下，塔里木盆地的统治权又归到了汉朝，再现了一百年前汉宣帝的辉煌。

壮志饥餐胡虏肉，笑谈渴饮匈奴血

公元75年，汉章帝召回窦固，留下西域都护陈睦以及耿恭与关宠，带领两支屯垦部队驻守西域。

窦固前脚刚走，匈奴后脚就来找事。当时耿恭的部队驻扎在天山北侧车师后国的金蒲城，关宠的部队驻扎在天山南侧车师前国的柳中城。左鹿蠡王率领两万名匈奴骑兵进攻车师后国。车师后王安得明白自己没有实力能抗得住匈奴的铁骑，但他依然组织了部队迎战匈奴，同时向耿恭率领的屯垦兵团发出求救信。耿恭的部队总共也就几百人，与两万匈奴骑兵相比无论如何也没有胜算，但他还是派出三百人前去支援安得，同时派军吏范羌单骑南下向朝廷求援。

这三百援军还没到达前线就遭遇了匈奴大军，虽然奋力抵抗，但匈奴人数实在太多，最后全部牺牲。眼看援军被歼灭，匈奴调过头来火力全开进攻车师后王，很快车师后国被攻破，后王安得被斩杀。匈奴铁骑长驱直入，目标锁定耿恭驻军的金蒲城。耿恭带领剩下的几百士兵动员城内的百姓，加入保卫金蒲城的队伍中。但是，与匈奴的两万铁骑比起来这点人数显然是无法长久抵抗的，既然不能明争那就暗取。耿恭不知道从哪找来一种毒药，将其涂抹在箭镞上，这种毒药虽然不致命但会与皮肤发生严重的化学反应，伤口不仅剧痛而且会迅速溃烂。

耿恭站在城墙上冲着匈奴人大喊："汉家神箭威力无比，只要中箭必死无疑!"匈奴左鹿蠡王听了也不当回事，心想自己几万人，一对一开战够杀你好几轮了，几根箭能改变金蒲城被屠城的命运吗？不信邪的左鹿蠡王开始强攻金蒲城。

汉军虽然人数不多，但是武器很厉害，强弓劲弩的威力比匈奴的武器强太多，等匈奴大军进入射程范围后，耿恭下令数百张强弩同时发射。涂满毒药的箭雨飞向匈奴，"神箭"发挥作用，只要中箭受伤的，创口溃烂速度惊人而且具有强烈的视觉冲击力。左鹿蠡王大惊失色，急忙下令收兵。"神剑"给匈奴人带来了巨大的心理压力，受伤的士兵伤口不断恶化，疼痛让他们忍不住呻吟，夜幕降临给这幅诡异的场景更增加了些许恐怖感。倒霉的是，偏偏这时候开始下大雨，电闪雷鸣，耿恭看准时机率兵主动进攻，左鹿蠡王的内心震惊无比，他无法想象耿恭居然敢带着几百人出城打两万人。由于夜色的掩护，匈奴大军没摸清耿恭的实力，只觉得先是毒箭后是风雷大作，认为一定是老天爷在发出警告，于是在漆黑的夜幕中，左鹿蠡王怀着崩溃的心情下令撤军。耿恭与金蒲城暂时解围。

之所以会出现这个转机，是因为匈奴有敬畏鬼神的习俗。当年匈奴人把苏武扔在贝加尔湖边放羊，不给食水，结果苏武竟然顽强的活了下来，这让匈奴人感到匪夷所思，认为苏武一定是有神明的保佑。眼下又是毒箭又是雷雨，这个心理打击实在太强烈。虽然匈奴人暂时离去，但是耿恭知道他们很快又会再次卷土重来，于是他决定换个位置，到疏勒城驻防，继续和匈奴死磕。疏勒城，今新疆奇台县以南六十公里处半截沟乡麻沟梁村石城子。疏勒城既不是唐代的疏勒军镇，也不是班超待的疏勒国，而是一座汉军修筑的小型要塞，依山傍水，地势险要，是兵法中最典型的“雄城”。

两个月以后，匈奴大单于亲自率铁骑围攻疏勒城，可是耿恭根本不按常理出牌，居然再一次带着几百人打开城门主动进攻。打完就跑，快马加鞭逃回城，留下一堆匈奴兵的尸体。这一战极大地鼓舞了守军的士气，不过这次主动出击也被匈奴人发现了底细，知道汉军人少势弱后，慢慢向疏勒城靠拢，开始向守军发动进攻。久攻不下之后，匈奴人想了一个坏主意，他们控制了流经疏勒城的小河，使水流改向，极端的沙漠气候加上当时正好是六月天，没有水只有死路一条。耿恭一面下令节约使用储存的淡水，一面在城内挖井。几天过去了，储存的淡水已经用完，可挖了三十多米深的井却依然没有半点出水的预兆。

史书记载，当时“吏士渴乏，笮马粪汁而饮之”。士兵们渴得把马粪里的水分榨出来喝。绝望的耿恭来到井边，郑重地拜井：“昔日贰师将军拔佩刀刺山，飞泉涌出，如今大汉强盛昌明，自有上苍保佑，难道会走投无路吗?”就在这个绝望的时刻，泉水忽然从地下喷涌而出，清凉的泉水带来了生机，也让将士们在心理上受到了鼓舞，但耿恭没有被惊喜冲昏了头脑，解渴之后立即下令用水和泥修补城墙，还故意让士兵们在城头接水洗澡。匈奴人军的内心再次受到打击，千辛万苦地断了河，竟然没有用，建在半山腰的疏勒城居然打出了井水，实在是天意。匈奴军无奈，再次撤退。耿恭的坚持是他再次取得胜利的关键，如今的围棋界还流传着“耿恭拜井”这一招。然而，这仍然不是最后的胜利。

匈奴人来来回回折腾了大半年，疏勒城仍然没被踏平，于是他们把目标转向西域其他小国，驻扎北路的西域都护陈睦在随后与匈奴的抵抗中战死沙场，车师前国的关宠部队也英勇奋战而死。西域诸国在匈奴铁骑的踩踏下纷纷投降，疏勒成为孤城一座，再次被包围。这一次，耿恭遭遇的是断粮，原先的几百士兵也因为伤病只剩下几十人。车师后王的夫人曾在解围期间偷偷地给耿恭送过一些粮食，但终究是杯水车薪。疏勒城的将士们开始吃眼前所有能吃的东西，甚至把皮革铠甲切碎煮食，又把弩箭拆开，把上面的皮条和弦都煮了来吃。匈奴单于实在没有耐心了，派人喊话招降，表示只要耿恭愿意投降，就把女儿嫁给他。耿恭假装感兴趣，请匈奴派使者进城细谈，但使者一进城就被杀死，士兵们在城墙上将尸体分块，煮了吃了。匈奴单于气炸了，加紧攻城，却依然拿不下疏勒。

此时，耿恭与关宠发出的求援信在路上走了六个月后，终于送到了首都洛阳，但是因为赶上明帝驾崩，忙完明帝的丧事，章帝才开始考虑疏勒城的问题。以司空第五伦为代表的一方坚持认为不该救，理由是，距离太远，隔了千里之遥，来来回回这么长的时间过去，说不定耿恭他们早就战死了，更何况为了救几十个人，牺牲更多的人，这一趟救援实在不值得。而司徒鲍昱言辞恳切地说：“当初是皇帝派将士们去远征西域，如今将士有难，朝廷却在关键的时候抛弃了他们，这样做只会增长匈奴的士气，使那些忠诚的人受到伤害。以后匈奴要是再来侵犯，必然没有人愿意再去为汉朝效命。”鲍昱又补充说：“耿恭、关宠他们只有几千士兵，但匈奴久攻不下，可见他们对国家是忠心耿耿的。陛下可以命令敦煌、酒泉两郡太守，各发两千精锐骑兵，火速救援，然后迅速折返。”章帝最终下定决心，命令敦煌、酒泉两郡太守率军援救，同时加发张掖郡兵，以及鄯善国的军队，一共七千人，驰援柳中。又派征西将军耿秉（耿恭的堂兄）屯酒泉，领太守事，做好战略准备。

公元76年正月，军吏范羌带着救援部队来到柳中城，然而他们见到的只有尸体，关宠部队在一个月前集体战死。西伯利亚的寒流动摇了救援军队的意志，这一趟柳中城算是白跑了。秦彭诸将认为任务已经完成，准备返回，但是范羌坚持要去疏勒看看，确定耿恭是否还在。秦彭等人劝不动范羌，便给了他两千兵马，让他自己去看。范羌冒着严寒历尽艰苦终于来到了疏勒城。耿恭跟将士们早已奄奄一息，听到城下有动静，以为是匈奴来袭，准备起身做最后的抵抗。范羌听到城头响动，知道耿恭还活着，于是大声呼喊：“我是范羌啊！我来迎接耿校尉！接你们回去！”疏勒城内顿时爆发出欢呼声，城门大开。范羌看着眼前人不像人鬼不像鬼的士兵，内心震撼不已。

第二天，大军撤出疏勒城，匈奴兵紧追其后，耿恭且战且退，最后抵达玉门关时，二十六人只余十三人。

后世岳飞在《满江红》里提到的“笑谈渴饮匈奴血，壮志饥餐胡虏肉”，说的就是耿恭。

著名的女文豪——班昭

班昭，又名姬，字惠班，扶风安陵（今陕西咸阳东北）人。班昭十四岁那年嫁给了同郡曹世叔为妻，故后世亦称她为“曹大家”（当时人们把学识高、品德好的妇女尊称为“大家”，“家”在此读姑）。

班昭与她的两个哥哥一样，都非常有才华，她曾经帮助大哥班固修《汉书》。《汉书》与《史记》一样，是一部历史巨著，是中国第一部纪传体断代史，一百篇，共一百二十卷。由于司马迁的去世，《史记》记事止于西汉武帝大初年间。后虽有人补写，班彪认为“多鄙俗，不足以踵其书”。他便收集史料，撰写《后传》六十余篇，意在补齐“太初以后，阙而不录”的部分，开始编写一部始于高祖创业，终至王莽覆亡的（包括西汉全部历史）《汉书》。这部历史巨作从班彪开始写，到班固经过二十多年的努力，眼看就要完成，班固却因为窦宪一案受到牵连，最后死于狱中。《汉书》的编写被按下了暂停键，已经写好的稿本甚至部分丢失。汉和帝下令让班昭接替哥哥的工作，并且同意她和马续到皇家的东观藏书阁续修《汉书》。班昭为完成父兄的愿望，欣然前往，在藏书阁孜孜不倦地阅读了大量史籍，整理、核校父兄遗留下来的散乱篇章，并在原稿基础上补写了八表：《异姓诸侯王表》《诸侯王表》《高惠高后文功臣表》《景武昭宣元成功臣表》《外戚恩泽侯表》《百官公卿表》《古今人表》和《天文志》。至此，这部完整的《汉书》，历经四十年的编撰工作，终告完成。《汉书》

完成时，班昭已经四十岁了。

除了整理、续写《汉书》外，班昭还参与了《汉书》的传播和普及。《汉书》问世以后，由于大家的文化水平参差不齐，许多读者读起来感觉有些吃力，因此班昭教授大儒马融等诵读，使《汉书》得到更好的传播。汉和帝非常欣赏班昭的德才并且很器重她，曾多次召她进宫，让皇后和诸嫔妃拜她为师，向她学习儒家经典、天文、数学，从而使班昭声名大震。

班昭活跃在汉和帝时代，在哥哥班超去世后第二年，汉和帝就驾崩了，此时皇子刘隆还在襁褓中，嗣位为汉殇帝，邓太后临朝听政，不到半年，殇帝夭折，清河王刘祜嗣位为汉安帝，安帝年纪也很小，才十三岁，邓太后仍然临朝听政。而班昭曾以师傅之尊参与政事，因为政勤奋，深得邓太后欢喜，破格加封班昭之子曹成为关内侯，官至齐国的国相。

班昭除了参与编撰《汉书》在历史上留下了重要的一笔之外，她还是一位杰出的文学家，著有赋、颂、铭、诔、书、论等文章十六篇，辑成《大家集》三卷，但如今大都失传，现只留下《东征赋》和《女诫》七篇。

《女诫》包括：卑弱、夫妇、敬慎、妇行、专心、曲从和叔妹七章。原本是为班家女儿私人订制的教科书，不料京城世家却争相传抄，不久之后便风行全国各地。

在“卑弱”篇中，班昭引用《诗经·小雅》中的说法：“生男曰弄璋，生女曰弄瓦。”认为女性生来就不能与男性相提并论，必须“晚寝早作，勿惮夙夜；执务和事，不辞剧易”，才能恪尽本分。

在“夫妇”篇中，认为丈夫比天还大，还须敬谨服侍，“妇不贤则无以事夫，妇不事夫则义理坠废，若要维持义理之不坠，必须使女性明析义理”。

在“敬慎”篇中，主张“男子以刚强为贵，女子以柔弱为美，无论是非曲直，女子应当无条件地顺从丈夫”。一刚一柔，才能并济，也才能永保夫妇之义。

在“妇行”篇中，制定了妇女四种行为标准：“贞静清闲，行己有耻，是为妇德；不瞎说霸道，择辞而言，适时而止，是为妇言；穿戴齐整，身不垢辱，是为妇容；专心纺织，不苟言笑，烹调美食，款待嘉宾，是为妇工。”妇女备此德、言、容、工四行，方不致失礼。

在“专心”篇中，强调“贞女不嫁二夫”，丈夫可以再娶，妻子却绝对不可以再嫁。在她的心目中，下堂求去，简直是不可思议的悖理行为，事夫要“专心正色，耳无淫声，目不斜视”。

在“曲从”篇中，教导妇女要善事男方的父母，逆来顺受，一切以谦顺为主，凡事应多加忍耐，以至于曲意顺从的地步。

在“叔妹”篇中，说明与丈夫兄弟姐妹相处之道，端在事事识人体、明大义，即使受气蒙冤也是天经地义的事情，万万不可一意孤行，而失去彼此之间的和睦气氛。

班昭去世后，皇太后曾为她素服举哀。在中国历史上，班昭是一位优秀的女文学青年，不仅博学多才而且品德俱优，她既是史学家，也是位文学家，还是位政治家。清代女作家赵傅在《后汉列女颂（并序）》中赞她“东观续史，赋颂并娴”。作为第一位女史学家和文学家，班昭名留青史，为后人所熟知，为了纪念这位伟大的女性，金星上的班昭陨石坑就是以她的名字命名的。

第八章 风雨欲来，外戚与宦官轮流执政

东汉后期，由于登基的皇帝大都年纪较小，无法处理国事，加之频繁出现皇帝夭折的事件，导致出现了外戚与宦官轮流执政“你方唱罢我登场”的局面。汉殇帝刘隆的死成了一个分水岭式的标志，从他开始，东汉王朝的两大政治集团——宦官集团与外戚集团开始轮流登上历史的舞台，成为东汉王朝独特的政治“景观”。宦官与外戚争夺权力，汉朝的统治变得更加黑暗，摇摇欲坠的汉王朝走向终点。

太后去世，汉章帝任人摆布

汉明帝去世后，皇太子刘炟即位，时年十九岁，是为汉章帝，尊嫡母皇后马氏（明德皇后）为皇太后。刘炟是汉明帝刘庄的第五子，三岁时被立为皇太子，由于年少宽容，爱好儒术，很受父亲汉明帝的喜爱。

刘炟的亲生母亲是贾贵人，但他从小由马皇后抚养。马皇后即马援的小女儿，史书没有记载她到底叫什么名字，只说“讳某”，即犯了某位尊者的讳。马援去世后，他小儿子不久也因病去世，马援的夫人因思念小儿子而精神恍惚。这时，马援年仅十岁的小女儿承担起了处理家务的责任，她指挥僮仆，内外咨禀，一点也不比大人差，周围的邻居都很喜欢这个女孩。公元52年，在堂兄马严的极力推荐下，十三岁的马氏被选入太子刘庄的宫中。她入宫后，悉心侍奉阴皇后，一举一动都非常有规矩，加上待人处事比较有亲和力，与宫中上下都相处得十分融洽，因此深得皇后阴丽华的喜爱。

马氏不仅人长得漂亮，身材也好，《后汉书》记载马氏“身长七尺二寸，方口，美发”。汉尺七尺二寸，大约一百六十六厘米，身材比较高挑。明明可以靠脸吃饭，但马氏偏偏很好学，进宫后跟着宫里的傅母（负责教育的女官）学习了好几年，小有所成，能诵《易》，好读《春秋》《楚辞》，尤善《周官》《董仲舒书》。

知书达理又聪明漂亮的马氏深受刘庄的宠爱，公元60年，汉明帝准备立皇后，对国家大事向来不关心的阴丽华却强烈建议刘庄：“马贵人德冠后宫，就选她了。”有皇上和皇太后的支持，马氏虽然没能生下儿子却也没有失宠，汉明帝不仅亲自指定养子，还安慰她说：“女人生不了儿子也没关系，能把养子抚育好，也是很难得的!”这个养子就是排行老五的刘炟，马氏封为皇后他也跟着沾光，当上了皇太子。

马氏心胸宽广，待人有礼，她当皇后的二十多年，是历史上后宫最安宁的“黄金时代”，没有钩心斗角，没有争风吃醋。马氏不仅主动给汉明帝推荐侍寝的嫔妃，而且对那些被皇帝宠幸的妃子们还给予安慰嘉勉。明帝驾崩后，按规矩，他的妃子们要“徙居南宫”，腾地方给新皇帝的后妃们居住。马氏担心这些妃子们没法养老，下诏赐予每人诸侯王的赤绶（象征身份的信物），增加拉车的马匹，还赏赐了大量的生活物资和黄金，让她们颐养天年。

马氏对别人很好，可是对自己家人却很严苛。她从来不为家里人讨封请赏，甚至家人犯了小错她都要严词训诫，犯下大错的，她更是不客气，取消他们进宫的资格，撵去种地。汉章帝即位后，想给几位舅舅封侯，马氏坚决不同意，搬出高祖约以制衡。章帝偷偷给舅舅封了侯，她还是不干，逼几个兄弟退休。

汉章帝的皇后窦氏，扶风平陵人，大司空窦融的重孙女。窦氏家族的历史可以追溯到汉景帝时期，汉景帝的皇后窦氏擅长黄老哲学，兄弟们深受她的影响，其家族在西汉一朝没有大富大贵，但也从未衰落。王莽时期，窦融积极支持王莽政权，后又主动归顺光武帝刘秀。

窦皇后的母亲是东海王刘疆的女儿沘阳公主，从某种意义上说，窦皇后和汉章帝是近亲结婚。据说窦皇后天资聪颖，六岁就能写字，书法相当漂亮。公元 77 年，窦氏和妹妹一起被选入宫，入宫后在长乐宫侍奉马太后，后来凭着一手好字征服了当时的汉章帝。马太后对窦氏的印象不是很好，觉得她太虚荣，但由于汉章帝不是自己的亲生儿子，马太后比较惯着他，只要汉章帝喜欢她也没多加阻拦。公元 78 年，窦氏被立为皇后。

公元 79 年，马太后病逝，窦皇后迎来了人生的小高潮。由于窦氏没有儿子，而宋贵人和梁贵人分别生有皇太子刘庆和皇子刘肇，加上时间长了审美疲劳，汉章帝对窦皇后逐渐疏远起来。马太后去世后窦氏无所顾忌，为了巩固自己的地位，她首先诬陷宋贵人“挟邪媚道”，逼她自杀，并想方设法让汉章帝废掉了太子刘庆，贬为清河王。

梁贵人是褒亲侯梁竦的女儿，从小由舞阳长公主抚养，她还有个妹妹，两人都在宫中，论年纪她比窦皇后还大一些。考虑到这层关系，窦皇后没有跟梁贵人来硬的，而是绕了个圈，先收养梁贵人的儿子刘肇，然后打听到汉章帝对梁氏有些不满，于是给汉章帝写了几封匿名信举报梁竦，结果梁竦被杀，梁贵人姐妹忧郁而死。此后，窦皇后控制了整个后宫，说一不二，没人敢招惹窦氏一族。

公元82年，窦皇后为父亲窦勋平反，追封为安思成侯；其弟弟窦宪拜为郎官，旋升侍中虎贲中郎将；另一位弟弟窦笃也拜为黄门侍郎。窦氏一族的势力开始扩张。汉章帝对皇后窦氏一族比较纵容，小舅子窦宪仰仗姐姐的势力，霸占了汉章帝的妹妹沁水公主的田园，章帝知道后不仅不问罪，反而对他授予以重任，为后来的外戚专权埋下了祸根。

公元88年，章帝去世，年仅十岁的刘肇继位为汉和帝，窦皇后升为皇太后，她的生母沘阳公主晋封长公主，食邑三千户。窦太后走外戚路线，哥哥窦宪掌握朝廷机要，弟弟窦笃统帅皇帝侍卫，窦景、窦环均负责传达诏令，朝廷上下尽在窦氏外戚集团的掌握之中，窦氏家族进入全盛时期。

窦氏家族的兴衰

和帝因为年纪太小，实际上由窦太后临朝执政。大权在握的窦太后立即下诏，任命窦宪为掌典辅政；太尉邓彪为太傅，接着又对章帝时期的一些规定做了改动，命诸王返回封国，并增加盐铁税以充军费。

窦氏兄弟气量比较小，属于睚眦必报型。二十多年前，韩纡弹劾他们的父亲窦勋，导致其死于狱中。如今妹妹成为皇太后，虽然韩纡已死但杀父之仇还是要报，窦宪派人杀了韩纡的儿子，拿他的人头去祭奠窦勋。齐殇王的儿子刘畅深受窦太后的欢心，窦宪恐怕自己的权力被分食，便派人将其暗杀，并且嫁祸给刘畅的弟弟刘刚。太后立即下令抓捕刘刚，结果一审之下发现是窦宪干的，窦太后勃然大怒，将窦宪关了禁闭。当时正好赶上匈奴内战，南匈奴因为已经归附汉朝，就向东汉政府请求援助。为了重新回到政治舞台，窦宪利用这个机会主动请求出击匈奴，希望能戴罪立功。

公元88年，朝廷任命窦宪为车骑将军，佩金印紫绶，以执金吾耿秉为副，发北军五校、黎阳、雍营、缘边十二郡骑士，及羌胡兵出塞。第二年，窦宪与耿秉分别率四千骑兵与南匈奴左谷蠡王师子率万骑从朔方鸡鹿塞（今内蒙古磴口县西北哈萨格峡谷口）出兵；南单于屯屠河率领万余骑从满夷谷（今内蒙古固阳县）出兵；度辽将军邓鸿和边境地区归附朝廷的羌胡八千骑、左贤王安国万骑从翩阳塞（固阳县境）出兵。三路大军在涿邪山（今蒙古西部、阿尔泰山东脉）会师。

窦宪命副校尉阎盘、司马耿夔等一万精兵，与北单于在稽落山（今蒙古境内杭爱山）大战一场，北单于落荒而逃。窦宪乘胜追击，一直追到私渠比鞮海（乌布苏湖）。这一战一共斩杀将士一万三千多人，俘获马、牛、羊、驼百余万头，前后共二十多万人宣布投降。

因北单于已逃到远处，窦宪一面派司马吴汜、梁讽携带金帛追寻北单于，企图招降他；一面班师回国，驻扎五原。当时，北匈奴人心离散，吴汜、梁讽所到之处，宣明国威，前后有万余人归降。在北海西北的西海，梁讽追上了北单于，劝说他仿效当年呼韩邪单于归汉的先例，以求保国安人。北单于喜悦，率领他的部下与梁讽一起回到私渠海，听说汉王朝大军已入塞，就派他的弟弟右温禺疑王随梁讽到洛阳，向汉朝廷进贡，并留侍汉和帝。

永元元年（89年）九月，和帝命中郎将持节到五原任命窦宪为大将军，并封其爵为武阳侯，食邑两万户。窦宪坚决辞去封爵。不过过去大将军的官位在三公之下，按太尉标准设置官属。此时，窦宪权震朝廷，公卿们迎和旨意，奏请朝廷，使窦宪位在三公之上，太傅之下。窦宪的大将军一职，权倾朝野。

窦宪率军回京师，朝廷大开仓府，犒劳赏赐将士，随窦宪出征的各郡二千石长官的子弟，都升任太子舍人。窦氏一族其他几个兄弟也都被封侯，窦笃为卫尉，窦景、窦瑰都任侍中、奉车、驸马都尉。兄弟几个升官加爵后就开始大修宅第，争竞豪奢。

当初北单于没有亲自去朝见汉帝，窦宪觉得他缺乏诚意，就上书请和帝遣返了右温禺犊王，准备再次出击北匈奴。公元90年五月，窦宪派副校尉阎盘率领两千人，出击在伊吾卢驻扎的北匈奴士兵，收复了伊吾卢。车师国受到震动，前王和后王各派皇子到汉朝作质子。七月，窦宪率领军队驻扎在凉州，征西将军邓叠做副手。

北单于见弟弟被汉朝送回来，知道自己惹了事，于是请求亲自入京朝见。可他前脚刚走，南匈奴便趁机偷袭，北匈奴大败而逃。公元91年，窦宪派右校尉耿夔、司马任尚、赵博等人率领军队出居延塞，在金微山（今新疆阿尔泰山）大破北匈奴。北单于带着一小队人马逃到乌孙，后来又辗转进入欧洲，再也没有回到过北亚草原。

窦宪平定匈奴，威名大盛，于是以耿夔、任尚为爪牙，以邓叠、郭璜为心腹，以班固、傅毅皆置幕府，以典文章，把揽朝政，占据要津。一时刺史、守令等官员多出其门。窦宪以为有大功于汉，越发跋扈恣肆。

公元92年，窦宪与邓叠、邓磊、郭举、郭璜勾结，怂恿窦太后废了汉和帝刘肇。察觉到窦氏一族有谋反的心思后，和帝想先下手为强，但是又怕惹怒了窦宪起兵造反。郑众服侍刘肇多年，对皇室忠心耿耿，并且为人谨慎、机敏，有心计，刘肇把自己的疑虑告诉郑众后，郑众劝刘肇及早下手，铲除窦氏家族的势力，并积极为其出谋划策。

适逢窦宪和邓叠班师回京，刘肇于是下诏让大鸿胪去郊外迎接，并按等级赏赐军中将士。窦宪不知道自己已经被和帝盯上，进城之后毫无防备地被拿下，被收回大将军的印绶，更封为冠军侯。一同被逮捕的还有邓叠、邓磊、郭举、郭璜，随后他们全都被杀。而窦氏兄弟都各回各家，回到封地后，和帝下了一份诏书，命令他们自杀。窦太后还政于和帝，被囚禁在“南宫”。

汉和帝挣脱了束缚，窦太后在南宫反思了一段时间，决定向光武帝阴皇后和汉明帝马皇后学习，主动消减了自己的供奉，开始过粗衣素食、清心寡欲的日子。

五年后，窦太后去世。丧事还没办完，汉和帝生母梁贵人的姐姐上书要求为梁贵人平反，大臣们也纷纷要求贬抑窦太后的尊号。汉和帝看在窦太后养育自己的份上下不了手，亲手写下诏书：“窦氏虽不遵法度，而太后常自减损……其勿复议。”

汉和帝将窦太后与汉章帝合葬于敬陵，并改葬了生母梁贵人，上尊号恭怀皇后，所有礼仪和窦太后相等。窦太后去世，窦氏一族势力瓦解，但这实际上并不算一个好消息。

邓氏与阎氏专权

夺回政权这一年，汉和帝刘肇十四岁，这让那些盼望汉室脱离外戚专权的大臣们看到了再创“光武中兴”的希望，年轻的刘肇似乎还有很多时间来完成这个伟大的理想。窦氏家族的势力消散之后，汉和帝开始亲政。虽然年纪小，但是他很勤奋，每天早起临朝，深夜仍批阅奏章，汉朝似乎要迎来一位英明的皇帝。

公元92年，这年多灾多难，东汉多个郡国先是出现大旱，接着又有蝗灾。刘肇心急如焚，认为这是老天爷在惩罚汉朝，于是多次下令理冤狱、薄赋役，并召集各阶层官员开会，认真思考造成天灾人祸的原因。公元96年，蝗灾一路传到了京城，刘肇为此很自责，认为一定是自己哪里做错了，于是下诏："蝗虫之灾，殆不虚生，万方之罪，在予一人。"从这里可以看出，汉和帝是一个心系百姓的明君。

此外，刘肇十分注重德教风化，提倡以德治国。居巢侯刘般去世，按照规定，应该由长子袭位，刘恺坚持让弟弟刘宪继承爵位，自己则开始了逃亡生涯。有官员认为刘恺这样做违反了朝廷规矩，上奏刘肇请求收回刘恺的封地。刘肇仔细看过奏折后不仅没有批准，反而下令为刘恺保留封地，等他回来。十几年过去，刘恺还是没有回来，有官员旧事重提，再次请求刘肇收回刘恺的封地。侍中贾逵上书说："孔子曰，能以礼让，治理国家有什么难的呢？刘恺为了自己的兄弟而放弃爵位，证明他有一颗乐善之心，这是应该大力提倡的善举。为了助长这种良好的礼让之风，实在不应该收回刘恺的封地！"刘肇非常同意贾逵的意见，于是下诏："王法崇善，成人之美。"不仅同意刘宪袭位，而且召回刘恺，封他为郎。

刘肇办事讲究公平、公正。窦宪预谋造反的事情败露后，牵连了一大批人遭遇牢狱之灾，班固就是其中之一。造反的事情原本与班固毫无关系，但他是窦氏幕府人物，因此遭到株连，罪不至死但也被免了官。洛阳令种兢因与班固有私仇，抓住这个机会将班固下狱并致死。汉和帝知道了实情后，下诏谴责了种兢公报私仇的恶劣做法，并将害死班固的狱吏处死抵罪。

刘肇为人宽厚，以德服人，如果一定要说他有哪些过错，那就是他太信任宦官郑众，为东汉后期宦官专权埋下了一颗定时炸弹。

郑众，字季产，南阳郡犨县人，汉章帝时，以小黄门迁中常侍。汉和帝时加位钩盾令（御花园管理员），由于不依附外戚，一心忠于王室，郑众受到和帝的信赖。和帝扳倒窦氏一族离不开郑众的出谋划策，和帝能亲政也有郑众的功劳，理应获得奖赏。刘肇掌权后，升任郑众为大长秋（皇后近侍官首领）。这本来也不算多大的事，但情况不妙的是刘肇在精神上太依赖郑众，无论大事小情，甚至国家大事他都要征求郑众的意见。这样一来，以郑众为代表的宦官势力开始发展。公元105年，汉和帝刘肇病逝，年仅二十七岁。

刘肇去世，皇后邓绥登上了历史的舞台，成为站在权力中心的女人。刘肇的身体一直都不好，经常卧病在床。也许是因为身体的关系，和帝的儿子连续夭折，前后多达十余人，因此，后来出生的皇子都送到民间养育。和帝驾崩后，邓绥将长子刘胜、幼子刘隆接回宫中。长子刘胜身体也不好，不适合继承皇位，邓绥就立才刚刚满百天的刘隆为太子，连夜登基，为汉殇帝，邓皇后升为皇太后。才满百天的刘隆当然无法治理国家，一切事物由邓太后处理。

邓绥是南阳新野人，“云台二十八将”中排名第一的邓禹的孙女。邓绥家里一共有兄妹五人，她排行老三，是家里唯一的女孩，所以父亲邓训对她十分宠爱。邓绥从小就聪慧过人，五岁那年，已过花甲之年的祖母给她剪头发，结果一不小心刺伤了她的额头。邓绥没有大哭大闹，脸上还露出高兴的表情。服侍她的丫鬟问邓绥：“难道不觉得疼吗？”邓绥说：“怎么会不疼呢？可是祖母是因为喜欢我才会给我剪头发，人上了年纪，这样的事是难免的。如果我大哭大闹，祖母一定会自责。”

邓绥跟别的女孩不一样，不喜欢女红，反而喜欢读书。父亲邓训对她这个爱好很支持，在邓绥稍微长大一点后，邓训经常跟女儿商量一些政治上的事情。

邓绥十二岁时入宫，和她一同选中的还有阴孝和。阴孝和与阴丽华是亲戚关系，阴孝和的曾祖父是阴丽华的哥哥，按辈分讲，阴孝和算是汉和帝的表妹。在入宫前一天，邓绥的父亲突然去世，守孝三年后邓绥才正式入宫，次年升为贵人，此时阴孝和已经升为皇后。邓绥与阴孝和是性格完全相反的两个人，阴皇后恃宠而骄飞扬跋扈，邓贵人低调内敛言行谨慎。她的谦逊赢得了皇帝的喜爱，但同时也招来了阴皇后的嫉恨。阴孝和心眼比较小，不能容忍别的女人和自己共同分享一个男人，于是开始对刘肇进行死缠烂打，结果把刘肇搞烦了，跟她大吵了一架，把阴孝和气得跑回了娘家。

后来刘肇病重时，阴孝和私下说：“等我将来出头的时候，一定要把邓家满门抄斩。”刘肇病愈，阴孝和害怕自己地位不保，听取家人的建议以巫术蛊道来诅咒邓绥速死，以保全皇后之位。谁知，这事被告到了刘肇那儿。和帝大怒，以大逆不道之罪将相关人员全部逮捕。阴孝和被废去皇后之位，软禁在桐宫中，最终忧郁而死，阴孝和的父亲也受此事连累而自杀。

邓绥在阴孝和死后当上皇后，一直陪伴着刘肇，直到公元 105 年的冬天，刘肇离开了人世。未满周岁的刘隆是历史上即位年龄最小的皇帝，也是寿命最短的皇帝。公元 106 年九月，登基还不到一年的刘隆不幸夭折，年仅两岁。因夭折而亡，故上谥号为“孝殇皇帝”，死后葬于康陵。汉殇帝夭折后，邓太后立清河王的儿子十三岁的刘祜为汉安帝，邓太后依旧临朝听政。

邓太后吸取前朝外戚专权势盛却结局悲惨的教训，在任用官员上比较公正，但仍然不可避免地要任用自家亲信来帮忙。邓太后的哥哥邓骘作为大将军，推举了不少贤能的人才，得到了天下人的赞扬。在邓太后临朝听政期间，虽然她独揽大权，但从总体上看，她勤政爱民，没做过什么出格的事。她对外家的约束非常严厉，一切行动以维护刘家、保护刘家的利益为主。在她的管束下，邓家兄弟也全都遵纪守法，没有人敢胡作非为。邓太后的做法是明智的，这也是众大臣拥护她的重要原因。

公元 121 年，邓太后因病吐血身亡，年仅四十一岁。邓绥死后，与和帝合葬顺陵，谥号为熹皇后。根据古代谥法：“有功安人曰熹”，这正概括了她为汉室操劳的一生。在东汉刘氏政权动摇的情况下，邓太后的临朝听政起到了支撑汉室、安定民心的积极作用。

因为安帝在位期间不满于当傀儡皇帝，再加上乳母王圣经常搬弄是非，说邓绥的坏话，这都让他对邓太后产生了强烈的不满。在他亲政后，邓氏家族难逃厄运，邓氏子弟均被削夺封爵，废为庶人；有些远流边郡，后在地方官的威逼下，被迫自杀。邓绥尸骨未寒，邓氏家族及其亲信蒙遭冤狱，天下无不为之痛惜。大司农朱宠就认为邓骘遭受无妄之灾，便用马车载着他的棺材，肉袒上朝，为他鸣冤。接着，众人也多称邓骘冤枉。安帝无奈，将其安葬在洛阳北邙山的祖坟之中。邓骘归葬之日，公卿同吊，莫不悲伤。一直到顺帝即位后，邓骘才恢复了名誉。

公元114年，阎姬便应召入掖庭，年仅十六岁。据说阎姬是一个非常漂亮而善解音律的女人，汉安帝一见阎姬，便被她的美貌所吸引，经常召见她，先是封她为贵人，次年又封为皇后。但是没想到的是，阎姬是一个心有大志的女人，热衷于权势，当上皇后就开始干预朝政，甚至暗中培植自身的势力。因为阎姬没有儿子，李贵人生了太子刘保之后，阎氏怕自己失宠便将李氏毒死。公元124年，阎氏因为害怕刘保太子将来继位后找自己报仇，便诬告年仅十岁的刘保谋反，逼迫安帝将太子刘保废为济阳王。

公元125年，安帝死于南巡途中，阎姬与哥哥阎显害怕京师大臣们拥立在京的刘保，便秘不发丧，只说皇帝病重。四天后，阎后才扶安帝之尸回宫发丧，立汉章帝之孙济北王刘寿的儿子，北乡侯刘懿为帝，史称东汉前少帝。刘懿这时候只有两岁，按辈分来说是安帝的堂兄弟。阎姬为了达到掌权的目的，不管辈分以太后身份临朝听政，任命哥哥阎显为车骑将军仪同三司，掌握军政大权。这样，东汉刘氏王朝便由宦官专政改为外戚阎氏擅权。

公元125年，登基仅七个月的少帝刘懿病死，阎姬想故伎重演另立一个皇帝，结果还没来得及登基，中常侍孙程等宦官发生政变，斩杀阎显、阎景兄弟，消灭了阎氏势力，又逼太后交出传国玉玺，迎立济阳王刘保。公元125年十一月，刘保继位称帝，改元“永建”，是为汉顺帝。

跋扈将军梁冀

十一岁的刘保凭借宦官的势力登上帝位，这也注定了宦官势力将会在顺帝朝中发展壮大。汉顺帝是自西汉以来除了文帝之外，又一个因政变登上帝位的皇帝，同时也是汉王朝历史上第一个由宦官发动宫廷政变拥立的皇帝。

公元 128 年，刘保下令在全国范围内选拔十三岁至二十岁之间的良家童女填补后宫。梁商的女儿（梁妠）和妹妹（梁妠的姑姑）同时入宫待选。两人都长得很漂亮，尤其女儿梁妠更楚楚动人，最后梁妠和她的姑姑都顺利入选，不久后又同时升为贵人。虽然这样一来辈分有点乱，但在权力和荣耀面前，这并不是重点。由于姑侄两人是亲戚，容貌方面有些相似，宫里经常有人把她们俩人搞混，为了便于区分，梁商的妹妹被称为“梁贵人”，梁妠则称为“梁小贵人”。梁小贵人虽然年纪不大，却从小接受良好的教育，九岁的时候便能背诵《论语》，谈论《韩诗》，文化水平比较高，人也比较明事理。由于跟顺帝年龄相仿比较有共同语言，梁妠曾一度受到皇帝的专宠，但她并没有恃宠而骄，而是经常提醒顺帝说：“只有后妃互相不妒忌，皇上子孙众多，江山才能永固，才能国泰民安！陛下最好能够平等对待嫔妃，这样我也可以避免一些诽谤。”这让顺帝高兴之余，内心又充满感动和欣赏。

四年后，十五岁的顺帝立梁妠为皇后，十七的梁妠入主后宫，结束了贵人的生活，开始母仪天下。梁妠当了皇后，梁氏一族开始加官晋爵，其父亲梁商被顺帝加封为户邑，赐安车驷马，长兄梁冀升迁为步兵校尉，其他亲属也都跟着沾了光。由于汉朝历史上太多外戚专权的例子，顺帝朝臣们担心重蹈覆辙，因此纷纷上书皇帝，建议不要给梁氏一族实权，赏给他们金银财宝就行，但是顺帝不愿采纳。

公元 134 年，梁商被封为大将军衔，总理朝政。意识到自己风头太盛会招人恨，梁商有意回避汉顺帝的重用，经常请病假，不去上朝。可是顺帝比较实在，见梁商老躲着自己，于是一再下诏，最后将梁商请出，就任大将军。梁商待人谦和，关心百姓疾苦。每当发生饥荒时，他便下令家奴拉着自己家的粮食赈济灾民，所以深得百姓爱戴，即使是以前那些反对他的大臣也开始对他产生敬佩之情。

公元 141 年，梁商去世，由于他在朝廷上下口碑很好，顺帝出于信任，在梁商还未下葬的时候，下诏任命梁冀继承父业，荣升大将军，另外封梁皇后的弟弟为河南尹，这样一来就等于让梁家掌握了朝权。然而梁冀其实根本没有担任大将军的才华和德行。他游手好闲，整日不是喝得大醉，就是踢球下棋，斗鸡走马，而且为人阴毒，谁不同意他的意见，他就针对谁。据说，大将军特喜欢兔子，他还专门修建了一个兔园，有一个商人因为误杀了梁家兔园里的一只兔子，结果“坐死者十余人”。

三年后，公元144年八月，汉顺帝刘保因病驾崩，时年三十岁。刘保死后，因为梁皇后没有儿子，梁氏一族决定让虞贵人生的儿子、两岁的刘柄即位，为冲帝。五个月后，刘柄不幸夭折，大将军梁冀为了保护自己的利益，支持立渤海王刘鸿八岁的儿子刘缵为皇帝，而以李固为首的另一拨大臣认为二十岁的清河王刘蒜是继位的最佳人选，

为了长期掌权，梁太后选择立八岁的刘缵为帝，称汉质帝。汉质帝虽然年纪小，但是很聪明。有一次梁冀在上朝时颐指气使、盛气凌人，为一件小事情把一个大臣骂得狗血淋头。小皇帝刘缵童言无忌，当着满朝文武的面对梁冀脱口而出：“你真跋扈，是跋扈将军！”梁冀听了，恼火之余对这个自己亲手扶植的小皇帝又感到恐惧，才八岁的孩子就敢指责自己，以后亲政肯定不会放过自己。公元146年六月，梁冀用一个毒饼结束了刘缵的生命。

质帝死后，梁冀与梁太后再次探讨新皇帝的人选，最终选中了汉章帝的曾孙刘志。可是消息一传出来就遭到了李固等人的反对，再次坚持要立清河王刘蒜为皇帝。梁冀很生气，重会公卿大臣，言辞激烈，试图弹压众人，但李固软硬不吃，坚决支持刘蒜。梁冀无计，可施跑到梁太后那儿去告状，于是太后免了李固的官职。最终刘志在梁氏家族的“关怀”下登上皇帝宝座，称汉桓帝，梁太后名义上仍然是临朝听政，但实际上梁冀才是汉室江山的主人。

刘志知道自己能登上皇帝宝座，主要是因为梁冀的支持。为了酬谢梁冀“援立之功”，他对梁冀的礼遇之优，超过了萧何；封地之广，超过了邓禹；赏赐之厚，超过了霍光。可以说梁冀所受到的皇帝恩遇，超过两汉以来一切元勋。东汉王朝不乏外戚当权，但是梁冀却是所有外戚里最为专

横的，见者无不“侧目切齿”。大多数人敢怒而不敢言，个别吃了熊心豹子胆的挺身而出，仗义执言，结局大都很悲惨。

袁著就是其中一个。他当时任郎中小官，看到梁冀飞扬跋扈，忍不住给皇帝上书，指出朝廷已经“势分权臣”，建议大将军梁冀“功成身退”，回家养老比较好，还提出“除诽谤之罪，以开天下之口”。梁冀知道这件事后，马上去抓袁著。袁著改名换姓迅速逃走，又诈死，用蒲草假装自己的尸体，下棺落葬，但仍然躲不过梁冀密探的耳目。梁冀最后抓到袁著，并将他活活地打死。这还不算，梁冀还把与袁著有关系的人都杀了。袁著的好友，当时的名士郝絜、胡武、刘常都遭株连，仅胡武一家被杀害的就有六十余人。郝絜刚开始也跟袁著一样，试图躲过梁冀的魔爪，但梁冀的党徒太多，最后只得亲自在梁冀门前服毒而死，以保一家性命。

在梁冀的折腾下，腐朽的汉朝因统治阶级的腐败导致民不聊生，农民起义此起彼伏。在内忧外患中，公元 150 年，四十五岁的梁太后去世，去世之前将权力全部归还给桓帝刘志。但梁家的势力依然强大，梁太后死去了，梁冀还活着，他仍然把持朝政，并且让另一个妹妹梁女莹成了桓帝的皇后，这让表面上亲政的桓帝的权力大打折扣。一个梁太后去世，另一个梁皇后站起来，梁女莹本身相貌平庸，依靠家族势力专制内宫，生活极其奢华并且手段残忍，在她的威胁下没有别的妃子敢接近桓帝。

公元 158 年，忍无可忍的桓帝与宫内的几个太监联手，发动了突然袭击，宦官单超、具瑗、唐衡、左悺、徐璜五人带一千余羽林军围攻梁冀宅，梁冀及其正妻孙寿当场自杀，其余族人无论长幼皆弃市，梁冀家产全部被没收，官家拍卖，合价三十余亿钱，供朝廷之用，可减天下税租之半。

梁冀一家前后有七人被封侯，出了三位皇后，六位贵人，两位大将军，夫人、女儿中有七人享有食邑，三人娶了公主，其他官至卿、将、尹、校的有五十七人。曾经显赫的梁氏一族自梁冀死后，整个家族势力便土崩瓦解。

汉桓帝卖官鬻爵

权倾天下的梁冀，最后是死在了几个太监手里。单超、具瑗、唐衡、左悺、徐璜等五个立下大功的宦官也而被称为“五侯”。于是，汉桓帝终于等来了亲政的那一天，这一年是公元159年，汉桓帝二十八岁。

宦官们虽然不像梁冀一样去操纵皇帝，但是“身体残缺”的他们却对钱财有异于常人的热情，喜欢祸害老百姓谋取钱财。儒家的士大夫本来就瞧不起这些废人，现在他们骑在大家头上作威作福，因此儒家学派“清流派”开始和“五侯”为首的宦官开始了不死不休的斗争。

不久之后，威震天下的“五侯”就死了三个，单超、唐衡、徐璜全都被处死，具瑗被赶出京城，以太尉杨秉为首的儒家学派的第一次斗争看来是成功了。

正当清流派为击败了宦官集团欢呼雀跃弹冠相庆，准备再接再厉把所有宦官全体诛杀的时候，汉桓帝站出来了：“行了，差不多就完了，不要赶尽杀绝，宦官也不一定就是坏人，以后不要闹了。”

有皇帝做后盾，事情顿时不好办了，但清流派似乎不买皇帝这个面子。杨秉去世之后，李膺和陈蕃成了清流派党人的领袖，他们连续不断地弹劾宦官，反正你不要有任何的越轨举动，只要出现一点纰漏，被清流派抓住了，肯定就会变成一张奏折。

汉桓帝当时就心想，你们现在知道站出来指责宦官这里不好那里不好了，当初老子被梁冀威胁得差点没命的时候你们都干什么去了，想要把我的功臣一网打尽未免太过分，我也不想当忘恩负义的人，你们也该吃点苦了。

一声令下，李膺等人统统被关进了大狱，严刑拷打。这就是“党锢之狱”的开端，之后越发展规模越大。

不过，清流派的势力也的确挺大，当时朝廷独尊儒术，凡是当官的除了武将之外大部分都是儒家分子，李膺是儒家分子的领袖，把他抓起来，顿时引起了轩然大波。大臣们辞官的辞官，哭诉的哭诉，上奏折的上奏折，一天三次闹腾，把汉桓帝折腾得够呛。他觉得收拾李膺也差不多了，该接着收拾宦官，让他们也低调点，于是让李膺担任京畿地区总司令，司隶校尉。李膺虽然蹲了几年监狱，但脾气一点也没改，依旧要和宦官斗到底。只要宦官犯了一点错，李膺就抓住不放。

首先倒霉的是张让（后来的十常侍）的弟弟张朔，他担任野王县长，贪婪残暴，无法无天，竟然杀害孕妇。他听说李膺的威严，于是畏罪逃回京师，躲在张让家的夹柱中。李膺知道后，率领吏卒拆破夹柱捉拿了张朔，将其交付洛阳县的监狱，录供完后，便将其正法。这把张让的脸皮都扫光了，张让自以为受宠，跑到皇帝面前告状，可是皇帝苦笑一声：“认命吧，我拿李膺没辙，再说谁让你给人家抓住了把柄呢，以后做事儿最好小心点。”

最后这些宦官居然都不敢出门了。有一天汉桓帝很奇怪地问：“你们这几天怎么都不出门去逛街呀？”

宦官们呼啦扑倒一片：“皇上，我们害怕李膺！”李膺的名头更响了，但是这件事情也影响了汉桓帝，他再次觉得李膺对他构成了威胁。在奴才和大臣之间，东汉的皇帝大多数时候选择奴才，也就是太监。

很快，大臣们做了两件事情，引起了皇帝的极大不满。第一件事就是太原太守刘质抓了一名宦官赵津，准备处死，可是刚好朝廷下了大赦天下的命令，所有人都要释放。可是刘质恨透了宦官，也不管有没有皇帝的赦令，直接处斩。

然后司隶校尉李膺也遇到了同样的事情。洛阳城有一个人名叫张成，他和宦官关系不错，称兄道弟的，消息灵通，知道国家过几天就要发布大赦天下的命令，趁着这个机会他让自己的儿子去寻仇杀了人，结果过两天真的大赦了，张成非常得意。李膺冷笑了两声，把父子两人杀掉，狗屁大赦令，老子才不管呢。

汉桓帝怒了，下令逮捕清流派党人，还列了一个名单，大约有几百人之多，都是些儒家学派的典范，也不管有罪没罪，直接抓起来，扔进监狱，进行劳动改造。

最后还是皇后窦妙的老爹窦武跑到皇上面前去帮李膺说了句话，总不能把全天下的儒生全都干掉吧。汉桓帝其实也不想这么做，只是想要打压一下他们，让他们别老是跟宦官死磕，给自己添麻烦，所以听了窦武的话放了二百多人。但这些清流，仕途算是没希望了，此后，再也没人敢公开议论太监们了。

汉桓帝的这次行动，无形当中提升了宦官的地位，太监当官与普通人最大的不同就是，他们不好色，就喜欢钱，这就导致了从上到下大规模的贪污，这些钱最后都进了他们自己的腰包。国库也要钱，咋办？继续向老百姓收啊。

但是老百姓也没钱啊，不仅要养着这么多官，还有皇帝，还有这么多的太监，而且他们还要造大房子。老百姓一年的收成就这么多，都给当官的了，国家就没钱了，而且那段时间，西域的少数民族又发生暴动了，打仗需要的钱就更多了。

国家没钱了，老百姓更没钱了，用钱的地方却没有少，怎么办呢？公元161年，汉桓帝下令：倒卖官爵。比如各种爵位关内侯等，各种官职如虎贲郎、羽林郎、缇骑营士和五大夫等，一律都明码标价，谁出得起钱，给谁当官。

但是人们花钱买官，价格不菲，是不是值得呢？放心好了，绝对值得，花钱买官是一本万利的好买卖，花一千贯买的官，过不了几年，怎么着也能赚个一万贯。刮地皮谁不会啊！可以这么说，汉桓帝的倒卖官爵，直接让老百姓活不下去了。活不下去，怎么办？抢啊，哪里有粮食就抢哪里。就这样，东汉末年，大规模的农民起义，慢慢开始爆发了。

汉桓帝还有一点出名的地方是好色，据说汉桓帝时期，后宫女人的数量，多到惊人，汉桓帝后宫女人的数量达到四五千人，一天一个也得好几年。

不过很快，在位二十年的汉桓帝刘志也一命呜呼了，他算是东汉后期皇帝里面高寿的一位了，活了三十六岁。

荒淫无度汉灵帝

公元 167 年，汉桓帝刘志走完了人生的最后一天，刘志的皇后窦妙开始垂帘听政。汉桓帝虽然死了，但是他除了三个女儿，一个儿子也没有留下。于是，窦妙从刘志血缘最近的一支选择了刘宏继承皇位，是为汉灵帝。刘宏出生在河北深州，他的父亲是河间王刘苌，刘苌和汉桓帝刘志的爷爷都是汉章帝的第六个儿子刘开，汉桓帝刘志继位后，刘苌成为新的河间王，可惜生下刘宏不久，刘苌就去世了。所以汉桓帝和汉灵帝其实属于同一个家族，汉桓帝死的时候，刘宏才十岁。

皇后窦妙召其父窦武商议决定，让光禄大夫刘儵与中常侍曹节带领中黄门、虎贲、羽林军一千多人前往河间迎接刘宏。公元 168 年，刘宏来到夏门亭，窦武亲自持节用青盖车把他迎入殿内。第二天，登基称帝，改元为“建宁”。

灵帝即位后，由于年幼，窦氏按照前朝的旧列，以皇太后的身份临朝听政。她任命窦武为大将军，执掌全国最高的军权；又重新任用党锢之祸被罢免的清流陈蕃为太傅，行尚书事，掌握全国最高的行政权。陈蕃与窦武一文一武，一同辅佐朝政。陈蕃当上了太傅，重新启用了在党锢之祸后在家赋闲的李膺等人，继续跟宦官斗下去。

这时的宦官，以曹节为首领，张让、段珪为羽翼。两大集团又展开殊死搏斗。由于清流派有大将军窦武的支持，也就是有外戚的支持，等于是外戚和清流派两大集团联合起来对付宦官集团，宦官集团暂时处于下风，朝不保夕。眼看就要胜利，把宦官彻底清除，但是外戚自己作死，把大好局面葬送了。

有一天，陈蕃找到窦武对他说："这些阉党太可恶了，有他们在天下别想太平，还是全都除掉算了。"窦武当即点头："言之有理！咱们不如找个机会把他们一勺烩了算了！"陈蕃也说："没错，连锅端！让他们狂！"可是这个傻缺窦武根本不想发动什么政变，只是敷衍陈蕃。大将军的官职已经顶天了，再往上只有那个宝座了，就是把这些太监都除掉了，也不能升官，干吗做这么多没有好处的事情呢。窦武还把这事情告诉了自己的女儿，说了大臣们和自己商量的意思。窦太后大为惊讶："父亲，这个想法太奇葩了，若把太监都灭了，那以后宫里的活儿谁来干？自从周朝以来就有太监，怎么能有这种想法呢，难道让一群大男人来伺候我，你觉得合适吗？"窦武一想，那样就更乱了，这种事儿可千万不能做，所以只能退而求其次，先收拾几个闹得最厉害的，这一次窦太后倒是同意了。

可问题是收拾一些小鱼小虾根本没用，真正厉害的是曹节和王甫、张让、段珪、侯览这些大太监。

清流派和外戚又有了新的计划，他们抓住了一个叫郑飒的大太监，把他弄进监狱里面严刑拷打，然后让他把曹节和王甫的罪恶全都供出来，太监能有什么节操，一股脑全都说了。大臣们喜出望外，距离成功只有一步之遥，窦武顿时乐得都快要找不到北了，这一次肯定是大功告成啊。

他写了一封奏折，送到女儿那里，可当天晚上窦太后太累了，休息得很早。奏折就放在桌子上，没想到被一个小太监看到了，小太监发现里面居然还有自己的大名，这可吓坏了。紧接着恶从心头起，怒向胆边生，你不让我好过，我也不让你舒服，拿着奏章就跑到了门口，一嗓子就吆喝起来了："陈蕃和大将军窦武给太后上了奏折，要废掉皇帝，图谋造反，大逆不道，大家赶快来看看呀！"这一喊把宫里的太监都叫来了，大家一看奏章，发现好多人名都在其中，顿时人心惶惶。

大太监曹节是个搞政治的老手，一看这情形，就知道现在应该怎么办。第一步先把小皇帝刘宏给绑票了，然后逼着皇帝下了诏书宣布窦武和陈蕃谋反，然后发动了御林军，把陈蕃和窦武全都杀了，再然后把窦太后软禁。这时候，太后也没办法临朝听政了，刚刚十三岁的汉灵帝自由了，可那时他什么也不懂，只能依靠宦官，宦官的权势已经达到了巅峰。

跟着，曹节在皇上面前说清流派的坏话，说清流派是奸党，应该全部追杀。于是皇帝下令把所有的“奸党”全都给抓起来了，汉灵帝时期的“党锢之狱”比汉桓帝时期的“党锢之狱”规模要大了很多，不但打击面扩大了，而且党人的下场也很凄惨。牵连进这次“党锢之狱”的有六七百人，有的被处死，有的被流放，有的被罢官。

好歹汉桓帝时期，成年的皇帝还能做个调节阀，但是只有十三岁的汉灵帝，直接就被太监们玩坏了。在太监们的引诱下，汉灵帝成了一个极度追求淫欲的皇帝。灵帝与众多姬妾在西园裸体游玩，为了盛夏避暑他盖了个“裸游馆”，先在西园修建了一千间房屋，让人采来绿色的苔藓覆盖在台阶上面，引来渠水绕着各个门槛，环流过整个裸游馆。他选择玉色肌肤、身体轻盈的歌女执篙划船，摇漾在渠水中。在盛夏酷暑，他命人将船沉没在水中，观看落在水中的裸体宫娥们玉一般华艳的肌肤，然后再演奏《招商七言》的歌曲用以招来凉气。渠水中所植的荷花莲大如盖，高一丈有余，荷叶夜舒昼卷，一茎有四莲丛生，名叫“夜舒荷”。又因为这种莲荷在月亮出来后叶子才舒展开，又叫它“望舒荷”。在这个恍如仙境的花园里，灵帝与美女在裸游馆的凉殿里裸体饮酒，嬉戏追逐，一喝就是一夜。他感叹说：“假如一万年都如此，就是天上的神仙了。”

汉灵帝原本的皇后宋皇后因为老说一些让汉灵帝节欲的话，被废了。之后两年，灵帝耽于淫乐还没有打算再册立皇后。朝臣上表请求他赶紧确立中宫，因为这是国家的一个象征。灵帝便册立了贵人何氏为皇后。何皇后的出身很微贱，她是一个杀猪屠夫的女儿。何氏的容貌美艳无比，她身高七尺一寸，肌肤如雪，亭亭玉立。灵帝一见到何氏就喜欢上了她，于是她夜夜独占灵帝，后宫又多了许多枯灯中打发寂寞光阴的女子。几度春风之后，何皇后怀孕生下了皇子刘辩。何皇后的兄长何进被封为侍中，她已故的父亲何真追封为车骑将军。

不过汉灵帝成年亲政后，也不是一味地对宦官好，有时候也不留情面，尤其是牵扯到钱的时候。当时东汉被征服羌人的战争给拖垮了，国库空空如也，根本没有什么钱，再加上连年水灾旱灾的税都收不上来，汉灵帝就只能自己找路子发财。法子有一个现成的，在汉桓帝时期已经实行过，就是卖官。

汉灵帝考察了汉桓帝时期的卖官政策，表示太不符合市场规律了。他自己在政府内部公开招标，三公级别的一千万，部长级别的五百万，而且这官还做不长，因为做一段时间就要贡献出来重新出售。可是这么多钱很多人拿不出来，汉灵帝很开明地说："可以按揭，分期付款！"分期付款的钱从哪里来呢？汉灵帝心里跟明镜一样，当然是贪污了，他知道人们抢着当官是为了什么，所以这卖官的买卖做得很红火，他的手里也就逐渐有了点钱，一部分存在京城，一部分存在家乡河间。可能是预备将来退休之后去河间养老用的。

当时，崔烈想要当司徒，汉灵帝管他要一千万，崔烈表示现金没那么多，固定资产也不够抵押，看看能不能便宜点，反正现在投标的人不多。汉灵帝的奶娘也来求情，他就很为难地以五百万的价格五折给卖出去了，后来他就后悔了，说："卖便宜了，这个买卖赔本了，本来可以卖到七百万，结果少了两百万！"

过了几天，一个叫阳球的人买了个司隶校尉来干，上任之后，就查出来大太监王甫家里很有钱，而且有贪污的证据，结果汉灵帝听说王甫有钱，顿时怒了：查，给我一查到底！结果查出来有七千多万。汉灵帝气得发晕，我卖一个太尉才收一千万，他家里居然有七千万，这也太过分了吧，拉到监狱里给我狠狠打！结果王甫就被阳球活活打死在了监狱里面。王甫一死震动京师，老百姓还以为咱们的皇帝终于圣明了一把呢，原来这一切都是因为钱给闹腾的。汉灵帝这么闹腾，使劲弄钱，但钱还是不够花，为什么呢？因为黄巾军来了。

第九章 军阀混战，汉帝国步入末日

从东汉末年到三国时期，是一个暗无天日的乱世，各种外戚和宦官、各种豪强和诸侯均粉墨登场，为了自己的私欲烧杀抢掠，荼毒百姓，戕害人民。但这个时期，也是一个英雄辈出的时代，不知多少盖世英雄在这个时期大显身手，叱咤风云，正所谓江山如画，一时多少豪杰。除了雄主枭雄如曹操、刘备、孙权外，还有诸葛亮、关羽、张飞、赵云、马超、周瑜、鲁肃、陆逊、荀彧、郭嘉、贾诩、典韦、许褚等诸多文臣武将被千古传唱。这是一段扑朔迷离的历史，这是一段催人奋进的故事，这是一个经久不衰的话题。

苍天已死，黄天当立

公元184年的东汉朝廷，君臣都在变着花样作死。汉灵帝正想方设法敛财，朝里的诸公也正忙着争斗，清流要整死宦官，宦官也要整死清流，外戚一会儿帮宦官，一会儿帮东林党。大家正打得不亦乐乎的时候，突然“砰”的一声，发生了一件惊天动地的大事：黄巾起义了。

其实在公元183年，就已经发生了全国性的大旱，不少地区颗粒无收，而喜欢作死的汉灵帝竟然不减赋免税，这简直就是“官逼民反”的节奏啊。于是在重灾区冀州，跳出来一个叫张角的人，自称“天公将军”，号召已经吃不上饭，眼看就要饿死的灾民：“苍天已死，黄天当立，岁在甲子，天下大吉。”“苍天”指汉王朝，汉代官员军队的衣服以苍青色为主。“黄天”是指黄巾起义军。而且根据五德始终的说法，汉为火德，火生土，而土为黄色。戴上黄头巾，就能灭了汉朝，天下大吉了。大伙一听眼睛都红了，操起砍柴的柴刀，割麦子的镰刀，刨地的锄头，烧毁官府、杀害吏士、四处劫略，一个月内，全国七州二十八郡都发生了起事，黄巾军势如破竹，州郡失守、吏士逃亡，震动京都。

其实，张角要起事已经预谋了很久了。在黄巾起义之前，东汉就已经有了许多的地方起义，而这些起义几乎都打出了某位尊神的名号，并以其为领导者的自称。据史书记载，黄帝、黄帝子、黑帝、无上将军、真人、太初皇帝等旗号都打出来过。这些名号，并不是随随便便打出来的，每种名号都代表了某种宗教信仰。虽然这些起义最终都以失败告终，但给了不安分的张角一个很好的借鉴：以宗教的名义发动农民起义，很有效；同时张角也得到了一个宝贵的经验：这些宗教都太没有组织性了，简直就是乌合之众。

因此，张角准备自己创立一个宗教，然后在合适的时候给腐败的东汉一刀。张角领着两个弟弟张宝、张梁，创立了一个叫太平道的组织。为什么叫这个名字呢？因为张角有一部号称天授神书的《太平经》，故以此为名。

张角担任太平道的掌门人，自称大贤良师，持九节杖，在民间传统医术的基础上，加以符水、咒语，为人治病。并以此为掩护，广泛宣传《太平经》中关于反对剥削、敛财，主张平等互爱的学说、观点，发展了很多信徒。张角又派出八个弟子，到四面八方去宣传教义，发展徒众，“以善道教化天下”。十余年间，太平道信徒遍布青、徐、幽、冀、荆、扬、兖、豫八州，达数十万人。信徒主要是农民，也有城镇手工业者，甚至个别官吏、宦官也都入了教。张角将教徒划分为三十六方（即教区），大方万余人，小方六七千人，每方设渠帅负责统领。

公元184年，张角眼看起事的时机差不多了，就准备在这一年的三月五日举行大起义，命令各方首领及信徒开始着手准备。一大方的渠帅马元义潜入京城洛阳，发展了宦官中常侍封谞、徐奉为内应，准备里应外合。可是在起义前一个月，太平道教徒济南人唐周叛变，向东汉政府告密，起义计划泄露。张角鉴于起义之事已暴露，当机立断，连夜通知三十六方，即刻举行起义。于是，轰轰烈烈黄巾起义爆发了，以势不可当的姿态席卷全国。

汉灵帝一见太平道如此厉害，慌了手脚，赶紧让大将军何进率左右羽林军驻扎在都亭，把京师守住；又命令自函谷关、大谷、广城、伊阙、轘辕、旋门、孟津、小平津等各京都关口，都驻扎上军队，这下才稍微放心点了。接着就下诏各地严防，命各州郡准备作战、训练士兵、整点武器、召集义军。

这时候有个叫皇甫嵩（东汉末名将）的上谏要求解除党禁，拿出皇宫钱财及西园良马赠给军士，提升士气，而吕强（东汉宦官）又对灵帝上言："党锢之祸积怨日久，若果与黄巾合谋，恐怕已经无救了。"汉灵帝接纳提案，于是大赦党人，发还各徙徒，要求各公卿捐出马、弩，推举众将领的子孙及民间有深明战略的人到公车署接受面试。

然后拜卢植为北中郎将，命护乌桓中郎将宗员任其副手，率领北军五校（即屯骑、越骑、步兵、长水、射声五营）的将士，前往冀州与张角主力周旋。又拜皇甫嵩为左中郎将、朱儁为右中郎将，各领一军，讨伐颍川一带的黄巾军。

汉军在首战并未得利，这年四月，朱儁军就被黄巾波才（黄巾军将领）击败，把朱儁围困在长社（古县名，治所在今河南长葛东）。皇甫嵩赶紧过来支援，一起进驻长社防守，却被波才率大军围城，汉军人少，士气低落。

五月，京师又派曹操率军支援皇甫嵩。不过援军快到时，皇甫嵩已心生一计，傍晚时分吹起大风，皇甫嵩命士兵手持火把暗暗出城，利用黄巾军营寨周围的杂草，用火攻大破敌人，大呼进攻，城上亦举出火把响应，皇甫嵩以鼓助战，冲入敌阵，黄巾军大乱，四处奔走。加上曹操的援军到了，黄巾军被皇甫嵩、朱儁和曹操三面夹击，大败。

皇甫嵩与领朱儁军继续进击汝南、陈国的黄巾军，追击波才到阳翟，并在西华大败彭脱（黄巾军将领），剩下的军队想逃到宛城，却被朱儁的部下孙坚抢先登城，于是大军前后夹击，大破黄巾军。至此，豫州一带的黄巾军基本被荡平。

另一方面，卢植也与张角打了几场恶战，张角损失了万多人，于是撤退到广宗固守，卢植建筑拦挡、挖掘壕沟，制造云梯，马上就能攻下城池。正好汉灵帝派左丰（东汉宦官）视察军情，有人劝卢植贿赂左丰，但卢植不愿意，结果左丰就向灵帝诬告卢植作战不力。汉灵帝一听大怒，让人把卢植抓回京，接着下诏重新调整战略：皇甫嵩北上东郡；朱儁则攻南阳的赵弘；而以董卓代替卢植。

朱儁与荆州刺史徐璆及南阳太守秦颉共率一万八千兵围攻赵弘，但从六月打到八月，也没有能攻克，京师有人上奏议要把朱儁调回来，但太尉张温反对，汉灵帝才作罢。得到这个消息的朱儁着急了，下令急攻赵弘，赵弘被杀，由韩忠继任。但朱儁兵力实在太少，于是解散城围，建筑阵垒，堆砌土山，面对城内，鸣鼓呐喊，摆出进攻城西南的态势。黄巾军被引开，朱儁则亲率五千精兵掩杀东北，偷袭敌人后方，攻入城池，韩忠唯有退守小城。韩忠打了败仗，就想投降，但朱儁不接受，他认为如接受的话，会给百姓“有利为贼，无利乞降”的错误观念。但打了几战也没能打败，朱儁登上土山查望黄巾军营，突然明白黄巾军没有退路，求降不得只能尽力一战，所以未能攻克。于是朱儁围三缺一，韩忠果然偷跑，朱儁随后追杀数十里，斩杀万多人，韩忠投降被杀。这导致余下的黄巾军更不会投降，又推孙夏为帅屯兵宛中。朱儁再次进攻，孙夏败走，汉军追至西鄂精山，斩杀孙夏及数万人，黄巾军解散，宛城一带也就此平定。

皇甫嵩在八月到达东郡，大破黄巾军，斩杀七千多人。这时，张角占据广宗，控制河北腹地，卢植为宦官所诬，被召回，而董卓进攻张角不利，汉灵帝便让皇甫嵩继续北上。在这紧要关头，张角病死。张梁继任首领，皇甫嵩进攻广宗，没能得手。第二天，皇甫嵩闭营与士兵休息，同时派人观察敌军举动，黄巾军于是放松警惕，皇甫嵩便乘夜率兵，在黎明时分突袭敌阵，战至下午，成功大破敌军，斩杀张梁及三万多人，逃走到河堤时溺死的有五万多人，焚烧车辎三万多辆，虏获人数甚多。而张角则被“破棺戮尸，传首京师”。十一月，皇甫嵩与巨鹿太守郭典攻打下曲阳，成功斩杀张宝，俘虏十多万人，黄巾之乱平息。

战事虽被平息，但这对汉室威信是一次严重的打击。然而，汉灵帝完全没有接受教训，照样享乐、卖官。于是各地因此不断发生小型叛乱，如黑山、白波、黄龙、左校、牛角、五鹿、羝根、李大目、左髭丈八、苦蝤、刘石、平汉、大洪、白绕、司隶、缘城、罗市、雷公、浮云、飞燕、白爵、杨凤、于毒等，势力小的有数千人，势力大的甚至有百万人，如张燕的黑山贼。

公元 188 年，黄巾军又进行了一次较大的起义，太原郡、河东郡、汝南郡几乎全部失陷，青州、徐州的黄巾军也死灰复燃。为了镇压平乱，汉灵帝接受太常刘焉的建议，把部分刺史改为州牧，由宗室或重臣担任，拥有地方军、政之权，以便加强地方政权的实力，更易控制地方，有效进剿黄巾余部。这一次权力的下放，助长地方军阀拥兵自重，互相攻击，逐鹿中原，甚至东汉皇帝也成了军阀手中的玩物。所以黄巾民变是促使东汉灭亡的导火线，也是三国时代的序幕。

董卓逆行倒施

要说东汉末年的历史，有一个不能绕过的人物，就是董卓。董卓到底是怎样的一个人呢？董卓字仲颖，陇西郡临洮县人。陇西郡临洮县地处凉州，是西北边陲，土地贫瘠，并长期与游牧民族交战。凉州人以射猎为业，居无定所，过着刀口舐血的生活。所以凉州的民风之彪悍，据全国之首。

董氏是当地的豪族。《三国志》说，董卓臂力过人，身背两弓，骑马奔驰之际，能左右开弓，其骑术、射术和力量都很厉害。又说，董卓好游

侠，在凉州有相当高的知名度，并且在羌民中颇有威名。郡太守和州刺史非常欣赏他，都曾招他做官。董卓担任地方武官时，在与游牧民族的战斗中打出了名声，也积累了丰富的作战经验。

汉桓帝末年以“六郡良家子为羽林郎”。六郡指天水、陇西、安定、北地、上郡、西河。此六郡都属于与游牧民族交界地区，此地人多骁勇。羽林郎是皇帝的卫士。董卓被选进去了，这是董卓一生中的重大转折。能被选为羽林郎，说明董卓已经被东汉中央政府所看重。

董卓当上羽林郎后不久，就被人推荐为军司马，回到凉州参加对羌族的战争。战争结束后，董卓“拜郎中，赐缣九千匹”。但董卓把这九千匹缣全分给了部卒。此后董卓“数讨羌胡，前后百余战”，也因战功由郎中迁升为广武令、郡守北部都尉、西域戊已校尉，一直征拜至并州刺史、河东太守。至此，董卓可谓平步青云。

不过，董卓曾讨黄巾失败，被免官。但董卓善于钻营，贿赂十常侍，当凉州战事再起，董卓又被起用。东汉政府为了巩固西北边防，需要董卓这样的人。但董卓长期在凉州作战，掌握凉州的军政大权，东汉政府便开始对其不放心了，先后两次要董卓到洛阳来任职，借以夺其兵权。但每次一调任，凉州的羌族就开始搞事，董卓就赶紧告诉朝廷，这边又发生动乱了，我离不开啊。至于这些羌族和朝廷为什么这么有默契，就不是我们所能猜测的了。

东汉政府还想过让皇甫嵩以武力解决掉董卓，董卓便屯兵河东郡，东汉政府终于还是不敢发难。屯兵河东以后，整个陇西便成了董卓的势力范围。手中强大的实力，让董卓的野心极度膨胀，开始有了问鼎中央政权的计划。

董卓能进洛阳当政，还得感谢一个人，就是大将军何进。何进本来是个屠夫出身，因其妹嫁入宫中被立为皇后才受到重用，官拜大将军，手握兵权。但大将军的头衔也不能掩盖他的愚蠢，东汉彻底灭亡有其很大的责任。

汉灵帝死后，当时十常侍要立陈留王刘协，也就是后来的汉献帝为帝，并且得到了后宫董太后的同意，而何进主张立何皇后之子也就是少帝刘辩为帝，两派的矛盾很激烈，都想置对方于死地。后来何进直接在汉灵帝的灵堂上立了何皇后之子刘辩为帝，算是先胜了一筹。何进本想趁机把十常侍一网打尽，但迫于何皇后的压力一直没能下手，况且十常侍手里还有军队，不解决这个问题，风险太大。

十常侍手里的军队就是公元 188 年组建的西园新军。西园新军有八校尉，袁绍是中军校尉，曹操是典军校尉，但大权掌握在宦官、上军校尉蹇硕手中，连大将军何进也要听从他的指挥。何进不久之后拉拢了袁绍等人，除掉了蹇硕。但蹇硕虽死，宦官的势力并没有被彻底铲除。于是何进想借地方军阀的力量消灭十常侍，就偷偷地征召地方的军队进京。尤其值得一提的是，他征召西凉军阀董卓进京。

太监们知道何进的打算后，就要先下手为强，假传何太后懿旨，骗何进进宫去。何进以为真的是他妹妹召他进宫，没有防备，刚进宫就被十常侍埋伏的人斩首。何进死后，袁绍等人马上就冲进宫内诛杀十常侍。十常侍立刻携刘辩和刘协出逃，后来曹操在路上将刘辩和刘协找到。

正当东汉政权因为十常侍之乱舔舐伤口时，董卓领着他的西凉骑兵到了洛阳。董卓刚到洛阳时，洛阳还有不少的武装力量，有何进为讨黄巾在全国各地募集的军队，车骑将军何苗（何进之弟）的部队，武猛督尉丁原率领的并州军。董卓先派他弟弟董旻诱使何苗的部下吴匡杀掉何苗，何进、何苗的部队群龙无首，只有任董卓收编。然后董卓又诱使吕布杀掉丁原，扶植吕布为并州军阀的新首领，于是基本上招降了并州军。至此董卓手握重兵接管了东汉政府。

董卓虽然为人很狡猾，带兵打仗还算有一手，但在政治上却是一个低能儿。董卓一上台，就干了一件很招人诟病的事情：废少帝、立献帝。

董卓无论是想做治世之能臣，还是乱世之枭雄，都不应该干这事。忠臣能废立皇帝吗？当然不能，干了这事就不是忠臣；奸臣为什么要废立皇帝？皇帝昏庸不是正好行篡位之事吗？董卓真的应该好好学学王莽，王莽的篡位可谓是标准的教科书式的典范。当然，董卓废少帝立献帝是有其理由的：献帝为王美人所生，董太后所养，董卓与董太后是远亲，董卓立献帝后，以外戚身份辅政就名正言顺了。但董卓没有把这件事做漂亮，给了人太多的攻击把柄。尤其是名士，也就是清流，开始跟他势不两立了。

董卓刚到洛阳时，就把当初受了党锢之灾的名士们都平反了，蔡邕就是其中的一个，所以名士们对他还是有期待的。但他做了废立皇帝的举动，跟名士的关系一下就僵了。

还有一件败笔是董卓不能有效地约束兵士。董卓的嫡系是西凉兵，在凉州野惯了，到了洛阳城里，还要抢劫富户，奸淫妇女。洛阳是京城，能在这里居住的可都是有钱有势的人家，跟朝堂上的官员、皇亲国戚都有千丝万缕的关系。他的军队这么一干，就把所有的利益阶层都得罪了。

于是，被董卓赶出朝廷的袁绍、曹操等人，振臂一呼，召集了十八路诸侯，一起讨伐董卓。这件事情也加速了各路军阀的形成。汉灵帝末年将刺史改成州牧，这些掌握了一州军政大权的要员们，虽然已经尾大不掉了，也只能偷偷摸摸地积蓄实力。但现在有了征兵的借口了——讨伐逆贼董卓。于是各路诸侯都开始明目张胆地扩张军队，相互之间也盯着对方的地盘。在这种情况下，十八路讨伐董卓的诸侯就成了一盘散沙，就连盟主袁绍也在打着自己的小算盘。

十八路诸侯虽然各怀鬼胎，但声势很是浩大，给了董卓很大的压力。于是他想到从洛阳迁都长安，一者距离东方的诸侯路途遥远，且有函谷关之险可守；二者董卓是西凉人，所用的是西凉的兵，长安离他的老家近些。

迁都的理由还算充分，但董卓却又一次干砸了。他命令手下的军队，逼着人民迁徙。当时洛阳居民共有数百万人，互相踩踏。有饿死的，也有遇着抢劫而死的，死尸堆满在路上。他自己带兵，仍留在洛阳附近，一把火，把皇宫、官署、民居都烧毁了，最后导致洛阳二百里内再无人迹。他又让吕布把汉朝皇帝和官员的坟，都掘开了，把坟中所葬珍宝取去。

如果这时候，十八路诸侯能够勠力同心，董卓这么残暴的军队实在是不堪一击的。但这些州牧、郡守，都只想占据地盘，保存实力，没有一个肯先进兵。其中只有曹操，决定去追击董卓。但是其他诸侯没有一个愿意跟曹操一起，曹操只好独自进兵。当时董卓的兵力合众诸侯的力量以攻之，虽然有余，单靠曹操一个人的力量，自然不够。曹操兵到荥阳，就被董卓的部将徐荣打败。然而曹操的兵虽少，却能力战一天，徐荣以为诸侯的兵都是如此，也就不敢追赶了。

董卓到长安后，守住潼关，自以为可以高枕无忧了，没想到却祸起萧墙。董卓手下的军队主要分为凉、并两派。凉州派有李傕、郭汜、胡轸、樊绸、张济等人，并州派主要有吕布、张辽、李肃、杨奉。

在洛阳董卓利用吕布杀死丁原，兼并了并州军。丁原死后，吕布成了并州军的首领。董卓一心笼络吕布，与他“誓为父子”，但并州兵将与凉州兵将的关系却十分紧张。并州军被兼并，是不会完全甘心的，然而处于被压抑的地位。而凉州军以胜利者自居，没有把并州军放在眼里，甚至对吕布也是如此。董卓曾派胡轸为主将，吕布为副将攻打孙坚。胡轸曾扬言要杀了吕布以整肃军纪，吕布等并州兵将对凉州军的不满与日俱增。而且董卓的脾气也很坏，有一次吕布冒犯了他，董卓就拿起短剑向他掷去，吕布虽不敢发作却怀恨在心。而且吕布曾和董卓的婢妾貂蝉私通，这也让吕布内心更加不安。

老奸巨猾的司徒王允看出了这个矛盾。王允是利用与吕布同乡的关系极力拉拢吕布，目的很明显，就是借刀杀人。由于凉州军和并州军矛盾激

化，吕布又对董卓不满，在王允的挑唆下，终于决心杀掉董卓以自立。于是王允、吕布利用凉州军主力在关东讨伐袁绍的机会，刺杀了董卓。董卓死后，其部将李傕、郭汜等人攻入长安，赶走了吕布，再次挟持了汉献帝。

曹操的崭露头角

曹操（公元155~220年），字孟德，一名吉利，小字阿瞒，沛国谯县（今安徽亳州）人。曹操是东汉末年杰出的政治家、军事家、文学家、书法家，是东汉末年第一流的人物，在中国历史上也是一个了不起的人物。

曹操出生在宦宦世家，是汉相曹参之后，曹操的父亲曹嵩是宦官曹腾的养子，曹腾历侍四代皇帝，有一定名望，汉桓帝时被封为费亭侯。曹嵩本姓夏侯，是夏侯婴的后裔，过继给曹腾后，继承了曹腾的侯爵，在汉灵帝时官至太尉。

年轻时候的曹操任性好侠、放荡不羁、不修品行，曾经和袁绍这些纨绔少年一起干过很多荒唐事。

公元174年，二十岁的曹操被举为孝廉，不久被任命为洛阳北部尉。曹操的家庭虽然与宦官派系有拉扯不清的关系，但他自己却比较认同清流的理念。在洛阳北部尉任上，曹操对宦官毫不留情，将很受皇帝宠幸的宦官蹇硕的叔叔杖死，彻底反出了宦官派系。后曹操以“能明古学”，征拜为议郎。当曹操任议郎时，在舆论有利的情况下，即举起了反宦官的旗帜。曹操还曾向皇帝上书，为被宦官残害的窦武、陈藩摇旗呐喊。他上书说陈武等“正直而见陷害，奸邪盈朝，善人壅塞”。曹操连续上书，斥责宦官，这种行动引起人们的赞赏。此后，曹操以骑都尉率军镇压过颍川的黄巾军，迁为济南相，再后就担任西园八校尉之一的典军校尉。

风云突变，因为十常侍之乱，大将军何进身死，袁绍等人虽然诛灭了宦官，政权却落入董卓手中。对袁绍、曹操来说，当然是不甘心的。与董卓决裂之后，袁绍离开洛阳，投奔冀州。由于曹操在洛阳的声望，董卓企图加以拉拢，任他为骁骑校尉。因为反对董卓，曹操逃出洛阳，来到陈留，在陈留太守张邈的引介下，结识了当地的著名游侠卫兹。在卫兹的资助下，曹操拉起了一支五千人的队伍，与张邈联合举兵，反对董卓。

但是荥阳一战，曹操为徐荣所大败，“士卒死伤甚多”，卫兹战死，曹操本人也被“流矢所中”，仅以身免。不久，曹操带同夏侯惇等人到扬州募兵，刺史陈温、丹阳太守周昕给予四千多人，出来大力支持曹操的仍是袁绍。

公元 191 年，黄巾军余部“黑山贼”进入东郡，东郡太守王肱不能抵御，曹操带兵支援，并击败黑山贼。在袁绍支持下，曹操被任为太守，从而取得了东郡地盘，从此开始稳定和发展。

当时的幽州牧是汉朝宗室刘虞。他颇为仁厚，为官甚有贤名，颇得百姓爱戴。幽州有个军官叫作公孙瓒，性情桀骜，而且手下兵强马壮，自然有了不臣之心。在董卓专权之后，公孙瓒与刘虞的关系就更加恶化。汉献帝既然是董卓所立，就不算合法的皇帝。于是袁绍和冀州牧韩馥联合，要推刘虞做皇帝。但刘虞不愿意做傀儡皇帝，反派人到长安去，朝见献帝。献帝正为董卓所困，想要脱身而无法，见刘虞的使者来，大喜。此时刘虞的儿子刘和，还在长安做官，献帝就叫他回见父亲，密传诏旨：令刘虞派兵来迎。

刘和不敢走函谷关大路，打算从现在商县东面的武关出去。刘和从武关出来，经过南阳，便被南阳太守袁术扣住，然后派人去告诉刘虞，叫他派兵来和自己的兵会同西上。刘虞果然派了几千个兵马来，叫刘和统带。但这件事被公孙瓒知道了，力劝刘虞不可派兵。刘虞不听，公孙瓒便串通袁术把刘和拘留起来，而把刘虞所派的兵夺去。这样既阻止刘虞迎驾的成功，又可和袁术相联结，他的阴谋似乎稳操胜算了，于是志得意满，带兵侵入冀州，想夺冀州牧韩馥的地盘。谁知螳螂捕蝉，黄雀又随其后。韩馥抵挡不住公孙瓒的攻击，一怒之下，就弃官而去，把冀州让给袁绍。

袁绍的袁氏家族“四世三公”（就是连续四代都有人作司马、司徒、司空这样的高官），归心于他的人很多，其才能，比之韩馥，自然也要高出几倍。公孙瓒偷鸡不成蚀把米，赶走了韩馥，反而让袁绍得了便宜，自然是要与袁绍互相吞并。

曹操做东郡太守的第二年，青州黄巾攻入兖州，兖州刺史刘岱被杀。济北相鲍信赏识曹操，就劝刘岱手下的人共迎曹操为兖州牧。此时黄巾军声势浩大，曹操和鲍信进兵讨伐，鲍信力战而死，曹操把黄巾军打败。黄巾军投降的共有三十多万人，曹操把黄巾军精锐的留下，编成军队，称为青州兵。这些都是百战的悍贼，于是曹操不但得兖州为地盘，手下的军队也比较强了。

这时的各路诸侯，基本上可以分为两个集团：冀州的袁绍、兖州的曹操、荆州的刘表是一个派系；幽州的公孙瓒、寄居荆州境内的袁术和豫州的孙坚、徐州的陶谦是另一个派系。

两个集团开始分成北线、南线和东线三个战场，捉对厮杀。

在北线，公孙瓒出兵进攻袁绍，并发动刘备和陶谦抄袁绍后路。但公孙瓒主力被袁绍打败，刘备和陶谦也被袁绍、曹操联合打败。

在南线，袁术派孙坚攻刘表，一路披靡，围困荆州首府襄阳，但孙坚在得意忘形之下，被刘表的军士射杀了，刘表接着就进兵截断袁术的粮道。

在东线，袁术联合黑山贼进攻曹操，大败。退保雍丘，又败，只得逃到九江。袁术逃到九江之后，将扬州刺史杀掉，占据其地。其首府寿春邑虽然是东南重要的都会，但离北方的政治中心已经比较远了。陶谦趁曹操与袁术交锋，又一次发动大军进攻曹操，攻取了山东的泰安、费县，进逼济宁。曹操回军进攻陶谦，连破了十几座城池。第二年又继续进攻，直打到徐州东境。

眼看曹操就要吞并了徐州，却突然跳出一个吕布来。吕布杀死董卓后，被董卓的手下打出长安，便去投奔了袁术。但因袁术不满他自恃有功而十分骄恣，所以被拒绝，于是吕布改投袁绍，帮助袁绍攻打常山强盗张燕。吕布的武艺是颇为高强的，他手下的军队亦颇精练，马队尤其得力，攻张燕时，常和其亲近将校冲锋陷阵。但吕布在袁绍处没多久，便又站不住脚，就又去投奔了陈留太守张邈。

张邈与曹操本来是老交情。曹操起兵讨董卓，就是张邈最先赞助他的。曹操东征徐州陶谦，还对家属说："我如果死了不回来，你们可以去依靠张邈。"曹操的老部下陈宫，很受曹操信任，被曹操委派留守东郡。但这两人却突然反曹了。汉献帝五年（公元 194 年）夏，曹操在徐州与陶谦交战，张邈、陈宫迎来吕布，并反叛了曹操，兖州郡县到处响应。曹操后方的大本营，由谋士荀彧、程昱主持，只守得鄄城（在河南省濮阳东）、范（今河南省范县）、东阿（今山东阳谷县阿城镇）不失。曹操东征的兵力回军来救，与吕布相持。

相持百余日，蝗虫大起，谷一斛卖到五十多万钱。汉朝的一斛，相当于后来的二斗，谷价廉贱时，一斛只卖三十个铜钱。现在卖到五十多万钱，是相当于高出两万倍了。此种情况下，曹操只得把手下的兵遣散一部分；吕布也只得移屯山阳（汉郡，今山东金乡县）。第二年情况好转，曹操就击败了吕布。

曹操退兵后不久，陶谦生病去世了。陶谦死前，命别驾糜竺往迎刘备为州牧。刘备当上徐州牧，恰逢吕布被曹操打败，就去投奔刘备，刘备就收容了他。

刘备在徐州立足未稳，尚有袁术在一边虎视眈眈，不足为曹操之患，曹操就得以分兵西迎献帝了。

挟天子以令诸侯

再说长安城里。公元 192 年董卓被杀后，董卓的部将李傕、郭汜、张济、樊稠等进攻长安，打败吕布，杀死王允，把持朝廷大权。后诸将不和，李傕杀死樊稠，又与郭汜分别劫持了汉献帝和众臣，相互交战。李傕、郭汜相攻数月，死者万数，长安城几乎变成一片废墟。张济率兵赶来和解，于是二人罢兵。不久，献帝在原李傕部将杨奉、牛辅部曲董承等的护卫下，摆脱了李、郭的控制，逃往弘农，进驻安邑。后来又辗转东行。公元 195 年冬天，献帝逃到河东。公元 196 年夏，献帝回到洛阳。

汉献帝在河东时，曾有诏书叫吕布去迎接他，但吕布这时正被曹操打败，漂泊无归，找不到一个地盘，开拔费都筹备不出来，因此没能去。后来汉献帝又靠河内太守张杨帮助，才回到洛阳。到洛阳后，杨奉和张杨出屯护卫洛阳，韩暹和董承则留在京中守卫皇宫。韩暹和董承争权，董承便去勾引曹操，叫他进京。

献帝回洛阳未久，曹操也就到了洛阳。曹操手下的谋士董昭对他说："在这里，人多主意多，由不得你一个人做主。不如把皇帝搬到许昌，只说是洛阳饥荒，为就粮起见。到那里，就离你的兖州近了，脱出了这班人的势力范围了。"曹操说："这是个好主意。但杨奉愿意放我们走吗?"董昭说："杨奉勇而无谋。我们只要再写封信敷衍他，而且送他些礼物，就能糊弄过他。到他醒悟，已经晚了。"曹操听了董昭的话，一面写信送礼物给杨奉，一面就把汉献帝搬到许昌。果然，杨奉觉悟了，想要在路上拦阻，已经来不及了。

董承本来是牛辅（董卓的女婿）的部将，后来女儿嫁给了汉献帝，成了外戚。他叫曹操进京，也不过是想借曹操的力量，排除异己罢了，哪里想得到曹操直接把都城搬到了许昌，悔之晚矣。但到这时候，曹操势力已成，实际获取了高出所有文臣武将的地位。从此，曹操借天子以自重，掠取了河南大片土地，甚至关中的割据势力也纷纷来归附，势力发展很快。但这件事情，却引起了一个人的不快，就是曹操的老大哥袁绍。

袁绍，字本初，出身于汝南袁氏，这是当时最大的世族高门之一。他的高祖父袁安担任过东汉王朝的司徒，此后，袁敞任司空，袁汤任太尉，袁绍的父亲袁逢、叔父袁隗也都是三公。“自安以下四世居三公位，由是势倾天下。”袁绍出生如此显贵，按理说应该前程似锦，但他有一个致命的弱点。这个弱点是，他不是袁逢的嫡子，而是庶出的。对自身的这个弱点，袁绍是心知肚明的。为此，他刻意为自己制造名声。此外，在东汉王朝以孝治天下时，袁绍也竭力表现出他是一个孝行的实践者。袁绍就以这些方法来“养名”，克服自身庶出的弱点。

除此之外，袁绍还是当时有名的游侠。东汉末年的游侠，是这个战乱时代的产物。关于袁绍的游侠生涯，《后汉书》是这么说的：“绍有姿貌威容，爱士养名。既累世台司、宾客所归，加倾心折节，莫不争赴其庭，士无贵贱，与之抗礼，辎（左车右并）柴毂，填接街陌。”当时，一拨青年才俊如何颙、张邈、许攸、伍琼以及曹操，都是跟着袁绍混游侠的。党锢发生时，袁绍冒着生命危险，救下不少遭到迫害的党人。这种的行动，“救时难而济同类”，是当时游侠的一种最高准则。大宦官赵忠听说了袁绍的这些事，就在朝廷里说：“袁本初坐作声价，好养死士，不知此儿终欲何作！”叔父太傅袁隗听见了，赶紧回骂了袁绍一顿，然“绍终不改”。至此，袁绍已是天下闻名。董卓专权后，十八路诸侯起兵讨伐，袁绍就依靠他的名望做了盟主。

袁绍当上盟主之后不专心打董卓，却一心抢地盘。手下的谋士沮授曾建议袁绍把汉献帝这面旗帜抢到手，但当时袁绍还在与公孙瓒纠缠，就没顾得上。但这会儿一看曹操“挟天子以令诸侯”，得了老大好处，袁绍就眼红了，于是写信给曹操，要求迁都鄄城。谁知曹操不但一口回绝，而且还怂恿汉献帝下诏书责备他说：“你地广兵多，而专门树立私党；不见你出师勤王，但见你发兵与他人互相攻伐。”袁绍知道是曹操在捣鬼，但也只得上书为自己申辩。曹操自任大将军，而任袁绍为太尉，改封邺侯。太尉虽贵，却在大将军之下。这下袁绍真怒了，上表不受封拜，愤愤地说：“曹操几次差点死了，全赖我救了他，可今天他反以天子的名义对我发号施令！”

这时的曹操，实力不如袁绍，且东有徐州吕布、西有南阳张绣、南有淮南袁术，皆虎视眈眈，曹操只能采取克制忍耐的策略。公元 197 年，曹操派孔融持天子符节出使邺城，拜袁绍为大将军，让他兼管冀州、青州、幽州、并州四个州，这才把袁绍暂时安抚下去。

公元 196 年，刘备在徐州立足未稳，袁术就派兵来攻击。袁术和刘备本来是一条战线上的，这时却贪图刘备地盘，反而进攻刘备。刘备和袁术相持，吕布便趁机偷袭刘备，占领了徐州。刘备腹背受敌，只得遣人求和于吕布。吕布也要留着刘备以抵御袁术，就让他屯守小沛。不久，吕布又后悔了，率军进攻小沛。刘备战败，前往许都投奔曹操。曹操给予刘备兵马粮草，让刘备做豫州牧。

公元 197 年，袁术在寿春称帝，成为众矢之的。手下的大将孙策（孙坚长子）也与他决裂，在江东自立，使得袁术丧失广陵、江东等大片土地。接着是吕布大败袁术军，在淮北大肆抄掠。曹操也亲自征讨袁术，在蕲阳擒斩袁术大将桥蕤、李丰、梁纲、乐就。无奈之下，袁术只得重礼勾结吕布。吕布见利忘义，反复无常，就与袁术结盟。

曹操于是又率兵攻打吕布，大军包围了吕布据守的下邳城。曹操围攻三个月，决水围城，吕布走投无路，只得投降。吕布被押到曹操面前，要求松绑，曹操笑说：“捆绑老虎不得不紧。”吕布又说：“曹公得到我，由我率领骑兵，曹公率领步兵，可以统一天下了。”曹操颇为心动，但刘备在一旁说：“明公您看见吕布是如何侍奉丁建阳和董太师的吗?”因为刘备这句话，曹操不敢要吕布了。吕布死前说：“大耳儿刘备最不能相信!”最终吕布被缢杀，然后枭首。

失去同盟吕布的袁术在淮南不能立足，想去投奔袁绍，打下邳经过，曹操便派刘备去拦截他。刘备领兵把袁术拦截回去，袁术又气愤，又穷困，病死了。刘备却不准备再回许昌了，把徐州刺史车胄杀掉，屯兵小沛。曹操派刘岱、王忠去打刘备，都被刘备打败了。

其实，曹操最严重的外患，是驻扎在南阳的张绣。张绣是张济的侄子，张济死后他继承了位置。他背靠荆州，有刘表支援，是块难啃的骨头。公元197年，曹操安抚好了袁绍，就南征张绣。部队到达淯水，张绣听了谋士贾诩的建议，率众投降。但曹操不大地道，把张济的遗孀收入房中。张绣一看曹操想做他的便宜叔叔，大怒，于是趁夜偷袭曹操，毫无防备的曹操大败，长子曹昂、侄子曹安民被杀。曹操很不甘心，于是第二年再次南征张绣，包围张绣占据的穰城。但不久之后，曹操闻袁绍欲虚袭取许都，就立即从穰城撤退。

公元199年，张绣听了贾诩的建议，再次向曹操投降。张绣到许昌后，曹操拉着张绣的手，一起参加宴会，为自己的儿子曹均娶了张绣的女儿，并封张绣为扬武将军。而此时，袁绍终于彻底击败了公孙瓒，整合了冀州、青州、幽州、并州四州之地，拥有几十万军队，便开始准备进攻曹操。曹操基本上消灭了中原的各个诸侯。于是袁曹二人，各出全力，在现在河南境内的黄河沿岸，决一死战。

公元200年正月，董承预谋诛杀曹操的事情泄露，涉案人员更是一个不漏地被曹操杀掉。曹操发现刘备也是董承的同伙，立刻起兵东征。一场争斗之后，自然是刘备败了，便投奔袁绍去了。当时守下邳的是关羽，孤军自然难于抵抗，就暂时投降。

同年，袁绍发布讨伐曹操檄文，指控曹操“豺狼野心，潜包祸谋，乃欲挠折栋梁，孤弱汉室，除忠害良，专为枭雄”。袁绍派颜良等攻东郡。袁绍带着大兵，进至黎阳。荀攸因袁绍兵多，劝曹操引兵西向延津（黄河渡口，在今河南延津县北），装出要绕道袭击袁绍后方的样子，袁绍果然分兵而西。曹操就赶快引兵回来，把颜良击斩。于是袁绍整兵渡河，攻击曹操，大将文丑先到，曹操又把文丑击斩。

曹操破颜良、文丑之后，回兵官渡。袁绍便进兵阳武（今属河南原阳县），彼此相持。直到这一年八月里，袁绍才慢慢地进兵，靠着沙堆扎营，从东到西，连绵好几十里，曹操也分兵和他相持。袁绍在地面上筑起土山，地下掘了隧道，势要攻破曹操的营。

这时的曹操，兵力比袁绍弱，粮食也不够了。于是曹操不得不冒险了，准备袭击袁绍的粮道。当时袁绍有运粮的车子几千辆到了，曹操派兵袭击，把粮车尽数烧掉。但这并不能对袁绍伤筋动骨，到十月，袁绍运来另一批粮。

当时袁绍手下有一个谋士许攸，他投奔曹操，建议曹操轻兵奇袭袁绍的粮仓乌巢，烧其辎重。于是曹操亲自率领步骑五千，冒用袁军旗号，人衔枚马缚口，各带柴草一束，利用夜暗走小路偷袭乌巢。当曹军急攻乌巢时，袁绍增援的部队已经迫近。曹操孤注一掷，勠力死战，大破袁军，并将其粮草全数烧毁。

袁绍听得曹操攻打乌巢，对儿子袁谭说道：“我趁这时机，把他的大营打破，他就无家可归了。”遂派张郃、高览去攻曹操的大营，没能攻克。后来听得淳于琼被杀，张郃、高览就投降了曹操。这导致了军心动摇，内部分裂，大军崩溃。曹操乘胜追击，袁绍仓皇带八百骑兵退回河北。

公元202年五月，袁绍病死。袁绍之子袁谭、袁尚为争位失和，相互攻击，袁谭被袁尚打败，便派人求救于曹操。曹操见机会不可失，回兵攻取河北。公元204年八月，曹操攻下袁尚的根据地邺城（汉邺县，今河南临漳县），袁尚于是逃到中山（今河北定县）。此时袁谭已乘机占领了冀州的东部，就去攻击袁尚，袁尚逃到故安（汉县，今河北易县东南），投奔了袁绍另一个儿子袁熙。曹操突然又和袁谭翻脸了，公元205年在南皮县（今河北南皮县）地方把他攻杀。袁熙的部下焦触和张南发动叛变，袁熙、袁尚逃入乌丸。

乌丸亦作乌桓，是东胡部落的一支，在现今内蒙古、辽宁境内。公元207年，曹操远征乌桓，在柳城大败乌桓，斩杀蹋顿单于，袁熙、袁尚再次逃到辽东，辽东太守是公孙康。有人劝曹操进兵辽东，曹操就预料袁熙、袁尚不服公孙康，要起内讧，便径从柳城回兵。果然不久之后，公孙康便把袁熙、袁尚的头送来了。到此，袁氏才算全灭。

从公元199年袁曹交兵至此，前后共历九年，和曹操大破陶谦、吕布、袁术等前后不过两三年，大不相同。所以说袁绍的确是曹操的一个劲敌。

赤壁鏖战，天下三分

建安五年（公元200年），曹操与袁绍还在对峙时，袁绍就分兵给刘备去攻略汝南（汉郡，治平舆，今河南汝南县），联合黄巾余党龚都，抄曹操的后路。公元201年，曹操亲自讨伐刘备，刘备就逃奔刘表。刘表亲自到郊外迎接刘备，待以上宾之礼，遂屯于新野。荆州豪杰都前往归附刘备，引起刘表的猜疑，刘表暗里提防刘备。刘备向刘表提出趁曹操进攻乌桓时偷袭许都的建议，刘表没有采纳。公元207年，刘备前往隆中拜访诸葛亮，三顾茅庐之后，诸葛亮向刘备献上了隆中对。

刘表此时年事已高，二子刘琦与刘琮便开始争位。刘表和他的夫人蔡氏都喜欢刘琮，想让他继承位置。刘琦觉得不安，去请教诸葛亮。诸葛亮对他说："君不见申生在内而危，重耳在外而安乎？"刘琦明白了。恰好江夏太守黄祖被孙权杀死，刘琦就乘机请求外出，做了江夏太守。

公元208年秋，曹操开始领兵南征荆州。同年八月，刘表病故，享年六十七岁。刘表死后，荆州群臣拥立其次子刘琮为继承人。而刘琮在继位一个月内，因为群臣大多主降曹，于是便在九月向曹操请降。

这时候，刘备屯驻樊城。他对于曹操，是不能投降，又无从抵抗，只能渡过汉水，向南逃走。当时荆州不愿意投降曹操的人，都跟着刘备一起走，到当阳时，已有十几万了，一天只能走十几里路。

曹操亲率五千名精锐骑兵，一日一夜走三百里去追击刘备，在当阳东北的长阪，追上刘备了。刘备抛下追随他的十几万民众，抛下妻子及儿子，与诸葛亮、张飞、赵云等数十人骑马逃向夏口（就是现在的汉口）去依靠刘琦。曹操俘获了大量的人马辎重。

刘备在长阪遇到了前来打探消息的江东大臣鲁肃。鲁肃劝刘备和孙权联合，刘备自然欢喜。而刘备手下的诸葛亮也说："事急矣，请奉命求救于孙将军。"于是鲁肃回去复命，诸葛亮从汉口东行，到现在的九江，和孙权相见。

孙权是孙坚的儿子，孙策的弟弟。孙坚与袁术是盟友，他死后，他的儿子孙策依靠袁术。孙策也是个彪悍勇敢的人，袁术很欣赏他，就把孙坚手下的军队都还了他。孙策替袁术打过好几次胜战，但袁术赏罚不明，派他去打仗时，许诺他战胜之后如何酬劳他，后来都不能实践。孙策心中失望，觉得在袁术手下一辈子没有出路，就自告奋勇，愿去平定江东。孙策去江东后，打败了扬州刺史刘繇，刘繇逃到江西，不久就病死了。于是从江苏到江西一带，全成为孙策的势力范围。不久后袁术称帝，孙策公然写信和他绝交了。

公元200年，曹操和袁绍在官渡对峙，孙策也要出兵偷袭许昌，不想还没出兵，就被人暗杀了。

孙策临死时，把印绶佩在孙权身上，对他说："举江东之众，决机于两阵之间，与天下争衡，卿不如我。举贤任能，各尽其心，以保江东，我不如卿。"孙权继任之后，一面整理现在江、浙、皖、赣之地，一面频年出兵，攻击江夏（江夏郡在今湖北黄冈市）太守黄祖。在公元208年，孙权把黄祖杀掉。于是孙权的势力，达到现在湖北省的东南部，再向西，就可到现在的汉口，窥伺江陵和襄阳了。而曹操也在这一年进攻刘表。

诸葛亮来到柴桑见到了孙权。这时候的孙权，心里一直在犹豫是否要投降曹操。孙权聚群下会议，大多数主张迎降。其理由是：第一，曹操托名汉相，和他拒敌，似乎是反抗中央；第二，曹操已得荆州的水军，又有步兵，水陆并进，并非专靠马队，所以长江之险，并不足恃；第三，则为众寡不敌。只有鲁肃不开口。孙权出去更衣，鲁肃却跟了出去。孙权知道他有话说，握着他的手道："你要说什么呢?"鲁肃道："刚才众人的议论，是要误你的，你不要听他们的。像我是可以投降曹操的，你却使不得。为什么呢？我在你手下，不过做个官儿，投降了曹操，官还是有得做的，你却怎样呢?"这几句话，正合孙权之意，孙权便表示采纳。这时候，周瑜因事到鄱阳去，鲁肃便劝孙权把他召回，共商降战之计。

周瑜到了，就决定迎战。他的理由是：第一，北方并未大定，加以关西还有韩遂、马超，曹操的兵决不能作持久之计；第二，北方的人不善水战，荆州的人又非心服；第三，大寒之际，缺乏马草，天时亦不相宜。诸葛亮游说孙权的话，理由也大致相同，于是孙权就决意联合刘备，抵抗曹操了。孙权派周瑜、程普为左右督，鲁肃为赞军校尉，去和刘备协力。

当时两方的兵力对比悬殊：曹操带来的北方军队大约是十五六万，荆州投降的军队也有七八万，合计共二十余万。刘备一方面，合水陆兵共有万人，刘琦手下的江夏兵，也有一万。周瑜、程普的兵，与鲁肃手下合计，合共有三万。孙刘之兵，约在五万左右。两方的兵力，约一与五之比。但刘备、孙权方面却占据地利的优势。

当时因为北方的士卒不习惯坐船，曹操就把舰船首尾连接起来，人马在船上如履平地。周瑜部将黄盖说："如今敌众我寡，难以长期相持。曹军正把战船连在一起，首尾相连，可以用火攻，击败曹军。"于是，周、黄选取战船十艘，装上干柴，又浇上油，外面裹上帷幕，预先备好快艇，系在船尾。黄盖先派人送信给曹操，说打算投降。曹操军中的官兵都走出营来观看，指着船说是黄盖来投降了。

离曹军还有二里多远，那十艘船同时点火，火烈风猛，船像箭一样冲向曹军，把曹军连在一起的战船全部烧光，火势还蔓延到曹军设在陆地上的营寨，曹军人马烧死和淹死的不计其数。周瑜等率领轻装的精锐战士紧随在后，鼓声震天，奋勇向前，曹军大败。曹操率军从华容道步行撤退，遇到泥泞，道路不通，天又刮起大风。曹操让所有老弱残兵背草铺在路上，骑兵才勉强通过。老弱残兵被人马所践踏，陷在泥中，死了很多。

曹操回到江陵后，害怕赤壁失利而使后方政权不稳，就留曹仁防守江陵，自带大兵北归。周瑜又跟着攻击，曹仁守不住，只得把江陵也放弃了，退守襄阳。

经过这一战，南北分立的形势已成。但要说三足鼎立，刘备还不够资格，因为他的地盘太小了。

荆州从襄阳以北的一部分，还在曹操手里。沿江一带的要地，又大半给孙权占去了。刘备在此时，只有觊觎着益州，然而益州是个天险之地，虽说益州牧刘璋不是雄才大略之人，但打进去也不容易。

但此时益州内部祸起萧墙，刘璋自己把刘备请进去了。刘焉就是当初建议汉灵帝将刺史改为州牧的那一位，之后他就任益州牧，但任内一直没能处理好与当地豪强的关系。刘焉死后，他的儿子刘璋继位时，已经是上下离心，统治已经很难持续了。

公元211年，曹操要去攻张鲁（东汉末割据军阀、五斗米道第三代天师，雄踞汉中三十年）。消息传到益州，刘璋手下的张松就对刘璋说："汉中是巴蜀的门户。假如曹操占据了汉中，巴蜀就都危险了。而且蜀中诸将，像庞羲、李异等，都是靠不住的。刘备是你的同宗，善于用兵，又和曹操是冤家，不如招他来防守益州，曹操就不足虑了。"刘璋颇以为然，就派了法正，去迎接刘备。张鲁素来骄纵，不听刘璋号令，刘璋曾杀张鲁母弟，双方乃为仇敌。把汉中送给刘备，刘璋自己是不吃亏的。

刘备听了这个消息，正中下怀，便随法正入川。刘璋自到涪县（今四川绵阳市）和他相见，给了他许多兵马，还给了许多粮饷财帛，让他镇守白水关（在四川昭化县西北）。

曹操本来准备进攻张鲁，还没有进兵，西北凉州军阀韩遂、马超等人反叛了。曹操亲自西征，虽然把他们打败，然而进攻张鲁之事，却亦因此而未能实行。

公元 212 年，曹操又自己带兵去攻孙权。刘备就对刘璋说，孙权差人来求救，我和他本来是互相唇齿的，不得不去救。请刘璋再借一万名兵和军资器械，想要东还。刘璋给了他四千名兵，其余的东西都减半发给。张松听到这个消息，着急了，写信给刘备说，大事垂成，何可舍之而去？张松的哥哥张肃见他如此私通外敌，怕他连累于己，便把他举发了。刘璋便收斩张松，发命令给各关的守将，叫他们不得再和刘备往来。

刘备就以这个为借口发作。刘备趁白水关守将杨怀、高霈来见，把他们拘留起来，进了白水关，把关中的兵都收编了，而将其家属留作人质，进据涪县。刘璋派兵抵御，都非败即降。刘备进围雒县（今四川广汉市），这雒县是刘璋的儿子刘循守的，到底利害切身，守了一年，直到公元 214 年夏天才破，刘备就进攻成都。刘璋自知无力抵抗，守了几十天，就投降了。

至此，曹操占据中原，孙权占据江东，刘备占据西南的三国鼎立形式，基本形成。

献帝禅让，大汉落幕

曹操的南征，在赤壁之战中被孙权和刘备的联军击败破产后，三国鼎立的局面逐渐形成。曹操回到许昌后，开始巩固自己的地位。公元213年，曹操自立为魏公，加九锡。建魏国，定国都于邺城。魏国拥有冀州十郡之地，置丞相、太尉、大将军等百官。

这一年，曹操亲率四十万大军，南征孙权。第二年正月，曹军进攻濡须口（今安徽巢县东南），攻破孙权设在江北的营寨，生擒守将公孙阳。孙权亲率军七万到濡须口抵御曹军。二军对峙一个月，都占不到便宜。曹操见孙权带兵颇有一手，自己难以取胜，就撤军北还。

公元215年，曹操见刘备已经占领益州，而汉中是益州的门户，“若无汉中，则无蜀矣”，刘备下一步必然是要攻取汉中。于是曹操抢先一步，率十万大军亲征汉中张鲁。五月，攻克河池，斩氐王窦茂；七月，曹操大军来到阳平关（今陕西勉县西北）。张鲁听说阳平关失守，救逃跑到巴中。曹操进军南郑（汉中首府），尽得张鲁府库珍宝。十一月，张鲁投降曹操，于是汉中被曹操占领。

公元216年，汉献帝册封曹操为魏王，邑三万户，地位在诸位诸侯王之上，可以使用皇帝专用的旒冕、车服、旌旗、礼乐等。此时的曹操虽然在名义上还为汉臣，实际上已经和皇帝没什么区别了。公元217年，曹操册封长子曹丕为魏太子。

公元217年春，曹操再次南征，率军猛攻濡须口，击败孙权，孙权派都尉徐详求降，曹操同意，并允诺重新结为姻亲。

公元218年，曹操主力退出汉中后，刘备亲率大军进至阳平关，夏侯渊等人与刘备对峙，曹军多次击退刘军。到了七月，曹操亲率大军来到关中，坐镇长安，指挥汉中战局。公元219年正月，刘备放弃阳平关，南渡沔水（今汉水），驻扎在定军山（今陕西勉县东南），夏侯渊出兵与刘备争夺地势，被老将黄忠杀死，曹军大败。于是曹操亲率大军来夺取汉中，但是刘备坚壁不出，曹军与刘军相持数月。弃之可惜，食之无味，于是曹操就放弃汉中。

公元219年夏天，曹操刚刚从汉中撤出，刘备大将关羽就从荆州向他的东南防线襄、樊一带发动了进攻。曹操闻知，立刻派大将于禁率兵前往救樊城。八月，关羽乘洪水泛滥之机，擒于禁，斩庞德，乘势进军，将樊城围住。当时樊城曹军只有数千人，城被水淹，水面离城楼仅有数尺，曹仁率军死守。曹操又派徐晃领兵去救樊城。十月，曹操从关中赶到洛阳，亲自指挥救援樊城。

这时的孙权看着刘备逐渐坐大，对自己构成威胁，于是改变了与刘备联手抵御曹操的战略，改向曹操称臣联盟，命吕蒙袭击荆州，抄了关羽后路。关羽败走麦城，被东吴将领将军潘璋、朱然杀死。

曹操在孙权杀死关羽，取得荆州后，上表任命孙权为骠骑将军、荆州牧。孙权也遣使入贡，向曹操称臣，并劝曹操取代汉朝自称大魏皇帝。曹操把孙权的来信给内外群臣看，说："这小子是想把我架在炉子上烤啊！"曹操手下群臣乘机劝曹操做皇帝，但曹操不愿意，说："如果天命真的在我这里，就让我做周文王吧。"

第二年，也就是建安二十五年，公元220年的正月，一代枭雄曹操在洛阳病逝，终年六十六岁。

曹操死后，世子曹丕袭爵为魏王。汉献帝天真地以为，曹操一死他就可以亲政了。没想到曹丕比曹操更心急。曹丕在曹操死后不久，就让人捏造出种种祥瑞，说汉代气数已尽，将由魏来代替。当年十月，曹丕命华歆带士兵进宫，胁迫献帝让位。献帝慌忙跑到中宫，曹皇后闻声而出，看见献帝慌慌张张的样子，忙问出了什么事。献帝说：“你哥哥要夺走我的帝位啊！”曹皇后不相信，于是绕过献帝，走到华歆面前开口就骂。曹皇后是曹丕的亲妹妹，所以华歆等人也不敢怎么样，只好暂时撤退。

没过多久，曹丕再次派华歆逼迫献帝，这次直接帮他把诏书都起草好了，献帝只好答应。但曹丕却假意三番五次推脱，只是为了向别人证明献帝是自愿的。之后，曹丕又向曹皇后索要玉玺，曹皇后不给。最后，曹丕命人领兵去抢，曹皇后生气地把玉玺甩到窗外说：“上天不会保佑你的。”

曹丕登上受禅坛，接受了玉玺，即皇帝位，是为魏文帝。曹丕改建康元年为黄初元年，国号为魏，曹操被追尊为武皇帝，庙号太祖。汉献帝被废为山阳公，曹皇后为山阳夫人。公元 234 年，汉献帝刘协寿终正寝，终年五十四岁，以汉天子礼仪葬于禅陵，谥号为孝献皇帝。

汉献帝作为汉朝最后一个皇帝，为绵延四百年的大汉画上了一个句号。汉献帝虽然是一代帝王，是大汉朝名义上的最高统治者，可一生颠沛流离，多次被人劫持，多次险些丧生，终能化险为夷。汉献帝最后虽然被迫禅让，但也得到了善终，也算是这个不幸的大时代中一个小小的幸运吧。